国家哲学社会科学基金项目
全军军事科研工作“九五”计划课题

国防信息安全战略

金城出版社

《国防信息安全战略》

鉴定委员会

主任委员：糜振玉

委　　员：陈太一、毛林坤、许和震、李柏涛、鲁林森、王爱博

编撰人员

主　　编：崔国平、唐德卿、王玉斗

副 主 编：杨晶冰、陈增运、张战兵、董增智

参加撰写：刘速成、张兴燕、王峰、曲晓华、亓端平、耿茂生、李文佳

國防信息
安全戰略

劉華清
一九九九年十月

图书在版编目(CIP)数据

国防信息安全战略/崔国平主编;唐德卿,王玉斗编著.-北京:
金城出版社,2000.2
ISBN 7-80084-274-6

Ⅰ.国… Ⅱ.①崔…②唐…③王… Ⅲ.国防-通信保密-研究-
中国Ⅳ.E96

中国版本图书馆CIP数据核字(2000)第00509号

金城出版社 出版发行
(北京市朝阳区和平街11区37号楼 100013)
世界知识印刷厂印刷
850×1168毫米 1/32 10.125印张 228千字
2000年4月第1版 2000年4月第1次印刷
印数:1-3000册
ISBN 7-80084-274-6/D·84

定价: 15.00元

前　言

《国防信息安全战略》,是列入国家哲学社会科学基金项目和全军军事科研工作“九五”规划中的课题。本课题的研究,坚持以马列主义、毛泽东思想和邓小平理论为指针,以新时期国家的安全利益为目标,以党、国家和军队保密工作的方针、政策、法规为依据,紧密联系信息时代国防信息安全面临的种种挑战和国防信息安全工作的形势、任务和特点,探索具有我国特色、有较强针对性的对策。为此,我们曾深入国家机关、国防科研单位、军队和地方保密部门,进行了广泛的调查研究,搜集了大量资料。在此基础上,几番修订编写纲目,多次进行专题研究,并三易其稿,方成此书。

本书内容分为三编十三章,第一编“国防信息安全总论”重点阐述国防信息安全的基础理论、地位作用及法规建设情况,并从宏观上分析了国防信息安全面临的形势和任务;第二编“国防信息安全面临的挑战”站在国家安全利益的高度,从复杂的国际环境、信息技术革命等角度阐述了国防信息安全领域面临的种种挑战;第三编“加强国防信息安全的基本对策”作为本课题研究的重点内容,紧紧围绕维护国防安全利益的总体目标,从全民动员、反间防谍、国防通信、计算机网络、信息化战争等方面,提出了一些有针对性的对策措施。本书尽可能融思想性、知识性和可操作性于一体,使之具有中国特色。

本课题由石家庄陆军指挥学院崔国平教授负责,课题组成员有:唐德卿、王玉斗、杨晶冰、陈增运、张战兵,董增智、刘速成、张兴燕、王峰、曲晓华、亓端平、耿茂生、李文佳。全书由崔国平、王玉斗统稿。

课题完成后,由著名专家、学者组成的鉴定委员会对课题成果进行了认真评审,给予了较高评价。鉴定结论指出:该课题立意新,所研究的问题是目前世界上各发达国家加强国防建设的重点、难点和热点问题，抓住了当前国防建设中人们关注的焦点和薄弱环节，具有较高的学术价值；起点高，站在国家安全利益的高度，把握国防建设理论发展的前沿，具有较高的理论指导价值；视界宽，涉足了与国防信息安全紧密联系的几乎所有领域，实用价值大；针对性强，所研究的都是我国国防信息安全工作中亟待解决的重要问题，所提出的对策符合我国的国情和军情，符合国防建设的实际。课题成果内容翔实，论据充分；重点突出，观点鲜明；语言生动，文笔流畅。该专著融思想性、知识性与可操作性于一体，是国内第一部全面、系统论述国防信息安全理论的学术性著作，填补了我国国防信息安全领域的一项空白，开拓和丰富了信息学学科理论，其研究的深度和广度达到了国内领先水平，在国外也未见有同类著作。课题成果达到了预期的研究目标和国家哲学社会科学基金项目及全军“九五”规划课题的标准。

研究、编写过程中，我们参阅和引用了一些书刊上的有关研究成果、泄密案例、学术论文等，鉴定委员会在鉴定过程中也提出了很好的修改意见，在此谨向有关专家、学者致以衷心的谢意。

为了完成本课题的研究任务，我们课题组虽然作出了不懈的努力，但由于水平有限，加之受客观条件的限制，不妥和错误之处再所难免，恳请批评指正。

作　　者

1999年6月于石家庄

序

《国防信息安全战略》是列入国家哲学社会科学基金项目和全军军事科研工作“九五”计划的重点课题，是我国第一部系统研究国防信息安全理论的专著。国防信息安全是国家安全利益不可或缺、不可或缓的重要组成部分，迫切需要科学的理论指导。解放军石家庄陆军指挥学院的同志们经过两年多的努力完成此书，是一件很有意义的事情。

国防信息安全与国家的生存、发展直接相关，是一个国家在政治、军事、经济、外交等领域斗争中取得胜利的重要因素。国防信息安全问题，其实质是国际斗争的一种反映。只要国家和阶级存在，国防信息安全就必然成为维护国家利益的重要组成部分。随着信息时代的到来，信息的争夺已遍及世界各个角落，谋求信息的手段越来越多，窃密手段高技术化的趋势愈加明显。我国是发展中的社会主义国家，是维护世界和平的重要力量，在国际事务中发挥着越来越重要的作用。一些国家的情报机构都把我国的国防信息作为他们活动的重要目标。因此，维护国防信息安全的工作相当艰巨。党的十一届三中全会以来，我国实行了改革开放的基本政策。毫无疑问，这一国策的实施，是我国走向富强的必由之路。但同时必须清醒地看到，国外情报机构利用我对外开放的便利条件，在种种合法身份的掩护下对我进行的谍报活动更加猖獗。大量事实表明，维护国防信息安全的斗争任重而道远。

国防信息安全工作贯穿于与国防建设相关的各系统、各部门，任何一个关节出现纰漏，都会影响国防建设的顺利进行，给国家安全造成威胁。军队是国家机器的重要组成部分，是国防信息的重点和要害,军事秘密信息是敌人不顾一切代价窃取的重点目标。纵观人类战争的历史,无数事实说明,交战双方谁能获取对方的重要军事情报并有效地保住自己的信息安全,谁就能取得战争的主动权。国防信息安全对国防建设和军事行动特别重大的利害关系,在战争年代和非常时期,表现的极为突出和明显,也容易引起人们的重视。而在和平时期,特别是在对外开放的新形势下,往往容易被人们所忽视。历史经验告诉我们,平时不重视信息安全工作,战时就会吃大亏。因为和平时期的许多情报活动,都是为未来战争服务的。可以预料,在信息化战争中,国防秘密信息的“藏”与“泄”,对于战争的胜负起着举足轻重的作用。

在新的历史时期,国防信息安全工作面临许多亟待解决的新问题。这部专著立足于从理论上探索国防信息安全的指导规律,比较全面、系统地阐述了国防信息安全的基础理论和应用理论,不但具有一定的理论深度和广度,而且具有较强的应用性和可操作性。这是国防信息安全领域一项开拓性的工作,标志着我国国防信息安全理论体系在学科建设上趋向成熟与完善。特别是该书运用大量翔实的资料,论述了国防信息安全的重要地位和作用,分析了国防信息安全面临的形势和任务,提出了具有我国特色、针对性较强的基本对策,既是对国防信息安全工作历史经验的科学总结,又是在继承基础上的发展和创新,对我国的国防信息安全工作必将产生重要影响。当然,《国防信息安全面临的挑战与对策》作为一部探索之作,许多问题尚在研究之中,希望在深入实践的基础上不断丰富、发展和完善。

迟浩田

一九九九年

九月九日

目　录

第一编　国防信息安全总论

第二编　国防信息安全面临的挑战

第三编　加强国防信息安全的基本对策

国防信息安全战略

第一编 国防信息安全总论

国防信息安全，是一个国家在政治、经济、军事、外交斗争中取得胜利的重要保证。国防信息安全与国防、军队的安全息息相关。在新的历史时期，尤其是随着信息技术的飞速发展和在军事领域的广泛运用，国防信息安全面临的威胁日益加剧。认真研究新形势下国防信息安全面临的挑战，采取相应的对策努力做好国防信息安全工作，对于维护国家的安全与利益有着深远的历史意义和重要的现实意义。

第一章 国防信息

国防信息，是指为国家防务进行的军事及与军事有关的政治、经济、外交、科技、教育等方面活动的直接或间接的表述。在信息时代，国防信息既是一种直接的战斗力，又是战斗力的倍增器，已成为一种重要的战略资源。国防信息通过操纵和控制战争中的物质资源和能量资源，可以大大提高军队作战效能并减少其它战斗力要素的投入。因此，信息资源在国防建设中的巨大作用，将使未来战争的形态和样式发生深刻变革。

第一节 国防的概念及内容

一、国防的概念

国防是国家的产物。从人类社会有了国家的那一天起,国防问题就成了国家政治生活中的头等大事。

何谓国防?《中国人民解放军军语》作出的释义是:“国家为防备和抵抗侵略,制止武装颠覆,保卫国家的主权、统一、领土完整和安全,而进行的军事及与军事有关的政治、经济、外交、科技、教育等方面的活动。是国家生存与发展的安全保障。国家的社会制度和国家政策决定国防的性质。”这一释义,总结了我国国防的实践经验,体现了我国社会主义国防的特色,符合当前我国国防建设和斗争的实际。

国防是国家的防务,是立国之本,对此人们不会有怀疑。然而,究竟如何认识国防问题,树立什么样的国防观念,怎样来巩固国防,却是仁者见仁,智者见智。比如,传统国防观,或者叫做小国防观,将国防基本限定在军事上,甚至认为国防是政治家的事,是军队的事,与老百姓无关。显而易见,从这种小国防观出发的国防是防不住的,是防不胜防的。现代国防观,或者叫做大国防观认为,国防是国家的总体防务,或者叫做综合防务,它不仅仅是军队的事,还需要进行相关的政治、经济、外交、科技、教育等方面的建设和斗争。这种大国防观的出发点,是把中国的国防安全放到世界的政治、经济、军事的大背景、大气候之下来考虑,是全民的、全方位的、立体的、现代化的国防观。

人类历史即将进入二十一世纪,在这世纪之交的重要历史时期,要想建设巩固的国防,就必须树立现代国防观。随着科学技术尤其是信息技术的进步,人们的交往日益频繁、迅捷、方便,地球正在变成一个“小村庄”。大兵压境不再成为威胁的主要标志,攻城掠地不再成为争夺利益的基本手段。政治、军事、科技、文化等方面互为目的、互为手段,军事安全与其它安全之间的传统界线正在变得越来越模糊。信息时代的国防安全是综合安全概念,包括军事、政治、经济、科技等各方面的安全。其中,信息安全的影响更为突出。由于信息时代的国防比较复杂,偶然性、随机性、不确定性以及不可测事件越来越多。判定各种事件的影响,不能以事态规模的大小作为衡量的标准。对有些“小事”,如果预研或预控不力的话,将可能引起连锁反应。此外,信息时代,新闻传媒手段越来越先进,对整个社会的影响力越来越大,这使能影响民族精神和民族气节的舆论安全问题变得极为迫切。总之,诸领域的安全互相影响,紧紧地交织缠绕在一起,轻视了其中哪一方面,都是对国防安全的片面理解。因此,我们必须对综合安全问题有所研究,有所认识。

二、国防的内容

从现代国防观出发,国防的内容是十分丰富的。其中,捍卫国家的主权、领土完整、维护安全、保障发展是最基本的内容。

(一)捍卫主权

主权是一个国家的根本标志,是一个国家具有按照自己的意愿,根据本国情况,选择自己的社会制度、国家制度,组织政府,独立自主地处理其国内事务而不受他国干预或限制的最高权力。主权有两重性,即对内属性和对外属性。对内属性是指一国范围内对其一切事务的最高统治权。它决定和派生其它一切权力,并通过立法、行政、司法、公安、军事、经济、文化等手段进行自己的统治,而不受其它任何力量的干预和限制。国家主权的对外属性,是指国家在对外事务中独立自主的决定权,不受他国和任何政治实体的干涉。他通过独立自主地决定外交政策,处理国际事务,享受国际权利,承担国际义务,以及国际交往、缔结条约、决定战争与和平等重大问题表现出来。国家主权的两重性是不可分割的统一体,一方面,对内主权决定并派生出对外主权,没有对内的最高统治权,就不可能存在对外的独立权,如果对内主权受到颠覆和破坏,对外主权必然受到侵犯和践踏;对外主权反映并维护对内主权,如果对外独立权受到侵犯,对内主权必然受到侵犯和破坏。如果一个国家的主权被剥夺,其它的一切,包括国家的独立、领土完整、政治制度、社会准则、生活方式和国家荣辱等,根本就无从谈起了。因此,捍卫国家主权,始终是国防中第一位的、最主要的内容。

(二)保卫领土

领土是国家存在和发展的自然物质前提,是国家行使其主权的空间。《中国人民解放军军语》对领土的解释是:“国家主权所及的全部疆域。包括国家的领陆、领空、领水以及领陆与领水的底土。领土是构成国家的基本要素之一,国家行使主权的地理空间及其人民赖以生存和发展的客观环境。”领土完整是国家主权在地域上的最高表现。任何国家即使是因历史原因造成领土暂时不完整,也应该追求、实现领土完整。领土完整的含义是:凡属本国的领土,决不能丢失、决不允许被分裂、支解和侵占。领土完整与捍卫主权是互相联系的。领土完整是国家行使主权的基础,是构成主权的重要而不可分割的部分,破坏领土完整就是侵犯国家主权。国防必须履行保卫本国领土完整的职能。

(三)维护安全

国家要正常的生存和发展,必须处于和平和稳定的状态,一个国家如果没有和平、稳定的环境,就难以生存,就不能搞好建设和发展。一旦遭到外来的武装侵略和颠覆,安全受到威胁,国家就必须运用自己的国防力量,坚决给以还击,确保国家的和平与稳定。当国内的敌对分子勾结外国敌对势力进行武装暴乱,危及国家安全的时候,国防力量就要采取措施,防止和平息暴乱,保卫国家的安全。

(四)保障发展

国防必须保障国家的发展,而保障国家发展的重点又是国家的经济利益。国家的经济利益表现为国家经济的繁荣发展、科学技术的不断进步、人民生活水平的不断提高。因此,经济发展又是国防建设必不可少的物质基础。没有经济的发展,就不可能从根本上建设强大的国防;反过来,国防建设主要又是经济发展的重要保障,没有强大的国防,也就不可能有经济的发展。在和平时期,国家的安全利益始终不能放松，但国家利益追求的侧重点首先是经济利益。如我国在新的历史条件下，坚持以经济建设为中心，强调在国民经济发展的基础上逐步实现国防现代化，要求国防建设必须服从、服务于经济建设的大局，并为经济建设创造良好的和平环境，正是上述关系的重要体现。只有经济发展了，国防才能强大，国家的主权、领土、安全和地位、尊严才能得到可靠的保证。

现代国防的根本职能是捍卫国家利益，防备和抵御外来侵略，防备和平息内部与外部势力相互勾结所发生的动乱、暴乱。但是，在现代国防中，经济的强大，科技的发展起着越来越重要的作用，各国都十分重视综合国力的提高。因此，国防的内容决不仅仅限于军事的建设和斗争，而必须包括与之相关的政治、经济、科技、文化、信息、教育、外交等方面的建设和斗争。

第二节　信息的科学概念

“信息”一词，不是现代产生的，自从有了人类也就有了信息，并通过语言、文字、形体等方式进行传递和交流。在我国，信息一词古已有之，唐朝诗人李中在《暮春怀古人》一诗中，就有“梦断美人沉信息，目穿上路倚楼台”的佳句。信息的英语是informati，我国的台湾译为“资讯”，信息的日语是“情报”。

一、信息的含义

信息是一个具有高度抽象型和普遍性的概念，从不同的角度有不同的解释。所谓“信息”，最简单的解释是“音信、消息”（辞海释义），比较确切的定义是：信息是表征客观事物运动状态和方式、相互联系程度及规律的表述。

这里所谓的客观事物，是指宇宙事物和世界事物。日月星辰等天体是宇宙事物，随着航天事业的发展，这方面的事物将越来越多。世界事物又分为有形事物和无形事物，有形事物是指看得见、摸得着的物质。人们的思想、认识、意志、情绪、策划、方法等都是无形事物，虽然看不见摸不着，但也有一定的表达方式和状态，如语言、文字、行动等；所谓事物的运动状态、相互联系程度及其规律，是指事物的形状、颜色、功能及变化，以及各种事物相互间联系、作用的结果。在客观世界中，任何事物都不是孤立存在的，都是与其它事物相互联系的，而事物间的联系，本质就是物质、能量和信息的交流。或者说，在客观世界中，事物、系统之间相互作用的三种基本方式是物质流、能量流和信息流。在三者中，物质、能量是基础，没有物的存在与运动，就没有信源。由此可见，信息是具体的不是抽象的，反映物质世界的信息如此，反映精神世界的信息也是如此，如某一计划的披露，都表达了具体内容；所谓表述，是说事物的运动状态和方式，只有通过直接或间接的表述反映出来，才能成为信息。表述和反映的方法很多，如语言、文字、数字、符号、图象以及动作表情等。信息可以直接表述，也可以间接表述。

二、信息传播的三大要素

——信源，也叫信息源，是信息的发源地。信息是客观世物的反映，信息来源于信源，信源没有虚假的，它所发出的信息都是真实的。

——信宿，是信息的归宿，是接收信息者对信息判断后作出的处理结果。信宿决定着信息的价值，因此，当信息被有关者获取后，要对其进行筛选分类，综合分析，判断处理，以便保留有价值的，摈弃无价值的，利用有价值的，充分发挥信息的作用。

——信道，即传递信息的通道，是信源与信宿之间联系的纽带。信道有自然信道，如空气、风、水等；人的本能信道，如人的感官、躯体和语言等；技术信道，如通信系统、计算机网络系统等。

三、信息的基本特征

信息具有以下特征：

1、客观性。信息是客观存在的，是除物质、能量之外存在于世界的第三要素。在客观世界中，事物之间相互作用的三种基本方式是物质流、信息流和能量流。信息的客观性，并不意味着信息本身就是一种物质，而是说它是事物的状态、特征及其变化的客观反映。既然事物的状态、特征及其变化是不以人的意志为转移的客观存在,反映这种客观存在的信息,就不能不同样带有客观性。

2、有用性。信息能满足人们某些方面的需求,用来为社会服务。因此,信息具有使用价值。信息通过一定载体反映出来,被人们知道和理解,即可产生利用价值。特别是经过人类加工、社会取舍及组合后,使用价值更大。信息不是过了时的已知的东西,而必须是具有新内容的东西。此外,信息是否有用,要看它能不能作用于接收对象。

3、共享性。信息作为现代社会的一种重要资源,可供人类共同享用。但是同一则信息,由于人们对其认识程度的不同,必然会导致对其利用程度的不同。比如,在战场上,对一些信息的不同判断和利用,可以出现不同的战斗结果。信息的共享性,往往引发人们对信息的独占欲,于是便采取一些措施进行保密,如电报密码、计算机的特殊命令等。

4、可控性。此特征主要反映在三个方面:一是可扩充。人的知识不断增加,能力不断提高,信息技术不断发展,使信息量不断在扩充;二是可压缩。由于信息量大,人们可在庞大的信息量中压缩取舍,择其有用者而取之;三是可处理。如分类、存储、搜索、增删、消除和修改等。信息的可控性,既增加了信息技术的可操作性,又增加了信息技术利用的复杂性。

第三节　国防信息的存在方式

国防信息所呈现的形态是千差万别、各具特色的,似乎看不到有什么规律性,但仔细辩解其存在的形式,它可以区分为有形的国防信息和无形的国防信息两大类。有形国防信息主要包括与国防建设有关的各种文书、资料、图书、音像制品以及军事禁区、军队活动场地、军事行动和国防科技重要研究成果、样品等有关内容的表述。有形国防信息是以依附于某种载体的形式表现的。另一种是无形的,是人们在通常情况下看不见、摸不着的。如传递在通信系统或计算机系统中的各类国防信息、传播在空中的电磁波以及人们与其相关的意识、思维等。比如，指挥员对某一重大军事行动作出决策前的思考、分析，人们通过阅、听有形国防信息而被大脑摄取并储存的信息等。

有形国防信息与无形国防信息有着密切的联系，而且在一定的条件下又相互转化。比如，当人们阅、听某份秘密文件时，就可以把它的内容储存到头脑中，这时，有形的信息就变成无形的信息。又如，某人参加某一次军事新装备论证会议时，既不发文件，也不准记录和录音、录像，会议内容全靠脑子记忆。但根据工作的需要，今后需将头脑中记忆的内容整理出来，这时，无形的信息又转化为有形的信息。

国防信息的两种存在方式，客观上要求我们不仅要重视保护有形的信息安全，更要重视无形的信息安全。国防信息被泄露，并不一定是因为信息载体失去控制，更多的是通过言谈话语或是通过载密的电波、声波泄露出去的。这同样会给国防信息造成危害。然而，在平时工作中，人们更多地想到的是秘密文件、资料、密码电报等表现为有秘密载体的有形国防信息，并注意对其采取多种防范措施，实施有效控制。但对无形国防信息，因为它看不见，摸不着，往往不易引起人们的重视，疏与防范。比如，在信息社会里，电话已成为人们工作、生活以及社交活动中不可缺少的通信联络工具。在通常情况下，打电话既有公事也有私事，涉及的问题不仅有经济工作、科学技术、日常生活方面的内容，而且还必然要涉及到军事工作、政治工作、国防建设以及隐蔽斗争等方面的重要信息。因此，各国情报机构都把窃听电话作为他们获取国防情报的重要手段之一。因此，不仅要十分重视有形信息的安全，也要重视落实无形信息的防范措施，以防国防信息通过有形与无形的各种渠道泄露出去。

第四节 国防信息的范围

国防信息的范围,是国防信息这一概念所指对象的总和。国防信息的范围非常广泛,包括为国家防务进行的军事及与军事有关的政治、经济、外交、科技、教育等方面活动的表述。本课题所研究的国防信息,主要是关系国防和军队的安全与利益、在一定时间内只限一定范围的人员知悉的信息,即国防涉密信息。

国防涉密信息的基本范围主要包括:国防和军队建设中各项工作的规划及实施情况;作战部署、部队调动、输送及各项勤务保障事项;秘密情报及其来源、手段、能力,秘密通信的密码、资料,电子对抗及其它特种技术、手段、能力等情况;军事禁区、设防地域和重要军事设施的情况;战备演习、部队训练情况,院校不宜公开的专业和技术、学术研究成果;军队的组织编制、实力,军以下部队及特殊单位的番号;国防科学技术研究的重要成果,先进的、我军特有的军事装备的战术技术性能和核心部位的技术资料;预备役人员的储备、战时动员计划及可供国家动员的人力、物力等有关情况;政治工作策略、部队政治素质和不宜公开的政治活动、涉外事件、重要案件;国防经费的预、决算,国防工业的分布,重要军事物资装备的生产、调拨、储备,以及战略、战役后方基地的情况;高级干部和负有特殊使命人员的驻地、行动和重要会议的内容、时间和场所等情况;不宜对外公开的文件、资料、书报、刊物、影视资料等。

国防涉密信息的具体范围,包括在国防和军队建设的各项具体工作中。例如,总参谋部印发的《中国人民解放军军事工作中军事秘密范围及其密级划分规定》中,将军事工作中的秘密区分为作战、情报、通信、训练、军队院校教育、军务、装备、动员、炮兵、装甲兵、工程兵、防化兵、电子对抗、雷达、机要、测绘、外事、陆军航空兵等方面,并划定各方面工作中秘密的具体范围。为便于实际工作中操作和掌握,同一业务系统秘密的范围及其密级,由各级依据规定,列出具体范围和对象。

国防涉密信息按其内容的重要程度和对国防建设的利害关系，分为绝密、机密、秘密三级。绝密是核心秘密，如被敌人获悉，将对国防的安全和利益造成特别严重的危害；机密是较为重要的秘密，如被敌方获悉，会给国防的安全和利益造成严重危害；秘密属于一般的部分，如果泄露，也会造成一定的危害。

国防信息涉密的基本范围和具体范围具有一定的时间性和可变性。保护信息安全的目的是服务于政治斗争、军事斗争及国防建设的，即服务于国家安全利益的。保密的内容是随着国内外形势的发展和国家的利益需要不断地发展变化的，该保的不保，会使国防安全和利益受到损害，该变的不变，同样会使国防利益遭受损失。片面地强调信息安全，人为地制造神秘感，则会给工作带来不必要的麻烦。因此，在确保信息安全的前提下，对于有些工作中确需了解的秘密信息，应当准许有关人员接触，以便更好地为国防和军队建设服务。

第二章　国防信息安全

国防信息安全，是一个国家在政治、军事、经济斗争中取得成败的重要因素。我国是一个发展中的社会主义国家，是保卫世界和平的重要力量，在国际事务中发挥着越来越大的作用。我国的政治、经济、军事、科技等方面在世界范围内均处于重要地位，许多国家的情报机构都把我国的国防信息作为他们活动的重要目标。因此，维护国防信息安全的任务相当艰巨。

第一节　国防信息安全的含义

国防信息安全，主要是指国防信息不受威胁，即保证信息的完整性、可用性、机密性、可靠性和真实性，保证采集信息、传输信息、处理信息、存取信息和使用信息的安全。

国防信息安全所涉及的范围非常广泛,几乎无法界定。从信息的含义来看,包括信息的完整性(即保证信息没有残缺)、可用性(即保证信息具有使用价值)、机密性(即保证信息不会被非法扩散);从信息网络来看,包括可靠性(即保证网络和信息系统随时可用,运行过程中不出现故障,若遇意外打击能够尽量减少损失并尽快恢复正常运转)、可控性(即保证操作者对网络和信息系统有足够的控制和管理能力)、互操作性(即保证协议和系统能够互相联接)、可计算性(即保证准确跟踪实体运行达到审计和识别的目的)等;从信息系统的设备来看,包括质量可靠、性能先进、物理安全等;从管理层次来看,包括人员可靠、规章制度健全等。如果再从专业上来分,那么所包含的内容就更广泛了。象安全移动通信、安全数据通信、安全卫星通信、安全智能网、安全计算机网络、安全多媒体网络、安全数据库、安全路由器、安全浏览器等等。

第二节　国防信息安全的地位作用

在新的历史条件下,国防信息安全在维护国防安全和利益,保障军队建设和作战的顺利进行中,处于非常重要的地位。

一、国防信息安全工作是党、国家和军队工作的重要组成部分

国家利益是一个主权国家在总的国际关系格局中生存与发展需求的总和。国家安全是国家的最高利益,维护国防信息安全是维护国家利益的最重要的内容。因为国防信息安全与国家的生存、发展是直接相关的。国防信息安全与不安全的问题,实质上是国家间阶级斗争的一种反映。只要国家和阶级还存在着,维护信息安全就必然是党、国家和军队工作中不可缺少的重要组成部分。

国防信息安全工作贯穿于国家工作的各系统、各部门。这是因为国防工作要通过许多职能部门进行,各个部门,特别是高级领导部门,在履行职责的过程中,必然要不断产生、传递、使用和存储大量的秘密信息。这些信息一旦泄露或被敌人窃取，就会直接影响国防建设的进行，给国家安全带来威胁或危害。在整个国家机器中，任何一个部门的失泄密，都会给国家带来损失。信息安全工作做好了，不仅有利于国家的安全和利益，而且会直接保障和促进各项工作的顺利进行。

军队是国家机器的重要组成部分，它的基本职能是保卫国家的安全，是国防信息安全的重点和要害。军队的各级机关和部门，特别是高级领导机关和要害部门，掌管着大量秘密信息，其中作战、情报、通信、机要、战勤等方面的信息，都属核心秘密，具有全军性、长远性和战略性，与国家和军队的根本利益关系最大，一旦被敌方获悉，将会对国家和军队造成特别严重的危害。因此，军事核心秘密信息是敌人不顾一切代价窃取的重点目标。这种对国防建设或作战行动特别重大的利害关系，在战争年代和非常时期，表现得极为突出和明显，也容易引起人们的重视。而在和平时期，特别是对外开放以来，许多过去不公开的情况都对外公开了。有些人以此为根据，认为没有什么信息秘密可保了。这种认识是极其有害的。尽管当前国际形势趋向缓和，大仗一时打不起来。但是我们必须清醒地认识到，战争的根源并没有根除，国防工作对内反颠覆、对外反侵略，保卫国家安全利益的根本职能没有变。在和平时期，信息安全不能有丝毫的放松。历史教训告诉我们，和平时期不重视国防信息安全，战时就会吃大亏。因此，国防涉密信息的安全总是与国防与军队的建设紧密联系着，保守军事信息安全不仅是国防和军队建设自身的需要，而且是国家安全利益的需要，是一项不可缺少、无比重要的工作。

国防科技直接反映着一个国家实力的强弱，同时也决定着它在国际上的地位、作用和影响。在科学技术突飞猛进、日新月异、激烈竞争的今天，国防科技的发达与否，直接关系到国家的兴衰乃至存亡。国防科技战线一些重要尖端技术外泄，事实上就等于把“屠刀”交给别人。因此，国防科技战线上的情报与反情报斗争日益尖锐复杂，并已成为各国维护国家安全利益的核心问题。当今，国际竞争激烈万分，失去一项领先技术就是失去一份优势，而失去优势就要受到别人的控制、敲诈和威胁，国家在世界战略格局中的地位作用也就会受到影响。在国防科技情报战线上，我们的对手强大而狡猾，形势非常严峻。因此，在严酷的斗争面前，国防科技战线的人员要为国家的安全和民族利益尽心、尽力、尽职、尽责，这是历史赋予我们的神圣职责。

在国际和平力量日益增长的情况下，我们将会与更多的国家建立友好关系，一些过去是敌对的国家也可能会转为友好。但是，只要国家和阶级还存在，信息安全工作就不能放松。何况在间谍与反间谍问题上，多数国家始终奉行"只有对手、没有朋友"的原则。一些国家不仅搞敌国的情报，也搞友好国家的情报，甚至连自己的军事盟国也不放松。因而，无论国际形势怎样变化，维护国防信息安全的工作都必须常抓不懈。

二、国防信息安全领域是对敌军事斗争的重要战线

随着科学技术的进步和发展，国家之间在政治、军事、经济上的角触竞争越来越激烈，国际上间谍与反间谍的斗争也日趋尖锐复杂，隐蔽斗争已成为国际斗争的重要战线。近年来，西方一些国家不惜花费巨资，大力加强情报工作，并且把我国的国防信息作为他们活动的重要目标。因此，国防信息安全在对敌斗争，特别是对敌军事斗争中占有特殊重要的地位。

纵观人类战争的历史，有无数战例说明，交战双方谁能千方百计地获取对方的重要军事情报并有效地保住自己的军事秘密，在一定意义上说，谁就取得了战争的主动权，从而赢得战争的胜利。反之，就可能丧失战争的主动权而招致失败，甚至国家灭亡。如第一次世界大战期间，德军的一位高级参谋在华沙的一次宴会与同僚谈论战争和时局时，他嘲笑美国人说："美国支持英国与法国的政策，没有什么用处。因为不久德国将在凡尔登发动一个有决定性的全面攻势，这个战役必将结束这场战争"。这番话被同桌的一个美国商人听到后，立即转告了美国驻英大使馆的有关部门，使馆又迅速转告法军。

由于法军周密做好了各项战役准备，结果使德军在凡尔登战役中惨败。第二次世界大战中这方面的事例更是屡见不鲜，如日本联合舰队司令山本五十六的座机被美军飞机拦截并击落、日美中途岛之战中日海军精华几乎被全歼，都是因秘密信息泄露而造成的。

在近期世界局部战争中，各国更加重视信息安全工作，因为严格保密，出奇制胜，以少胜多，决战告捷的战例不胜枚举。如 1981 年 6 月 7 日，以色列对伊拉克核反应堆偷袭成功就是一个典型的例子。70 年代末，以色列人得到了法国为伊拉克建造核反应堆的情报。因为核反应堆的建成标志着伊拉克将拥有制造核武器的能力，显然伊拉克的核反应堆对以色列构成了巨大威胁。1980 年初，以色列人制定了一个“巴比伦”行动计划，决定偷袭伊拉克的核反应堆。为此，以色列情报人员采用各种手段刺探到不少有用的情报，其中包括约旦飞机随时可使用沙特阿拉伯领空运送军用物资前往伊拉克。与此同时，他们在一个偏僻的沙漠里建造了一个水泥模型核反应堆，让飞行员反复进行了模拟轰炸训练。偷袭之前，把所有要出动的轰炸机全部改头换面，涂上约旦军用飞机的标志。当 14 驾轰炸机进入伊拉克领空时，以色列人诡称“我们是约旦飞机，”因此骗过了阿拉伯国家地面雷达的跟踪，径直地向着进攻目标扑去，一举摧毁了伊拉克的核反应堆。以色列的“巴比伦”行动计划，从策划到实施，前后长达 18 个月。由于采取了严格的保密措施，没有走漏丝毫风声，阿拉伯国家对他们的行动计划毫无察觉。

在和平时期，国防涉密信息的泄露一时不会造成兵败人亡的惨痛后果，然而，它却会造成一种巨大的潜在危险。一旦战争爆发，它就会以狰狞的面目让泄密方付出沉痛的代价。因为，和平时期的许多情报活动，都是为未来战争服务的。可以预料，在信息化战争中，国防秘密信息的“泄”与“藏”，对于战争的胜负将起着举足轻重的作用。

三、国防信息安全工作是适应改革开放新形势的需要和促进社会主义建设的重要手段

党的十一届三中全会以来，我国实行了改革、开放、搞活的基本政策。毫无疑问，这一国策的实施，是我国走向富强的必由之路。但我们必须清醒地看到，国外情报机构利用我对外开放的便利条件，以种种公开合法的身份对我进行谍报活动，使维护国防信息安全的斗争更加尖锐复杂。

近年来，我国与世界各国的联系发生了巨大变化，相互间的人员交往日益频繁。来华探亲访友、旅游观光、技术交流、洽谈贸易以及讲学、考察等活动日益增多，有些外国及台湾情报机关乘机派遣特务混杂其中，大摇大摆地进入我境内搜集情报。加之我国的开放地区不断扩大。一些军用机场、军港、码头改为民用，准许外国人活动的范围大大放宽。此外，现在我国每年有近百万种科技杂志和报纸，近千万份专利在全世界范围流动。这些也在很大程度上给敌特搜集情报信息提供了便利条件，增大了国防信息泄露的可能性。

在改革开放的新形势下，我们内部的一些人，盲目追求高消费，甚至贪财好色，想不劳而获。国外情报机关正是利用了这一点，拉拢、腐蚀、收买我内部人员的活动十分猖獗。如海军一名干部，为了追求资产阶级生活方式，被台湾特务收买，先后向其提供我军各类战斗条令及机密资料几十份，被判处有期徒刑12年。某部一名副连长先后将87张军用地图、90多本军事教材出卖给外国情报机关，被判处有期徒刑13年。在我军内部发生这类事件虽属于个别现象，但它不仅会对国防安全造成很大危害，而且影响部队正常的工作和生活秩序及军队内部的纯洁和稳定。

总之，改革开放对国防信息安全带来了许多新情况、新问题。很多政策放宽了，权限下放了，但却给间谍、特务的活动打开了方便之门；我们对来华洽谈业务、投资经商的外国人、港、澳、台同胞和华侨是欢迎的，他们的正常活动和合法权益历来受到我国法律的保护。但我们也要看到确有少数别有用心的人混杂其中，在公开合法的名义下拉拢收买我内部人员，窃取我机密信息。如果我们的同志缺乏警惕，就会中人家的圈套，就会给国防安全造成危害，甚至自己也堕落为人民的罪人。我们必须牢固树立敌情观念,保持清醒的头脑,在实际工作中采取积极预防措施,有效地做好信息安全工作。

第三节 影响国防信息安全的主要因素

影响国防信息安全的因素,涉及信源安全、信道安全、信宿安全的各个环节,涉及人为因素、技术因素、环境因素等各个方面。

一、信息战因素

所谓信息战,是指敌对双方在信息领域的对抗活动。主要是通过争夺信息资源,掌握信息的生产、传递、处理等的主动权,破坏敌方信息传输,为遏制或打赢战争创造条件。信息战是信息技术发展的必然结果。

随着以信息技术为核心的高新技术越来越广泛地向军事领域渗透和在武器装备中的应用,整个战争机器越来越依赖于信息技术。信息技术不仅已成为各种战争资源发挥效能的基本保证,而且本身就是重要的作战武器。比如,信息的收集、存储、传递、处理、显示、识别等技术,大大提高了指挥效能;全面争夺"制信息权"的斗争促进了把指挥、决策、控制、通信、情报、作战、支援保障、设施及武器装备联结为一个有机整体的自动化信息网络的产生。总之,信息技术使武器装备进入信息化武器系统阶段,奠定了信息化战争的物质基础。信息系统的网络化又促进了信息化战场的形成,为信息化战争提供了可靠的依托,使信息化战争成为未来战争的主要战争形态。

信息技术在对作战能力作出巨大贡献的同时,也对其造成了空前威胁。一方面,信息技术的广泛应用,是部队以及各类武器装备等对于信息与信息系统的依赖程度达到了"不可离之须臾"的地步,任何先进的武器装备一旦信息失灵,就如同废物一般。另一方面,信息对抗技术的高度发展,为有效的干扰、削弱、破坏和压制信息化武器与信息系统提供了手段。近年来,计算机病毒、逻辑炸弹、高功率微波武器、电子袭击工具等信息攻击武器层出不穷,对信息与信息系统造成了空前威胁。比如,人类进入信息时代的重要标志之一,是全球网络环境的形成。作为信息技术重要内容的计算机网络技术已走过了30余年的历程。近年来,多媒体技术、新的传输与处理技术的发展与融合,使卫星通信网、移动通信网、开发分布网得以广泛应用,极大地提高了网络的效率,并促使80年代后期国际互联网的形成。到目前为止,该网已联接170多个国家和地区,拥有5万多个计算机局域网络和6百多万台电脑,5千多万个用户,而且其主机还在以每小时100余台的速度增长。与此同时,其它名目繁多的区域网、局域网、广域网以及内部网也在蓬勃发展。发达国家的微机联网率已达到60%。政府网络、商业网络、军事网络与电力网络通过互联网络连结在一起,使军事行动、政府日常工作、国内与国际贸易等基本的社会活动对网络化的依赖程度日益增强。网络化已经成为一个国家竞争力的重要标志。然而,网络化对社会贡献的增大是以其易毁性为代价的。

在信息时代,极具讽刺意味的是,信息化程度越高的国家越容易受到攻击。随着全球互联网的不断发展,计算机空间不断膨胀,几乎覆盖了世界的每一个角落。在这日益复杂的网络环境中,已不能区分哪里是网络的开始,哪里是网络的终结。计算机空间为信息战进攻一方提供了一个广阔的、无国界的"隐藏"空间。进攻者只要从一处进入网络,就可通过各种途径实施对世界各地任何入网的计算机及信息系统实施信息攻击,并在发起攻击前几天、几个月、甚至几年的时间来部署信息战进攻。近年来,计算机和网络系统遭到"侵入"和"攻击"的事件屡屡发生。可以肯定,未来的信息战,在硬杀伤将继续发挥作用的同时,计算机空间上的争夺将象机械化战争中争夺"制空权"那样激烈。

二、人为因素

影响信息安全的人为因素,是指由于人的主、客观行为而导致的对信息安全的破坏或威胁。它主要是指来自敌方的危害,来自"黑客"行动的破坏,来自己方人员违纪造成的损失等。

把最新科技成果首先用于情报活动，是当代科学技术发展的一个显著特点。近年来，一些发达国家为了国际斗争的需要，不惜花费血本，投入大量人力、物力和财力加强自己国家的情报工作，因此，国防信息安全来自敌方的危害最为严重。主要表现在，敌方的间谍人员通过新闻媒介、信息网络、电子侦察等各种渠道，借助最先进的侦察技术手段千方百计地收集、窃取我国的国防秘密信息；在信息系统的有线电通信线路上，利用窃听设备下载或者窃取正在传输的秘密信息；接收我方信息系统(如计算机、程控交换机等终端设备和传输线路等)辐射出的电磁信号，以获取机密信息；以拉出去、打进来的手法，策反我信息或信息系统管理人员获取秘密信息；收买信息系统操作员，获得进入信息系统的口令和密钥，进入信息系统窃取重要秘密，或通过更换程序把信息系统的文件、资料窃取出来；利用各种手段接近信息系统的终端，更改程序，安装窃听器、发射机等，或者在计算机中加载程序，埋设“定时炸弹”，使计算机的某些软件、硬件失效、中断，甚至使整个信息系统瘫痪。

“黑客”的闯入已经对国防信息系统构成严重威胁，有造成“灾难性破坏”的可能。计算机“黑客”是指一批掌握计算机知识和技能，能对加密程序解密、窃取或对信息进行破坏，并以此作为业余爱好或半职业、职业手段的人。他们采用各种手段获得进入计算机系统的口令并闯入系统。他们或许什么也不做就离开，或者翻阅感兴趣的资料丰富自己的收藏，而有的则专门窃取机密或攻击系统使其部分或全部瘫痪。据美国总审计局 1996 年 5 月的一份调查报告称，近年来“黑客”企图渗透到军事计算机网络中去的行为逐年增多，1995 年达 25 万次，其中 65%获得了成功。美国国防信息局认为，随着因特网使用越来越频繁和“黑客”运用的方法和使用的设备更加先进，“黑客”闯入国防计算机系统的次数每年将翻一番。既然“黑客”入侵军事计算机系统易如反掌，当然会启发人们运用“黑客”手段攻击敌方的信息系统，“黑客”战便由此应运而生了。这种战法主要是使用有害的软件程序，破坏或利用敌方的国防信息系统，其作用是：大规模偷窃敌方的信息数据；迫使敌信息系统周期性关闭；全面瘫痪敌信息系统；使随机数据出现差错；以输入假电文和提取数据进行讹诈。

己方人员在管理和使用信息、信息系统时，因不执行规定，同样也妨害信息安全。己方人员包括所有以合法身份接触信息的涉密人员以及信息系统内部的管理、工作人员，如信息系统内部的操作人员、编程人员、维护人员、网络管理人员和用户等。在这些人员中，如果有个别人员违纪甚至违法，思想麻痹大意，安全意识不强，操作技术不熟练，违反安全规定和操作规程，都会危及信息的安全。

三、技术因素

信息系统本身在安全方面所存在的脆弱性，特别是信息系统的硬件技术不完善和软件技术的缺陷，是信息安全受到威胁的关键因素。

信息系统的硬件是否具有防护能力以及防护技术的先进程度，关系到信息安全的程度。由于硬件缺乏安全技术支撑而导致的威胁，主要是电磁泄漏和电磁波干扰。电磁波泄漏是指信息系统的设备向外辐射电磁波的现象。各种无线电通信设备（各类电台、对讲机、寻呼机、移动电话等）、微波干线、有线电线路，以及电子计算机在工作时，都会向外辐射电磁波，造成信息泄漏。目前，接收和解读辐射到空间的电磁波，已成为国外情报部门的主要窃密手段，并已达到相当高的水平。电磁波干扰是指对敌方利用电磁干扰设备有目的地对我方信息系统实施的干扰和破坏。电磁干扰已成为电子战的主要手段之一，美国目前正在研制的强力干扰机，其有效干扰功率可以比现有的干扰机高出3—6个数量级，作用距离可达上千公里，其发射的强大电磁波束，轻者使系统过载停机，重者使系统硬件烧毁。此外，国外已经研制出的微米/纳米机器人（一些外型类似黄蜂或苍蝇、会飞会爬的微米/纳米系统），它们有的是微型传感器，用来获取敌方信息，有的可以通过插口钻进电子设备破坏其电路。还有一种经过特殊培育的芯片细菌，可以通过某些途径进入信息系统，能象吞噬垃圾和石油废料的微生物一样，嗜食硅集成电路，破坏信息系统。电磁脉冲炸弹又称微波炸弹,其强大的电磁能量可以干扰和破坏信息系统,或者破坏武器系统的电子部件。据报道,美国在海湾战争中首次使用了由“战斧”巡航导弹携带并发射的试验性微波炸弹,英国研制成功的由飞机或导弹发射的微波炸弹,在空中爆炸后释放出强大的电磁脉冲,能摧毁特定区域内的电子部件和计算机电路,而不杀伤人员。还有一种既省力又省钱的措施叫芯片捣鬼活动,即蓄意修改、更动、设计或使用集成电路芯片的活动。在当今包括多达数百万个晶体管的集成电路芯片上,芯片制造者可以按某些要求轻易地加入一些正常使用料想不到的易毁功能或某些特殊作用的功能。例如,在使用一段后使芯片失效,或者在接收到特定频率的信号后自毁。而一个关键芯片的小故障足以引起整个系统停止运转。如果有朝一日西方一些敌对国家欲对购买其信息系统客户的的计算机网络进行破坏,即可以极其秘密地对其信息系统中少数集成电路预做手脚,其后果就可想而知了。

信息系统软件防护技术存在的缺陷是导致信息系统不安全的重要因素。软件系统主要有操作系统、编译系统、网络管理系统以及各种功能的应用软件系统和数据库系统等。目前,攻击信息系统的主要手段是计算机病毒。计算机病毒是一种人为编制的、在计算机系统运行过程中能把自身精确地或经过修改后拷备到其它程序体内的、具有破坏性的一段有害程序,概念上类似自然界中通过接触、呼吸、饮食等途径使人得病的病毒。自从 1983 年 11 月 3 日第一例计算机病毒发现以来,计算机病毒技术便以惊人的速度发展,目前其种类已达 12000 余种,而且还不时有新病毒出现。正因为计算机病毒可存在于各种以计算机为基础的环境中,所以,可以利用这类程序作为信息战的攻击手段,通过计算机互连网络、特殊通信系统或其它秘密手段,将其渗入敌方的信息系统和数据库,破坏系统的正常运行或使整个系统瘫痪。各国对计算机病毒的军用价值十分关注,美国国防部曾重金悬赏制造病毒者。目前,可利用的计算机病毒主要有“蠕虫”程序、“特洛伊木马”程序、逻辑炸弹、陷阱门、截取程序等等。

实施计算机病毒攻击的方式主要有三种途径：一是空间注入，即利用计算机病毒武器将带有病毒的电磁辐射信号向敌方某一未被保护的接收处理系统进行辐射，使其接收辐射时吸入病毒；二是网/节点注入，即通过敌方信息系统某些薄弱的网/节点，将病毒直接注入，这种途径要求能接触其某些设备；三是设备研制期注入，主要指在电子装备研制期间，通过一定的途径将病毒植入其硬件、操作系统、维修工具或诊断程序中，长期潜伏，待设备交付使用后，病毒由某些特定的条件激活而发生作用。

四、设施环境因素

分布在不同地理空间指挥中心、交换节点、信息武器平台、各类装备有信息终端的信息设施，如果没有科学、严密的管理防范措施，同样会危及信息的安全。

首先，如果信息传输信道的安全措施不完善，信息的不安全隐患就无法避免。信息系统的各类终端相互之间的信息交换和传递，是通过通信信道实施的。这些信道既有有线的，也有无线的。利用有线信道传输信息，会被敌方以搭线或在线路上安置感应线圈的方法窃听、复制、篡改或插入伪数据。信息在传输过程中会产生电磁辐射，敌方能利用专门设备接收。利用无线信道传输信息，则无法阻止敌方的侦听截获。总之，通信信道距离越长，信息被截获的可能性就越大。

其次，存储信息的载体安全程度不一样，也是导致信息不安全隐患的不可忽视的因素。如，存储信息的载体一旦被敌人得到，就可以随意调阅、复制和传送。存储在磁盘、磁带、纸张上的秘密信息废弃时，若不注意销毁，或处理不当，都极易造成信息泄漏。另外，对存储信息的环境控制不当或使用不当，会造成对存储信息载体的破坏，造成信息的丢失，对信息的安全造成危害。

第三，信息网络安全条件不严密，是构成信息安全的又一威胁因素。信息系统的网络是由分散在不同地区、不同部门的计算机、用户终端并用通信信道联接组成的，由于许多网络设施接通了国际互连网络,敌对双方都可以利用民用网络进入对方国防信息网络,窃取秘密信息。目前,已经发现的利用信息网络窃密的主要方法,有冒名顶替进网(通过窃取合法用户口令或信物,达到非法用户冒充成为合法用户,或者特权小的用户冒充成为特权大的用户的目的)、突破进网(是攻击者经过长期推测、试探,获取口令后进入网络的方法)、跟踪进网(是攻击者首先开通自己的终端等待,待合法用户工作完毕后,利用计算机系统的反应时间,自动跟上进入信息网络窃密的方法)。

第四节　国防信息安全工作的方针原则

《中华人民共和国保守国家秘密法》总则第四条规定:"保守国家秘密的工作,实行积极防范,突出重点,既确保国家秘密又便于工作的方针"。国防信息安全与保守国家机密是一致的,因此,保密工作的方针原则同样适用于国防信息安全工作。

一、积极防范

积极防范是保障信息安全工作方针的主要内容,它包含了两层意思:一是预防为主,防患未然。这既是国防信息安全工作的着眼点和立足点,也是信息安全工作各个方面、各种手段的本质特征。这一本质特征要求我们要未雨绸缪,以防范为主。要主动把工作做在前头,尽一切努力消除可能造成泄密的隐患,堵塞可能泄密的漏洞,最大限度地增加国防信息的安全系数,防止泄密事件的发生。二是一旦发生泄密事件,要尽快采取补救措施,将损失减至最低限度。就我们的主观愿望讲,无论在任何时候和任何情况下,都要确保国防信息安全。但在客观上,由于国防信息安全工作涉及面广、情况复杂、任务繁重,要绝对不发生任何问题是不可能的。因此,一旦国防信息安全受到威胁时,应立即采取应急措施,挫败窃密阴谋,或制止泄密行为。如果发现国防涉密信息外泄,要及时采取补救措施,尽量减少不必要的损失。同时,严肃查处泄密案件,并针对暴露出来的问题,有针对地做好堵塞漏洞的工作,起到"亡羊补牢"的作用。

要做到“积极防范”，一是必须大力加强宣传教育，使全体公民特别是国家机关工作人员和掌握国防涉密信息的人员，树立国家安全和国家利益高于一切的观念，保持高度的警惕性；二是建立健全信息安全法规和行之有效的规章制度，做到有法可依，有章可循；三是要强化监督检查，保障和促进信息安全工作在组织领导和管理方面的落实，在人员、思想、法规、制度以及各项技术措施等方面的落实；四是大力发展新技术，运用先进的科学技术手段防范泄密，使我们的信息安全工作具备与高科技窃密手段相抗衡的能力。

二、突出重点

突出重点是信息安全工作的重要原则。对此可从以下四个方面去理解：

一是从国防信息的秘密等级来说，密级高的、对国防安全和利益影响大的是重点。国防涉密信息按其内容的重要程度和对国防建设及军队的安全与利益的利害关系，分为绝密、机密、秘密三级。绝密是核心部分，如被敌方获悉，能对国防和军队的安全与利益造成特别严重的危害，必须确保。

二是从国防涉密信息分布状况来说，国防涉密信息集中的地区、部门、单位是重点。例如，就全国来说，党政军领导机关所在地，政治、经济、科技和外交活动的中心是信息安全工作的重点。这里集中的涉密信息不仅多，而且密级高。比如从地理位置看，北京是国防涉密信息的集散地，涉及全国、全军的各种重要秘密信息均在这里产生或形成，全国各地的重要秘密信息最终都要汇集在这里。可见，北京在国防信息安全工作中处于十分重要的地位。就一个地区或单位来说，产生、保存国防涉密信息较多和密级较高的部门、部位是重点。国家保密局 1991 年下发了《关于做好保密要害部门(部位)保密工作的意见》，要求各级机关、单位、各系统都要明确确定自己的要害部门(部位)，意义即在于此。

三是从知悉和掌握秘密信息的人员来说，领导干部、涉密人员，特别是涉及国防要害部门(部位)的人员是重点。他们知悉的秘密信息比其他人员多,他们在工作中,包括在秘密信息的制作、传递、使用过程中,在社会人际交往和涉外活动中,稍有不慎,极易造成泄密。比如,从事军事工作的人员中,在军以上机关以及国防科研单位,作战、情报、通信、机要、战勤等要害部门的工作人员,以及经管秘密信息的专职人员是重点。因为,这些人在工作中接触秘密信息的数量多,密级高,是敌特不惜一切代价窃取秘密信息的重要目标。

四是从不同时期重点会发生变化这一事物发展规律来看,不同地区的不同部门和单位,在不同的时间,涉及秘密信息的多少会有所不同,可能发生泄密的渠道也会有所不同。因此,各地区、各系统、各单位在做好信息安全工作时,要根据不同的情况确定其重点。

三、既确保安全,又便于工作

"既确保安全,又便于工作"是指在具体工作中,要正确处理信息安全与各项业务工作的关系。"确保安全"和"便利工作"不是绝然对立的,而是辩证统一的。维护信息安全是保障和促进各项工作顺利进行的重要手段,信息安全工作同其它各项工作应当统一在维护国家的安全利益,有利于保障改革开放和国防建设事业的顺利进行上来。要安全,就必须有一定的限制,但限制措施不能影响相关工作的正常开展;要便利,就应使秘密信息发生应有的效益和作用,并及时根据情况的变化和开展业务工作的需要,该解密的解密,该扩大知悉范围的要扩大范围;必须对外提供的,按规定经过批准后及时对外提供,但又不能使国防秘密泄露给不应知悉的人员。总之,在实际工作中,要把二者有机地统一起来。如果从国防安全和利益出发,需要严格保密的,就不能片面强调方便工作而置国防安全利益于不顾;如果从国家现代化建设的大局出发,则需要在信息安全工作方面作出相应调整,比如尽量缩小军事禁区,适当调整军事设施等,就不能过分强调信息安全,以至影响国家的其它利益。

信息安全工作的方针、原则对维护国防涉密信息的安全具有重要指导意义,必须贯穿于各项涉密工作的全过程。所有在国防领域工作的人员必须牢记并贯彻执行这些方针、原则。

第三章 国防信息安全面临的形势和任务

党的十一届三中全会以后，我国进入了改革开放的新的历史时期，国防信息安全工作也从此进入了新的发展时期。随着国际、国内形势和科学技术的不断发展变化，国防信息安全工作面临着许多非常复杂的新问题，反映出许多新的特点。充分认识国防信息安全工作面临的新形势，对于做好新时期的国防信息安全工作，具有十分重要的意义。

第一节 国防信息安全的现状

新的历史时期，在改革开放形势的推动下，我们的国防信息安全工作取得了巨大成就。如，进一步建立健全法规制度，使信息安全工作走上了法制化的轨道；各级更加重视信息安全工作，加强了对此项工作的领导；大力开展保密宣传教育，使人们的保密观念逐步增强；积极发展信息安全技术，技术防范能力有所提高。从而较好地保证了国防信息的安全和国防建设的顺利进行。但是，我们必须清醒地看到，国防信息安全工作还不能完全适应新形势的需要。主要表现是失泄密事件仍在不断发生，对国防信息安全造成了严重威胁。比如，有的随意携带载有秘密信息的载体外出被盗或遗失；有的在宣传报道、公开发行的书刊中泄露国防秘密信息；有些秘密文件长期失控。更有甚者，还发生了一些与敌特勾结、出卖情报的案件。所有这些，反映出维护国防信息安全的工作在思想认识、组织领导、规章制度、基础设施和技术手段等方面，还不同程度地还存在着一些薄弱环节。

一、国防信息安全意识淡化

由于长期的和平环境和改革开放带来的繁荣景象，使相当一部分人的国防观念和安全意识逐渐淡薄，产生了和平麻痹思想，“无密可保”、“有密难保”的糊涂认识有所滋长。有的只图工作方便，忽视信息安全；有的在经营活动中只图经济利益，不顾信息安全；有的在涉外交往中只讲友好，内外不分，不注意保密；还有的在公共场所随意谈论秘密事项等等。

一些人之所以产生“无密可保”的认识，究其原因有两个方面：一是认为我国国防工业不发达，我国有的东西外国早就有了，没有什么秘密信息可言；二是认为我国现在是全方位开放，许多军事设施都对外开放了，没有什么秘密信息可保。这种认识，对信息安全工作有极大的危害性。

应当承认，我国是一个发展中的社会主义国家，目前经济还不够发达，科学技术还比较落后，这是事实。但我们的国家并不是什么都落后，单就国防科技领域来说，就已经取得举世瞩目的巨大成就。比如，在尖端武器领域，原子弹、氢弹、通信和科学试验卫星、核潜艇等，就是明显的例证。那种一概而论，看不起自己的思想是错误的。同时还必须看到，一个国家的国防信息安全，并不是由技术是否先进和发达不发达所决定的，而是取决于其是否关系到国家的安全和利益。凡是涉及到国家的安全和利益的事项，都必须维护。

我国对外开放后，公开了一些过去保密的项目和内容，对此要用发展的观点去分析，去认识。一方面要看到，一些军事设施、军用机场、军港、码头改为民用，这样做对国家经济建设是有利的。一些国防方面的高科技成果的公开发布，对敌人是一种威慑的力量。另一方面要看到，开放决不是不要信息安全，决不意味着一切对外公开。事实上，我们在对外开放中，在开展国际合作和交流中，无论是放宽的还是公开的内容，都是以有利于国防建设和不影响国家总体利益为前提的。随着我国四化建设的飞速发展，在世界各国综合国力竞争的战略格局中，我国愈来愈显示出了举足轻重的地位和作用，许多外国间谍机关都把我国作为窃取情报的一个重要目标。在这种情况下，信息安全工作不是可有可无，而是更加重要了。越是搞开放，越要加强信息安全工作。

二、组织领导不够得力

有些单位的领导，对新形势下的保密工作认识不足，重视不够，抓得不紧，没有把信息安全工作摆到应有的位置，使信息安全工作处于可有可无的状态。平时对此项工作无计划、无要求、无检查、无措施，连明显的失泄密漏洞也视而不见，发现苗头又不及时纠正解决，致使酿成重大失泄密事件。如某部一战士伙同地方情报贩子盗走作战文书及其它秘密资料数十份，卖给台湾情报机关。该案暴露前，单位领导对其经常外出打麻将、看黄色录像、玩弄女人以及连续数次盗窃军事秘密的严重问题，竟然长期未发觉，而且还让他入了党、转了正，可见思想麻痹到了何等危险的程度。

三、规章制度不落实

规章制度是维护国防信息安全的重要保证，是信息安全工作的基本依据。我国有关信息安全的法规，是长期以来与敌窃密斗争的经验的总结，具有严肃的法律效力。因此，它是不可违背的。

在现实生活中，由于一些单位的领导重视不够，检查督促不力，处理问题不认真等原因，致使有些制度形同虚设、落实不好，出现了一些不应该出现的问题。如外出携带文件资料丢失被盗事件屡有发生；有的在公共场所谈论部队的编制、装备及调动等情况；有的把军内不公开发行的刊物、教材当做废品出卖；还有的将机密材料、文件私自带回家中，让无关人员阅看；有的在外事交往中内外不分，有问必答，要什么给什么，要看什么给看什么。所有这些，不但严重违反了规章制度，而且造成了严重后果。如某部后勤部一名干部，将数十公斤印有部队单位番号和部队地址的旧帐表，卖给一个废品收购站，而废品站又将这些纸卖给个体户做包装用纸，造成了泄密。某单位一位领导，将文件私自放在家中，其子乘其外出时盗窃机密文件数份，内部报刊数十种，卖给了台湾特务，酿成重大泄密事件。

四、防护技术、设施落后

从总体上看，我国的信息安全技术、设备和手段还比较落后，防范能力较差。对目前已普及使用的计算机、传真机、复印机以及移动电话的电磁辐射泄密还缺乏得力的措施和办法。军用电话网与地方市话网连通造成的串音、军用高频电缆通过地方的复杂场所等,如果防护措施跟不上,极易造成泄密。

随着国外窃密手段的高技术化,各种类型的侦察卫星以及航天飞机、微光夜视与红外摄影、激光、缩微照相等广泛用于情报间谍活动,使信息安全工作面临更加严峻的挑战。比如,一些国家的驻华使馆内都有精密的侦听设备,用以搜集我国的情报。某国驻华使馆的楼顶上,装有各种类型的无线电接收天线十多种,通过这些天线和精密的侦听设备,能够在大面积范围内监听我长途电话和微波通信辐射的电磁信号。近年来,把电脑技术用于窃密活动的事件屡有发生。在计算机广泛应用的今天,如果不重视防护技术,使用计算机工作涉及的一些重要情报就很容易被敌人窃取。大量事实说明,做好新形势下的信息安全工作,光靠宣传教育是不够的,还必须有相应的技术手段来保障,否则,技术落后就要吃大亏。

第二节　新的历史条件下国防信息安全面临的形势

在新的历史条件下,随着国际国内形势的发展变化,使国防信息安全面临着种种新的挑战。在对外开放和发展社会主义市场经济的条件下,在世纪之交和我国现代化建设正处在承前启后、继往开来的重要历史时期,只有充分认识国防信息安全工作的复杂性和艰巨性,才能更好地把握机遇,有针对性地拿出对策,使国防信息安全更好地适应新形势的要求。

一、随着对外开放政策的深入,境外敌对势力、情报机关的窃密活动日益猖獗

情报窃密活动,是国与国之间相互关系中的一种客观存在,也是许多国家对外关系中的既定政策。它不会因形势稳定而停止,而只

会在形势发展变化的刺激下而加剧。当今世界正处在大变革的重要历史时期，持续了半个多世纪的世界两极格局已经结束，各种力量重新组合，世界正朝着多极化方向发展，危及世界和平、导致国际形势紧张的因素并未根本消除。在这种形势下，国际上窃密与反窃密的斗争将日趋尖锐、复杂。在世界各国综合国力竞赛的战略格局中，我国的国际地位不断提高，愈来愈显示出了重要作用。特别是改革开放以来，国外谍报人员利用各种身份作掩护，对我国进行的情报活动更加频繁，行动更加诡秘，手段更加多样。

（一）以驻华使馆作掩护，利用外交官身份公开进行窃密活动

随着我国对外关系的发展，外国驻华人员不断增加，目前仅外交常驻机构就有100多处，人员总数达数千人。这些机构和人员除了正常的业务工作外，很多都负有搜集情报的任务，其中有的甚至是职业特务。这些人员中有相当一部分是研究中国问题的专家，他们利用外交人员享有的豁免权，有恃无恐，其窃密活动有的已到了十分严重的程度。他们的主要做法：一是利用外交官的合法身份通过直接观察了解情况，搜集我国防情报；二是到处攀拉关系，结交各方面的人员，刺探我秘密信息；三是向去使馆申请签证的人套取情况，或直接将其中的个别人发展为情报员为其服务；四是指挥潜伏间谍窃取和传递秘密情报。例如，他们经常以考察我国的历史、文化为幌子，四处旅游参观，暗地里却干着搜集情报的罪恶勾当。一些驻华使馆通过举办电影招待会、舞会、各种纪念会、留学生座谈会等形式，广泛结交我各阶层人员，以期达到搜集情报的目的。有一个国家的驻华领事，通过各种渠道“广交朋友”，曾先后和我100多名各阶层人士建立了私人关系，并公开扬言，只要需要，随时都可以同他们取得联系。

（二）以回国探亲、旅游为名从事情报活动

我国实行对外开放后，出入境手续简化，口岸增多，来华旅游的人逐年增加，这本来是好事。但其中确实混杂着一些间谍、特务，他们来华的主要目的是搜集情报。如某国一观光服务公司董事和办事员等一行人，到我国青岛考察旅游路线，他们不按我指定的路线行走，却故意拐入我军某基地禁区内停车摄像，之后又沿禁区边界摄录，时间长达一个半小时。很显然，旅游不是他们的真实目的。某国的一个旅游团提出要用他们自己的交通工具来中国旅游，分两路北上，一路乘汽车从西藏入境，经拉萨、西宁到北京。一路乘船从广州出发，经福州、杭州、上海、青岛、天津等沿海城市到北京。很显然，这是一次别有企图的活动，理所当然地被我方拒绝。近年来，回大陆观光、探亲的港、澳、台同胞以及外国华侨日益增多，外国特务机关和台湾特务机构也乘机派遣特务混杂其中，大摇大摆地进入我境内搜集情报。有的特务机关还派人以探亲为名，发展特务，近年来已发现多起。

（三）以记者的合法身份，利用新闻采访为幌子搜集情报

目前外国通讯社和报刊常驻我国的记者，仅在北京就有近百家。此外，每年还有随政府首脑来访和采访有关活动的大批临时来华记者。从已发现的情况看，外国记者大都同本国情报机关有联系，有的本人就是间谍。他们广泛开展社交活动，利用记者的特殊身份，广泛接触各界人士，刺探我内部信息。有的表现相当“神通”，内部不少重要信息，他们往往在公布之前就弄到手，抢发头条新闻。1981 年 4 月 20 日，我国在张家口地区举行大规模的军事演习，在演习前，了解情况的只极少数人员。但是，日本记者却在未开始演习前的 4 月 19 日就以头条新闻向国内作了比较全面的报道。1982 年 8 月，以美国《华尔街日报》记者身份来华的三人，到达昆明后到处搜集我军某导弹基地和其它重要军事情报。1985 年，根据中央军委的战略部署，我国裁军 100 万。随即，各大军区实行了新编制，各大军区主要领导的任命在大军队内部还没宣布的情况下，而香港的一家报纸却发布了准确的消息。据查，这些大都是国外、港澳记者通过种种非法途径，从我内部人员中获取的。境外记者以新闻采访为幌子搜集情报，也对国防信息的安全造成了一定威胁。

（四）利用经济合作、贸易谈判、文化科技交流和讲学等活动搜集情报

目前，我国与170多个国家和地区建立了贸易往来关系，常驻我国的外商代表联络机构已达数千家。其中的一些机构或人员，就负有搜集情报的任务。外国人与我们搞的合作与交流项目中，有一些就是精心安排的情报工作计划，只要稍有疏忽就会上当。美国一家电影公司拟与我合拍一部仅放映20分钟的电影《美丽的中国》，竟然提出要在我28个省、市、自治区内100多个点进行拍摄，有些镜头还要空中摄影。上海某大学一名外籍教师，1985年任教以来，以提高外语水平为名，采取提问和布置作业的形式，向学员布置数十道作文题目和讨论题，其内容涉及我领导人、经济体制改革以及对外关系等方面，大都和教学内容无关，以此手段搜集我内部情况，掌握学员的政治动态。我国的国防科技经过长期的努力，取得了举世瞩目的巨大成就，某些单项技术已走在世界的前列，这同样引起国外情报机关的极大关注，他们千方百计地利用科技交流为名，企图窃取我国防科技情报。

（五）拉拢、腐蚀、收买我首脑机关和要害部门人员

境外情报机关认为："搞中国情报必须同当地中国人交往，而在中国重要部门和城市建立情报关系是确保搜集有价值情报的重要方式。"为此，他们提出"不惜任何代价，在我领导机关干部及其子女中物色对象，哪怕是百人中成功一人也好。"为此，他们利用各种合法身份进入我国后，通过思想渗透、金钱诱惑、色情勾引、攀拉关系等多种手段，拉拢收买我内部少数资产阶级思想严重、向往西方资产阶级生活方式、意志不坚定的人员，为他们提供所需的情报。近年来，这类案件屡有发生。

（六）策反我驻外人员和临时出国人员

实行对外开放以来，我国出国人员逐年增多，国外特务机关为了在大陆建立所谓的"敌后力量"，处心积虑地在我驻外和临时出国人员中物色策反对象。他们利用种种途径对我出国人员进行全面的调查研究，对我出国人士建立资料档案，了解出国人员的个人简历、政治倾向、国内外的社会关系等。然后，利用各种手段进行策反。虽然被他们策反成功的只是极少数人，但其造成的政治影响及严重危害却不可低估。

（七）利用边境地区特殊地理环境进行窃密

我国既是一个陆地大国（陆地边界线 21000 公里），又是一个海洋大国（海岸线 18000 公里，大小岛屿 6500 多个），周边环境极为复杂。边境地区既是我国同周边国家进行政治、经济、军事、文化交流的重要通道，又是境外敌特窃密的主要渠道。境外情报机关往往凭借国境线陆地相连，邻国边民跨界而居等便利条件，有目的有计划地进行窃密活动。随着我对外开放和边境局势的缓和，过去边境争夺的热点成了贸易点，客观上为敌特的活动提供了便利条件。他们加紧了对我边境地区的渗透和情报活动，利用在边境口岸与我边民可以广泛接触的机会，打着经商贸易的幌子，以金钱收买等手段，诱使一些边民和内部人员为其效力。从已破获的特务案和贩卖情报案看，我大量的秘密是从边境口岸这一渠道外流的，边境口岸成了敌特搜集我情报的集中地和桥头堡。

（八）利用我扩大开放地区、放宽活动范围的便利条件搜集情报

建国后很长一段时间内，由于我们实行闭关锁国的政策，对外国人活动的限制很多。例如在北京，规定外国人只能在以天安门为中心的 30 公里范围内的某些地方活动，所以在不少地方和交通路口，常常可以看到“外国人不得超越”的牌子。现在，这种情况已经很少见到了。1978 年，对外国人只开放全国的 117 个地方，而且每到一处都需要在当地签证、办理手续。现在，对外国人开放的地方不仅范围扩大，而且不需要在境内办理任何证件。对外国人使用自备的车辆和乘坐我国飞机、客轮的限制也有所放宽，甚至对外没有开放的航线，必要时也可以让外国人通行。这就使得过去外国人不能去的地方，现在可以去了；过去不能参观的东西，现在允许参观了；包括一些军事设施、军用机场、军港、码头改为民用后，外国人也可以去了；有些部队驻地被外资企业所包围，甚至在很长一段时间内有不少部队与外国人合资经营企业，使得外国人能够靠近营区或者直接与部队人员接触。于是,位于开放地区的军事设施增大了暴露的程度,在客观上为外国情报人员直接观察、拍照和通过其他手段搜集我国防信息提供了便利条件。外国情报人员正是利用这些便利条件肆无忌惮地搜集我各方面的情报。在这种情况下,如何采取有效措施,做到既要积极促进改革开放,又要确保国防信息安全,这是新时期维护国防信息安全工作亟待解决的新课题,由此而引发的许多实际问题需要认真加以研究解决。

二、随着窃密手段的高技术化趋势,使国防信息安全面临的威胁日益加剧

在信息时代,信息与情报的争夺已遍及世界各国,渗透到各个领域,谋求信息的手段越来越多,运用的技术越来越精妙,窃密手段高技术化的趋势越来越明显。

(一)战略侦察与监视的功能增强,能力提高

现代侦察与监视技术主要包括空间侦察、空中侦察、地面侦察三大类。空间侦察主要有航天飞机、太空站、电子侦察卫星、照相侦察卫星、海洋监视卫星、导弹预警卫星等;空中侦察有侦察飞机、预警飞机等;地面侦察主要是各种类型的雷达和无线电通信侦察设备。随着侦察与监视技术的发展特别是红外探测技术、雷达成像技术、定向能技术、数据信息处理技术的突破,使侦察手段趋向高技术化。除了新一代微波雷达、毫米波雷达、星载长波探测器外,还有激光探测器、粒子束探测器、多光谱传感器等多种新技术、新手段。由于新型侦察与监视系统采用了新的侦察预警机理和大量新技术装备,可实现全球全时监视和逐层交替探测跟踪,大大提高了探测识别的精度和准确性。各种新型侦察技术设备均具有较强的自处理能力,整个侦察过程在计算机系统的管理控制之下,自动化程度高,容错能力强,将更加趋向人工智能化,实现侦察过程的自动控制。现代侦察活动,由于应用多种新型技术,可进行全球全天候的战略侦察。如一颗与地球同步的导弹预警卫星,能连续地监视约占地球总表面 42% 的区域。预警卫星能在对方导弹发射后 50 秒到 60 秒内探测到目标,并

在90秒内把信息传回地面。侦察卫星对地面目标的分辨率已达到0、1——0、3米,不仅能识别舰船、车辆和人员等目标,还可探测到植被深处覆盖层达几十米的目标。情报的分析处理也走上一个更高的层次,高性能计算机能够对大量的情报进行自动、快速的分析处理并作出鉴定。西方发达国家侦察与监视能力的提高无疑将对国防新型信息安全产生重大的影响。

(二)通信窃密技术飞速发展,性能先进

无线电通信侦察技术是通过截收和解译无线电信息获取情报的一种技术侦察手段。由于无线电通信中包含了国防活动各个领域的大量信息,许多国家都把无线电通信技术侦察看作是获取情报的重要手段。特别是西方技术发达国家,运用先进的电子技术进行无线电窃密活动,已构成世界性威胁。他们认为:用电信侦测方式搜集到的情报真实、丰富、迅速、可靠,也最安全。因此,不惜大量人力、物力、财力,从事无线电技术侦察设备的研制,各种窃密工具层出不穷。电子侦察卫星,电子侦察船、电子侦察飞机、电子信号截取设备、监视取证设备、间谍通信密写技术、快速电台等,在通信窃密活动的各个领域,发挥着愈来愈重要的作用。利用"偷听"的方式窃取情报,已成为通信窃密活动的又一高性能手段。近二十年来,窃听器作为现代情报活动的高性能工具,无论是种类和型号,还是结构和性能,都有日新月异的新发展。形形色色的窃听器如微型录音机窃听器、专线麦克风窃听器、无线窃听器、微波窃听器、激光窃听器,以及花样翻新的电话窃听器,种类繁多,不一而足。目前,微型化了的窃听器在人们日常用的电话机、电源插座、文件包、自来水笔、烟斗、烟盒、打火机、手表、戒指等物品里都能安装。有的甚至安装在子弹头里,需要时打入窃听对象房间的墙壁里深深潜伏下来。窃密手段的高技术化,使窃密活动更加诡秘多样,极大地增加了通信中信息安全的难度,使信息安全工作更加艰巨。

(三)通过技术侦察手段窃取我情报的活动日益增多,方式多样

境外敌对势力的情报特务机关,在对我加强派遣策反的同时,并未放松通过技术侦察手段窃取我情报的活动,相反还有进一步加强的趋势。这主要表现在三个方面:一是在我国周边地区建立严密的地面监测网。一些西方国家和境外敌对势力均建有针对我国的电子监测中心和台站,对我形成了一个电子侦察包围圈。他们投入大量的人力物力,配置了先进的技术设备,每分每秒都在监视和截收我们国家、军队的无线电通信和各种电磁信号,以从中获取我政治、军事、经济、科技等各方面的情报。二是利用电子侦察卫星、飞机和舰艇对我进行不间断的电子侦察。一些国家的侦察卫星每天飞经我国上空几十次,其侦察面积可以覆盖我整个版图。一些大国的侦察飞机和侦察船经常抵近我领空、领海进行电子侦察,对我方无线电通信构成了极大威胁。三是利用驻华机构和来华人员对我进行技术侦察。一些临时来华人员,携带窃听装置,可随时随地窃听我有线电话通信。以上情况说明,一些敌对国家和集团早已把我国、我军作为情报活动的主要对象。并且窃密手段高技术化的特点越来越明显。对此,我们绝不能掉以轻心。

三、随着信息技术的飞速发展,信息领域的对抗将日益激烈

当人类社会即将步入21世纪之际,以信息技术为核心的高新技术迅猛发展,并广泛地向国防领域渗透。信息技术不仅已成为各种战争资源发挥效能的基本保证,而且本身就是重要的作战武器。比如,信息的收集、存储、传递、处理、显示、识别等技术,大大提高了指挥效能;全面争夺"制信息权"的斗争促进了把指挥、决策、控制、通信、情报、作战、支援保障、设施及武器装备联结为一个有机整体的自动化网络的产生,包括各种战术导弹、制导炸弹、雷达制导的火炮、夜视仪器、侦察飞机和侦察卫星在历次局部战争中的使用,不断提高了信息斗争在战争中的地位。

(一)信息战将主宰未来战场

纵观人类的历史,战争模式的更迭与科学技术的发展是密切相关的,正如著名科学家钱学森所指出的:"从人类历史的过程看,最初出现的战争是徒手战,然后有了冶练技术,才出现了冷兵器战争,继之,是由于火药的发明,才出现热兵器战争。科学技术的进一步发展,又导致内燃机的制造和其它机械兵器的制造,于是战争又演化为机械化战争。到了本世纪50年代,更因核技术和火箭技术的发展,出现了远程核武器。远程核武器的巨大破坏力,再加上现在高度发展的信息技术和电子计算机技术,就形成现阶段和即将到来的21世纪的战争形态:在核威慑下的信息化战争。"信息技术是指人类开发和利用信息的手段。从广义上说,凡是应用信息科学原理和方法同信息打交道的人造手段都可称作信息技术,包括信息的产生、检测、变换、存储、传递、处理、显示、识别、控制和利用技术。现代的信息技术在收集、存储、传递、处理、显示、应用信息等方面的功能,是人类历史上任何一个阶段所无法比拟的,其发展速度之快也是史无前列的。在信息时代,人们的生活质量、社会的变革、经济的发展越来越多地依赖信息。在经济上信息意味着财富,在军事上信息意味着战斗力。首先,信息技术使武器装备由热兵器和热核兵器阶段进入信息化武器装备系统阶段,奠定了信息化战争的物质基础;其次,信息系统的网络化导致了信息化战场的形成,为信息化战争提供了可靠的依托;第三,信息对抗技术把争夺"制信息权"的斗争提高到十分突出的地位,而争夺"制信息权"的战略需求又促进了信息对抗技术和装备的不断发展。恩格斯曾鲜明地指出:"一旦技术上的进步可以用于军事目的,它们便立刻几乎强制地,而且往往是违反指挥官的意志而引起作战方式上的变更甚至变革。"正是在信息技术迅猛发展、广泛应用所奠定的雄厚物质技术基础上,使信息战必然成为未来战场的主宰。并且,对平时的国防信息安全也构成了极大威胁。

(二)战争将成为"发现者"与"隐蔽者"之间的斗争

孙子兵法揭示的"知己知彼,百战不殆"的规律,被整个人类几千年的战争史所证明。古今中外的战争,作战双方无不采取一切侦察手段,千方百计地了解敌人的情报,如位置、部署、作战能力、行动企图等,同时掌握己方部队的情况,为实施正确的作战指挥奠定基础。但由于当时信息获取手段的落后,"战场迷雾"一直是困扰指挥员的一大难题。信息技术大大改善和提高了探测、识别、跟踪以及指挥、控制、通信的方式和能力，使战场的透明度大大提高。信息化战场是以信息技术为基础，用数字化手段将覆盖整个战场的指挥、控制、通信、计算机、情报、监视和侦察等网络系统联为一体，实现战场资源共享、实时信息交换的多维空间。在信息化战场上，信息获取技术是其基本支柱之一。为了保证作战指挥控制信息的实时可靠，在地面，部署有成百上千部各类雷达及光学、声学传感器；在海上，部署有大量的舰载监视雷达、声纳、光学探测器及电子情报侦察机；在空中，部署数架乃至数十架预警机、战场监视雷达飞机和电子情报侦察设备；在太空，数百个卫星传感器，包括光学探测卫星、红外监视卫星、雷达卫星、电子侦察卫星等，构成立体化的战场侦察与监视系统，成为有效地保护自己和打击敌人的重要战场依托。此外，无论是飞机、坦克等各类作战平台，还是从统帅部到单兵的各级作战力量，为了提高其作战行动的有效性，都配有最先进的信息获取手段或装备。从一定意义上说，在信息化战场，谁能先“看到”或“听到”对方，谁就能先打掉对方。战争将成为“发现者”与“隐蔽者”之间的斗争，一切没有良好隐蔽的目标都会被发现、被击中、被摧毁。因此，“先敌发现目标、先敌作出决策和行动”将成为首要的作战原则。而实现这一原则，则依赖于实时、准确、可靠的情报信息。由此可见，信息安全具有重大的、举足轻重的作用。

（三）争夺“制信息权”的斗争将十分激烈

在信息化战争中，争夺“制信息权”的斗争是最具决定意义的斗争，对战争的胜负起着至关重要的作用。谁掌握了信息控制权，谁就将掌握战场的主动权。“制信息权”的斗争集中体现在信息获取、信息传递、信息处理这三个基本环节上。为了夺取信息优势，必须把进攻性信息作战手段和防御性信息作战手段结合起来，使用以精确制导武器、情报支援系统和电子战系统为主的信息作战系统，运用侦察与反侦察、干扰与反干扰、摧毁与反摧毁等基本手段对敌信息系统实施攻击，使其瘫痪。随着信息技术的飞速发展，在21世纪的战场上，一些具有新型杀伤力的信息化武器将不断涌现，如高功率微波武器、激光武器、电磁脉冲武器、计算机病毒武器以及种类繁多的新型欺骗装置，它们都会对敌方的信息系统和信息化兵器实施有效攻击，从而大大拓展信息战的范畴，不断开拓信息战的领域。比如，一张覆盖整个战区甚至全球的计算机巨网，将对未来战争的方方面面产生强烈冲击。网络上的突然袭击将取代传统的以海空袭击拉开战争的序幕，“打硅片”方式将取代工业时代的“打钢铁”方式，攻击的首要目标不是重兵集团而是信息网络系统。正因为如此，信息屏护就成为未来战争面临的重大课题。

第三节　加强国防信息安全的主要任务

在新的历史时期，国防信息安全工作面临很多亟待解决的新问题。而且，信息安全工作又是一项综合性、系统性很强的工作，涉及到方方面面、各行各业，任务十分艰巨。

一、加强宣传教育，强化国防信息安全意识，是当前做好信息安全工作的首要任务

加强信息安全工作，有很多事情要做，但第一位的也是基础性的工作，就是下功夫解决思想认识问题，增强信息安全观念。信息安全观念，是关于信息安全的思想认识，即对信息安全的觉悟与认识。人们的信息安全观念强，必然在行动上表现为自觉遵守有关的法律、法规，积极维护国防涉密信息的安全。信息安全观念不可能在人们的头脑中自发形成，成熟的信息安全观念必须进行灌输和培养。

（一）在深入持久的宣传教育中强化国防信息安全意识

采取多种形式，深入持久、有效地开展信息安全教育，是增强信息安全意识的基础性工作，是强化人们信息安全意识的关键所在。信息安全教育的根本任务，是使国家工作人员特别是军事领域的工作人员，充分认识维护信息安全是自己的职责和义务，树立敌情观念、纪律观念和法制观念，提高防范的能力和水平，从而形成自觉而有效的维护国防信息安全的良好风尚。信息安全教育的内容是根据其工作任务的性质而确定的,它会因时间、地点、对象等客观情况的不同而有所侧重。信息安全宣传教育的基本内容,是党和国家关于保密工作的指导思想和方针政策;国家有关方面的法律、法规和规章制度;国际、国内窃密与反窃密斗争的形式和情报窃密活动的特点、方法;信息安全方面的基本常识(如通信工作、电子计算机信息处理、办公自动化方面的信息安全知识等);信息安全工作的先进事迹和泄密案例等。信息安全教育必须坚持把握正确的方向、紧密联系实际、突出重点、持之以恒等原则。信息安全教育同其它各项业务工作的宣传教育在形式上没有区别,口头形式、文字形式和利用音像制品等各种手段和方式都可以采用。在新的历史条件下,要充分利用报纸、刊物、广播、电视等宣传工具与手段,经常进行信息安全宣传灌输。要使信息安全宣传教育同形势教育、法制教育等很好地结合起来,并注重时效。要结合分析典型失、泄密案件,不断加深人们对信息安全重要性和失泄密的危害性的认识,以利于克服和平麻痹思想。

(二)在创造良好的内部环境中培养国防信息安全意识

良好的内部环境是指具有优良的作风、正规的工作秩序和各种良好的风气,这些对于人们确立信息安全意识具有导向和潜移默化的影响作用。比如,建立正规的工作、生活秩序,大力加强行政管理,严格各项规章制度,克服松、散、乱的现象;大力加强政治建设,开展讲学习、讲政治、讲正气的教育和反腐蚀、反渗透的教育,及时克服各种消极思想情绪,促成团结、求实、廉洁、守纪的风气等等。创造一个良好的内部环境,必然有助于培养和增强人们的信息安全意识。

(三)在贯彻落实保密法规中增强国防信息安全意识

信息安全意识的强弱,与保密法规制度的贯彻落实有着密切联系。信息安全意识强了,可以促进保密法规制度的落实,反过来,贯彻落实保密法规制度的过程,又是增强信息安全意识、培养保密观念的过程。从目前情况看,国家在保密立法方面做了大量工作,已制定了一些配套法规、规章,基本上做到了有法可依。但目前还存在一些比较突出的问题。比如,在一些地区、部门或单位,包括某些领导机关和要害部门的人员中,保密法制观念淡薄,不学法、不懂法,或者学归学、用归用、学而不用,对法律、法规持无所谓、不经心的态度,执法执纪不严等现象仍然比较严重。这是有的地方和单位泄密问题不断发生甚至有增无减的一个带根本性的重要原因。因此,国防信息安全工作要更好地为国防建设服务,就必须加大依法管理的力度,真正做到有法必依,执法必严,违法必究,真正树立起法规制度的权威和尊严,保证其真正贯彻落实。与此同时,人们在严格的法规制度制约下,又能有效地强化信息安全意识。

二、加强组织领导,强化信息安全责任,是做好国防信息安全工作的重要任务

随着改革开放的进一步发展,反映在国防战线的窃密与反窃密斗争尤为突出,情况更为复杂,任务更为艰巨。信息安全是一项全局性的工作,政策性很强,各级党委、领导有着义不容辞的责任。

(一)从党和国家的最高利益出发,切实加强对国防信息安全工作的领导

信息安全工作历来是党的一项重要工作,在新的历史时期,信息安全工作不仅不能放松,而且显得愈加重要。这是因为,随着改革开放的不断深入,情报战线的斗争愈加尖锐复杂,信息安全工作在对敌斗争、特别是对敌军事斗争中占有更加特殊的地位,不仅是促进国防建设的重要手段,而且是维护社会稳定,保证改革开放顺利进行的重要措施。大量事实说明,哪个单位的党委、领导重视信息安全工作,那个单位就能杜绝或大大减少失泄密事故的发生。因此,各级党委要把信息安全工作列入重要议事日程,分管领导要亲自抓。要经常分析形势,研究解决存在的问题,并不断根据工作任务和形势的变化,制定加强与改进措施,扎扎实实抓好落实。

(二)领导干部要身体力行,带头做好国防信息安全工作

领导干部在信息安全工作中具有特殊的地位和重要的作用。由于领导干部知悉和接触的秘密信息事项多、范围广,所起的作用和产生的影响大，并且是境外情报窃密活动的重点目标。因此，加强新形势下的保密工作，关键在领导，重点在领导。领导干部在信息安全方面的责任，概括地讲，主要包括三个方面：一是管好自己。管好自己是对领导干部最基本的要求。领导干部要真正做到严格管好自己，就必须遵守党的保密纪律和国家的保密法规，依法依纪规范自己的涉密行为。对于自己工作中涉及的秘密信息，绝不允许向家属和无关人员泄露。在公务活动中，要提高警惕，加强防范。二是严格管好亲属子女和身边的工作人员。对亲属子女和身边工作人员严格要求、严格管理，是领导干部应尽的责任。三是认真履行岗位责任制。领导干部必须结合本地区、本部门、本单位的实际，切实加强对信息安全工作的领导。

（三）积极支持保密工作机构的工作，充分发挥他们的作用

保密机构主要包括党的各级保密委员会和政府保密工作职能部门，其职责是：贯彻党和国家有关保密工作的方针、政策、指示、决定，并抓好落实；组织检查、监督保密法规的实施工作；开展经常性的保密宣传教育；组织查处泄密事件；对保密工作进行组织协调和宏观管理。各级党委要重视和关心支持保密机构的工作，认真履行对保密工作的领导和管理职责。要加强调查研究，注意总结经验，指导、帮助保密工作部门增强工作的科学性、预见性，把保密工作同经常性的政治思想工作、业务工作和管理工作结合起来，形成齐抓共管、综合治理的局面。

（四）重视提高保密人员的素质

保密人员是秘密信息的主要管理者，他们不仅担负着秘密载体的收、发和保管任务，而且在保密法制宣传教育方面发挥着组织和骨干作用，在保密执法方面发挥着示范和监督检查作用，在保密规章制度的制定方面发挥着参谋和桥梁作用。抓好保密人员的队伍建设，提高保密人员的素质，真正达到江泽民同志对保密干部提出的“政治强、业务精、作风正、纪律严”的要求，是做好保密工作的关键，也是信息安全工作的重要任务。在改革开放的新形势下，首先要抓好保密人员的政治思想教育，使他们确立坚定的政治信念，牢固树立为国家的安全和利益忘我工作的精神，抵制各种资产阶级思想的侵蚀。加强作风建设，培养他们理论联系实际、实事求是、坚持原则、严守法纪和规章制度、讲求办事效率，忠于职守的良好作风。要加强业务培训，使其熟悉本职业务。要熟悉信息防范技术和安全检查的技术知识，充分认识到信息技术的发展已使信息的存储、传递、处理方式发生了根本变化，必须改变以管好文件为主的传统工作方式，积极探索加强新形势下保密工作的新路子。

三、强技术开发，强化信息安全防护，是当前信息安全领域的艰巨任务

随着信息技术的飞速发展和在国防领域的广泛应用，一方面，先进的信息技术已大量应用于情报窃密活动，对国防信息构成了严重威胁；另一方面通信、计算机广泛应用于处理秘密信息，在客观上又增加了泄密的渠道和范围。 这就要求信息安全工作必须加强技术防范能力。信息安全技术是适应客观需要而产生和发展的。为了适应国际上日益复杂、激烈、尖锐的窃密反窃密斗争的需要，要求我们下大力气发展和应用先进的信息安全技术，以增强对抗日益先进的窃密技术的能力，切实保障国防信息的安全。

（一）加快涉密信息保护技术的开发与应用

涉密信息保护技术是通过技术手段防止信号被人截获，实现保密目的的技术。涉密信息保护技术从技术体制上讲可分为三大类，一类是对涉密信息本身采取技术措施，即把信号加以变化，使那些即使得到涉密信号的人，也无法知悉真实内容，即通常说的密码技术。对信息的加密，是信息安全保密最重要的内容，也是技术上较为复杂的环节。信息加密方法主要包括文件加密、数据库加密、存储介质加密和传输信号加密等。信息加密是保障信息安全最基本、最核心的技术措施，信息加密也是现代密码学的主要组成部分。信息加密过程由形形色色的加密算法来具体实施，它以很小的代价提供很大的安全保护。在多数情况下，信息加密是保证信息机密性的唯一方法。

据不完全统计,到目前为止,已经公开发表的各种加密算法多达数百种。另一类是不对信息本身施加技术措施,而是把涉密信号控制在尽可能小的空间,或者通过改变信号的传播方式,使敌方难以截获涉密信号,以此达到保密的目的。例如专网电话、跳频通信技术、定向天线技术、电子计算机屏蔽技术等。第三类是针对计算机网络不安全因素所采取的技术措施,可阻挡外部不安全因素影响内部网络,防止外部用户非法访问或入侵造成的对内部网络的破坏。如访问鉴别技术、网络防火墙技术、防止病毒技术等。

随着办公自动化技术的发展,使用各种电子设备传输、处理、存储秘密信息将越来越广泛,对保护涉密信息安全的技术要求将更为迫切,客观形势要求我们,必须加快先进信息安全技术特别是保密通信技术和计算机网络安全技术的开发和应用。由于我国在信息安全技术的发展方面还比较落后,当前应针对存在的薄弱环节和实际需要,本着信息安全技术实用的可行性、把当前需要与长远需要相结合、局部需要与整体需要相结合的原则,制定相应的规划,积极开展信息安全技术设备的研制工作。当务之急要抓紧研制高性能的密码机、性能可靠的电话保密机和低辐射的计算机,解决好计算机网络系统的安全问题。对已经成熟的信息安全技术,要积极推广应用。

(二)发展涉密物体安全保护技术

涉密物体安全保护技术,是对有形的秘密信息实施保护、使之不被窃取或丢失的技术。由于存储信息的载体安全程度较低,是导致信息安全隐患不可忽视的因素。信息载体一旦被敌人得到,就可以随意调阅、复制和传送。存储在磁盘、磁带、纸张上的秘密信息废弃时,若不注意销毁,或处理不当留下“剩余信息”被敌方人员得到,仍然可以通过特殊手段恢复原来记录的信息,造成秘密信息泄露。另外,对存储信息载体的环境控制不当(温度、湿度、清洁度、磁场强度等),或使用不当(机械磨损等),同样会造成对存储信息载体的破坏,或信息的丢失,对国防信息安全造成危害。运行信息的场所如果没有伪装、加固、防硬打击的措施,以及严密的保密和管理措施,一旦遭敌方人员的渗入或精确武器打击，同样会对信息安全造成严重损害。处理信息的设备由于材料、工艺、技术、水平、成本等限制，难以适应诸如震荡、冲击、速度、温度、湿度、灰尘以及电源电压的突变等环境因素的影响，也可导致对信息安全性和完整性的破坏。

涉密物体安全保护技术品种繁多，如防复印复制技术、文件箱防窃、防丢失报警技术以及国外正在研制的指纹锁、眼底锁等，凡是属于秘密信息的文件资料和物品的印制、生产、传输、使用、保管、销毁等各个环节都可应用这类技术。由此可见，涉密物体安全保护技术具有广阔的开发应用前景。

(三)开发信息安全检查技术

信息安全检查技术本身不具备保护信息安全的功能，而是通过技术手段检查、测试验证信息是否被泄露，并查明泄露的原因及漏洞的一类技术。例如，计算机安全检测技术通过对系统中的对象进行检测，可找出那些有可能威胁系统的非法用户、文件的非法修改和一些程序的非法执行等异常现象，以防止入侵者设置“特洛伊木马”或“蠕虫程序”等病毒，或冒充合法用户窃取机密信息，以提高整个计算机网络系统的安全水平。此类技术名目繁多，如空中信号泄密检查技术、屏蔽效果测试技术、计算机软盘销磁效果验证技术、文件资料是否被复印检查技术等等。信息安全检查技术虽然不具备直接保护信息安全的功能，但是它发现信息安全方面的问题和隐患，并可以检查涉密信息保护技术和涉密物体保护技术的效果，并为其开发方向的确定、项目的选择提供依据，为其它信息安全技术应用的必要性及目标的确定提供依据。从这个意义上讲，信息安全检查技术又是前两类技术的重要补充。信息安全检查技术是进行信息安全检查的重要手段，通过这一手段可以了解有关单位和人员遵守法规制度和履行义务的情况，为及时堵塞漏洞，建立和完善有关信息安全制度提供依据。

信息安全技术的开发和应用是一项系统工程，必须针对客观实际需要确定其开发方向和选定开发目标，有组织、有领导地进行开发。要重视基础技术的研究,基础技术问题不解决,就不可能从根本上摆脱应用技术落后的局面,因为真正的最先进的技术是拿不来、买不到的。要集中力量,刻苦攻关,力求在关键技术上有所突破,发展一些特别管事、特别顶用的信息安全技术,争取在信息安全方面有自己的看家本领。要追踪研究具有世界先进水平的东西,加以消化吸收,发展创新。消化吸收,主要是把世界先进的技术变为我们自己的技术,从而发展自己,提高自己。发展创新,一方面要求通过消化吸收世界先进技术,使自身的技术发展在原有的基础上大踏步地前进;另一方面,要求在引进消化先进技术的过程中,通过世界先进技术与自身传统的优势技术结合,真正形成具有世界一流水平的先进技术。

四、加强理论研究,强化信息安全理论武器,是当前做好信息安全工作不容忽视的迫切任务

任何工作都离不开理论指导,信息安全工作同样如此。信息安全工作有其自身的特点和规律,只有不断从理论的高度进行探索,才能减少盲目性,提高自觉性。首先,开展理论研究是堵塞泄密漏洞,严防敌人窃密活动的需要。当前,国防信息已成为国外情报机构窃密的重要目标。我们必须面对这个现实,加强调查研究,针对实践中提出的问题,通过理论上的论证,制定出相应对策,指导现实斗争。其次,开展理论研究是在改革、开放形势下解决信息安全出现的新情况、新问题的需要。在新的历史条件下,怎样处理“保”与“放”的关系,信息安全工作怎样完成“保安全、保发展”的历史使命,科学技术的发展对信息安全有哪些影响等,都需要进行深入的研究探讨。第三,开展理论研究是提高专职工作人员政治、业务素质的需要。理论研究可以推动和促进广大干部尤其是专职工作人员积极学习信息安全理论知识,尽快提高自己的业务能力。总之,加强理论研究,认真分析研究国防信息安全的现状和特点,科学地预测未来,把人们的认识从感性上升到理性,掌握对敌斗争的理论武器,对确保国防信息的安全具有重要意义。

(一)要坚持实事求是的思想路线。

实事求是是我们党的思想路线，也是信息安全理论研究的思想路线。首先，理论研究必须从实际出发，即从客观存在的事实出发，而不能从已有的原则出发，从书本上现成的结论出发，从主观想象出发；其次，必须坚持理论联系实际的原则。信息安全理论研究只有与国防信息安全工作实践紧密结合，才会获得有价值的成果，这是认识对社会实践的依赖关系决定的。当前，要围绕贯彻《保密法》和在信息安全领域中遇到的一些迫切需要解决的现实问题，进行系统的分析、探索，从理论上作出正确的阐述，以解决人们思想中的糊涂观念，正确地指导信息安全工作的实践。第三，要深入开展调查研究。充分占有资料，是理论研究的基础。对于研究的对象，不仅要了解它国内的情况，而且要了解世界上其它国家的情况；不仅要了解成功的经验，而且要了解失败的教训；不仅要了解正面的观点，而且要了解反面的观点。只有全面地而不是片面地、系统地而不是零碎地、发展地而不是静止地占有材料，才能得出高质量的研究结论。

(二)要总结历史，立足现实，展望未来。

历史、现实、未来，都是理论研究的对象。它们可以各自成为独立的研究领域，又可以联系起来考察，三者都很重要，不可偏废。历史，是研究和发现信息安全规律的重要源泉，与现实相比，历史具有时间上的优越条件。开展信息安全理论研究如果不掌握一定的历史知识，就很难达到必要的研究深度和广度。现实，应当成为信息理论研究的重点，这是不言而喻的。因为我们生活在现实当中，现实的大量问题需要我们去研究解决。研究历史的主要目的在于古为今用，在于总结历史的经验教训，从而认识信息安全的规律，为现实和未来的信息安全斗争服务。未来，是信息安全理论研究的重要领域，是为了对未来发展作出科学的展望。有了这种展望，信息安全工作的决策就有了方向。研究未来是比研究历史和现实更为困难的任务。因为未来的发展，特别是信息安全技术的发展有许多不确定的因素。一般来说，研究未来信息安全领域斗争的发展，要具备三个方面的条件：一是对国际信息安全领域的斗争形势能作出比较明确的判断；二是对我国信息安全技术的发展能作出比较明确的判断；三是对主要敌对国家窃密手段及技术的发展能作出比较明确的判断。这些条件决定了我们不宜把研究未来的时限定得太远。根据其它学科领域的经验，目前能掌握的比较充分的资料大体上是十年前后的情况。因此，在信息安全理论研究中，未来的时限应放到下世纪初叶，即2010年前后。

（三）要突出研究重点。

所谓重点，就是对全局有影响的重点问题，也是信息安全工作中遇到的难题。从大的方面讲，要研究信息安全工作的真正内涵和外延；信息安全工作的历史地位和作用；信息技术发展对信息安全的影响；信息安全工作与情报窃密活动之间的联系；国外窃密技术的发展及应用情况；在对外开放的新形势下如何做到既保发展、又保安全；信息安全工作怎样进行宏观上的控制等等。从微观上讲，要研究失泄密的一般规律；如何做好宣传教育工作，怎样从根本上增强人们的信息安全意识；如何使信息安全工作渗透到各行各业工作中去，等等。同时，还要总结实际工作中的经验教训，研究相应对策和法律、法规建设的情况，提高做好信息安全工作的自觉性与主动性。

（四）要着眼于发展和创新。

信息安全理论研究，从某种意义上讲是对未知的探索，因此，"新"是理论研究生命力之所在。如果只是重复前人和别人早就反复论述过的东西，拾人牙慧，这样的理论是不会有什么价值的。理论研究在于发现而不在于重复。有新观点、新思想、新方法、新技术是理论研究的价值所在。要研究新情况，开拓新领域，敢于爆冷门。对于前人研究过的问题，要站在新高度，找出新视觉，提出新结论。

（五）要重视与支持理论研究工作。

信息安全理论研究，起步比较晚，内容比较新，是一项开拓性的工作，难度较大。这就需要各级领导充分认识理论研究的重要性和迫切性，保护研究者钻研理论的热情，鼓励和支持他们的探索精神，为他们提供必要的学习和研究条件。要注意采取多种形式，有计划地安排专职工作人员系统地学习，更新知识。各级负责此项工作的领导同志，应在理论研究方面带好头，带头学，带头写，以实际行动促进信息安全理论研究快出成果，多出成果。

第四章　国防信息安全法规

国防信息安全法规，是一切有关国防信息安全问题的法律、规范的总称。国防信息安全法规有其特定的内容和构成体系，是国防信息安全工作的法律规范。为保护国家的根本利益，维护国防的安全，由国家最高行政机关和军队最高统帅机关，根据宪法、军事法律的有关条款，对国防活动方面的安全事项，制定和颁布的有关法律、法令、条例、规则、章程等保密法规，均为国防信息安全法规。

第一节　国防信息安全法规调整的对象和作用

国防信息安全法规的职能作用，是由其自身的本质属性决定的。它既是依法管理国防信息安全工作的工具，又是规范人们维护信息安全的行为准则。

一、国防信息安全法规调整的对象

国防信息安全法规调整的对象，是有关当事人在涉及国防秘密信息活动过程中所发生的各种社会关系。这种社会关系在法学上称为国防信息安全法律关系。

任何一种法律关系都是靠主体的权力的行使和义务的履行来实现的。权力和义务构成法律关系的具体内容。法律关系的主体是法律关系的参与者，即法律关系中权力的享有者和义务的承担者。任何一种法律关系，没有享有一定的权利和承担一定义务的主体参加，都是不可能成立的。总的来讲，在我国可以成为国防信息安全法律关系主体的，有国家机关、武装力量、国防科技和军工企事业单位以及公民等。

国家机关是国防信息安全法律关系的主体。大量国防涉密信息是在国家机关的活动中形成的，有些国防涉密信息虽然不是在国家机关中形成的，但是当某一事项一旦确定为国家秘密，它就会同属于国家机关的保密工作部门发生关系。从这个意义上讲，任何一种国防信息安全法律关系，都是在国家事务活动中成立的。有时国防信息安全法律关系的双方都是国家机关，有时是以国家机关为一方，以其它机关、单位或公民为一方。

武装力量是国防信息安全法律关系的主体。武装力量是国家安全的重要保证。一切武装力量活动中的涉密信息是国防信息的重要组成部分。因此，武装力量作为国防信息安全法律关系的主体是毫无疑问的。其法律关系的双方有时可能是武装力量本身，有时是以武装力量为一方，以国家机关或单位、公民为一方。

国防科研单位和军工企事业单位是国防信息安全法律关系的主体。国防涉密信息有不少是在国防科研单位和军工企事业单位中形成的，例如，国防领导机关给某科研单位下达某新型武器的研制任务，这样就产生了国防领导机关同某科研单位的国防信息安全法律关系。又如，某国防科研单位研制成功的某新型武器需要由某军工企业生产，提供研制成果的单位与生产企业之间，也就产生了国防信息安全法律关系。

公民也是国防信息安全法律关系的主体。在国家机关、军队、国防科研单位以及军工企事业单位工作的人员，同属中华人民共和国公民。我国《宪法》第五十三条明确规定了保守国家秘密是公民的义务，这就注定了公民和国家机关之间，或其它机关单位之间产生各种各样的国防信息安全法律关系。

国防信息安全法律客体，是国防信息安全法律关系主体的权利义务所指向的对象，它包括一切国防领域的涉密信息，包括使用、管理和维护国防信息安全的行为。

权利和义务构成法律关系的基本内容。保密法规所规定的有关国防信息安全方面的权利和义务,就是国防信息安全法律关系的基本内容。国防涉密信息反映在国防事务的各个领域,这就决定了国防信息安全法规所调整的对象范围广泛,也使得国防信息安全法律关系的内容即权利义务比较复杂。概括地说,所有国防信息安全法律关系的主体在法律、规章规定的范围内充分享有使用、管理国防秘密信息的权利,同时又必须承担维护国防信息安全的义务。

二、国防信息安全法规的作用

我国国防信息安全法规,具有各种法规的基本特征,即阶级性与人民性,规范性与社会性,教育性与强制性。其主要作用体现在以下四个方面:

(一)教育作用

制定国防信息安全法规的目的,首先是教育人们认识国防涉密信息关系到国家的根本利益,关系到国防的安全,维护国防信息安全人人有责。国防信息安全法规告诉人们对待秘密信息应持何种态度,应该怎么做,不应该怎么做。学习和宣传、贯彻法规的过程,就是接受教育的过程。

(二)防范作用

国防信息安全法规不仅是运用各种奖惩措施进行事后管理,更重要的是制定各项措施进行事前管理。如,国防信息的范围,密级的划分、确定和调整,各项保密制度,领导管理体制等,从一定意义上说,都是从防范的角度提出来的。严格遵守各项规定,就能防止和减少危及国防信息安全的事件发生,达到防范的目的。

(三)监督作用

国防信息安全法规是人们维护国防信息安全的行为准则。有了这个准则,有关职能部门行使检查、监督权就有了明确的标准,人们相互间进行督促也就有了依据。

(四)奖惩作用

法规详细规定了何种行为应给予奖励,何种行为应给予批评教育或处分,何种行为构成犯罪,这对于广大人民群众维护国防信息安全的积极性,惩治少数违规、违纪或违法犯罪行为,具有重要作用。

第二节　国防信息安全法规的构成

我国的国防信息安全法规体系正在形成并初具规模。我国现有国防信息安全法规,是以《中华人民共和国宪法》和《中华人民共和国保守国家秘密法》为根本依据,由国家制定或认可的法律、法令和由军队制定的条令、条例、规定,以及中央国家机关各有关部门制定的规章等构成的。依据其结构体系来划分,主要包括以下三个层次。

一、国防信息安全法规体系中的法律部分

法规体系中的法律部分是指由国家立法机关"全国人民代表大会及其常务委员会",根据严格的立法程序,对信息安全方面重大问题制定和颁布的法律、法令等。其特点是立法程序严格,法律地位高,有较强的稳定性,是制定其它各种有关法规文件的基本依据。

(一)《宪法》中有关的规定

如第54条规定:"中华人民共和国公民有维护祖国的安全、荣誉和利益的义务,不得有危害祖国安全、荣誉和利益的行为。"第53条规定:"中华人民共和国公民必须遵守宪法和法律,保守国家秘密。"这表明,保守国家秘密,维护国家安全和利益,是我国宪法规定的每个公民必须履行的基本义务。《宪法》是国家的根本大法,是我国一切法律立法的根本法源,我国所有的信息安全法律法规都是以宪法的规定为依据的。

(二)国家基本法律中的有关规定

如1997年3月14日第八届全国人民代表大会第五次会议通过了重新修订的《中华人民共和国刑法》中,与保守国家秘密有关的规定共有8条,分别为:危害国家安全罪中的第一百零九条、第一百一十一条、第一百一十三条;妨碍社会秩序管理罪中的第二百八十二条、第二百八十七条;渎职罪中的第三百九十八条;军人违反职责罪中的第四百三十一条、第四百三十二条。《刑事诉讼法》第三十四条、

第一百一十一条等，都是与国防信息安全有关的规定。

(三)《中华人民共和国保守国家秘密法》

1988年9月5日第七届全国人民代表大会常务委员会第三次会议通过的《保密法》，是我国目前第一部比较完整的保密法律，是我国保密法规体系结构中的主体部分。该法共分5章35条，第一章为总则，是关于国家保密工作的若干基本规定；第二章为国家秘密的范围和密级；第三章为保密制度；第四章为法律责任；第五章为附则。《实施办法》也分为5章，各章内容基本与《保密法》对应，将《保密法》的内容进一步具体化，大大增强了《保密法》在具体实行中的可操作性。

(四)《中华人民共和国军事设施保护法》

1990年2月23日第七届全国人民代表大会第十二次会议通过的《军事设施保护法》，不仅可有效地维护有形的国防信息安全，推动我国的国防建设，而且能够依法调整军事设施保护与经济建设和其它社会利益的关系，妥善处理涉及军事设施保护的各种具体问题。

(五)国家依照宪法的有关规定统一制定的有关法律中关于保密的规定

国家统一制定的许多专门法规中都相应规定了保密的条款，例如《专利法》、《档案法》、《公民出入境管理法》、《统计法》、《技术合同法》等等。这些专门法律中关于保密的法律规定，是我国信息安全法规中的重要组成部分。

二、国防信息安全法规体系中的行政法规部分

行政性信息安全法规构成了我国保密法规的第二个层次。这一层次主要由国家最高行政机关和中国人民解放军最高领率机关，根据法律制定的有关保密方面的条令、条例和有关规定等，具有在全国一定范围和在军队遵行的法律效力。主要包括：

(一)《保密法实施办法》。1990年4月25日经国务院批准的《中华人民共和国保守国家秘密法实施办法》，是保密行政法规中的主干部分，是对《保密法》各项法律规定的具体化。

(二)中央军委根据《保密法》授权制定的《中国人民解放军保密

条例》。此条例比较系统地规定了保守国家军事秘密的各方面的问题，是目前比较完整的一部军事行政保密法规，也是国防信息安全法规体系结构中的主体部分。此外，《中国人民解放军机要工作条例》、《中国人民解放军通讯保密规则》等，也属行政性法规的组成部分。

（三）国务院、中央军委联合颁发或者批准的行政法规中有关保密的规定，以及由国务院、中央军委颁发的具有保密行政法规性质的法律文件等。例如《国务院、中央军委关于军事设施安全保密的规定》；国务院、中央军委批准颁发的《无线电管理规则》；国务院、中央军委关于严禁擅自翻印、传抄中央负责同志内部讲话的通令等。

（四）中央军委颁发或者批准的行政法规中有关保密的规定。例如由中央军委颁布施行的《中国人民解放军内务条令》第三章"军人职责"中有关各类人员的保密规定，以及第 108 条、第 126 条、第 141 条至第 144 条等条款中的有关保密问题的规定；中央军委颁布施行的《中国人民解放军纪律条令》第 3 条、第 14 条、第 32 条等条款中有关保密的规定；中央军委批准颁发的《无线电技术侦察情报保密规定》等。

三、国防信息安全法规体系中的规章部分

中央国家机关各部门，解放军各总部、各军兵种、各大军区以及地方为贯彻执行有关法律、法规，在自己的职权范围内制定和颁布的信息安全规则和章程等，构成了信息安全法规体系的第三个层次。按照我国宪法规定的立法权限，规章通常由国务院所属各部、委和解放军各总部、各军兵种、各大军区以及各地方政府（省、自治区、直辖市人民政府）单独或共同制定和颁布。这个层次的法规具有两个明显的特点，一是行业和地方色彩明显；二是规定的内容更为具体细致。有的规章本身已经具有一定的秘密性，只能在一定的范围内公布。

（一）国家机关有关部门单独或共同制定的有关规章。这方面的规章比较多，主要有：

1989 年 12 月 6 日国家科学技术委员会、国家保密局发布的《国

家秘密技术出口审查暂行规定》；

1990年12月13日中央保密委员会《关于高级干部保守党和国家秘密的规定》；

1990年4月9日国家保密局、工商行政管理局、公安部、新闻出版署、文化部、轻工业部发布的《印刷、复印等行业复制国家秘密载体暂行管理办法》；

1990年9月19日国家保密局发布的《国家秘密保密期限的规定》；

1991年4月20日国防科学技术工业委员会、国家保密局发布的《国防科学技术成果国家秘密的保密和解密办法》；

1991年7月26日国家保密局发布的《关于安装使用无线电话保密管理的暂行规定》；

1991年8月19日国家保密局《保密检查的基本要求》；

1992年12月20日国家保密局发布的《泄密事件查处办法》；

1992年10月17日国家保密局发布的《涉密计算机系统口令字使用管理指南》；

1991年国家保密局发布的《各级国家档案馆馆藏档案解密和划分控制使用范围的暂行规定》；

1992年国家测绘局、国家保密局发布的《关于领取、使用和保存测绘成果的保密管理规定》；

1992年国家保密局发布的《国家秘密设备、产品的保密规定》；

1992年6月13日国家保密局、中央对外宣传小组、新闻出版署、广播电影电视部发布的《新闻出版保密规定》；

1993年2月26日国家保密局《科学技术成果鉴定办法》；

1993年4月9日国家保密局发布的《对外经济合作提供资料保密暂行规定》；

1994年12月8日国家保密局、海关总署发布的《关于禁止邮寄或非法携运国家秘密文件、资料和其他物品出境的规定》；

1995年1月6日国家科学技术委员会、国家保密局发布的《科学技术保密规定》；

1996年6月20日国防科学技术委员会、国家保密局发布的《国防科学技术工业保密规定》(试行)等。

(二)国家机关有关部门会同解放军三总部制定的有关保密规章、规定。例如，邮电部、总参谋部《关于军事单位和个人经邮电部门拍发明码电报的规定》；公安部、总参谋部、外交部、国家旅游局《关于外国人在我国旅行管理的规定》等；

(三)解放军四总部分别制定或共同制定的有关保密规章、规定。例如：总参谋部《关于加强情报保密的规定》；总参谋部、总政治部《关于军队涉外通信问题的规定》；总政治部《关于军事宣传保守机密的几项暂行规定》；总政治部《关于我军人员与国外和港、澳、台私人通信问题的规定》；总参谋部、总政治部、总后勤部《关于军队精简整编中有关问题的处理规定》中的有关条文等。

(四)解放军保密工作部门单独制定或会同四总部共同制定的有关保密规章、规定。例如：解放军保密委员会关于《加强对办公电器设备的保密管理》、《关于建立健全和严格执行失泄密报告制度》；总参谋部、解放军保密委员会《关于加强对军事教材管理的有关规定》等。

(五)各大军区、各军兵种制定的有关保密规章、规定。由于各大军区、各军兵种各有自己的特殊情况，而一般的保密法律法规涉及面较广，只能就整体情况做一些原则性的规定，不可能对每一个问题规定得很具体，要贯彻这些原则性的规定，需要有比较具体的实施细则和管理办法。鉴于这些实施细则和管理办法的业务性、技术性都很强，所以由各大军区、各军兵种分别制定自己的保密规章。

(六)地方性保密规章。地方性保密规章一般由省、自治区、直辖市人民政府制定或者批准颁发。地方性保密规章既有专向的，又有在其他地方性规章中规定的有关保密条款。根据我国立法规定，省、自治区人民政府所在地的市，国务院批准的较大的市和有的经济特区拥有立法权，因此，这些地方的人大常委会、人民政府制定或批准的保密规章也属保密规章的组成部分。

此外,由法律授权的有关部门对保密法规所作的解释,也属于保密法规的组成部分。

第三节 中华人民共和国保守国家秘密法、中国人民解放军保密条例

《中华人民共和国保守国家秘密法》(以下简称保密法)是规范我国保密工作的一项基本大法,在国防信息安全法规体系中起着主导、决定的作用。《中国人民解放军保密条例》(以下简称保密条例)是规范军队保密工作的一部专门法规,在整个国防信息安全法规体系中起着主干作用。

一、《保密法》与《保密条例》的性质

(一)具有阶级性和人民性的特征

任何法都是有阶级性的。《保密法》、《保密条例》的阶级性和人民性的重要表现在于,它是工人阶级领导的广大人民群众的共同利益和共同愿望的体现。《保密法》的总则第一条就明确规定,本法旨在维护国家的安全和利益,保障改革开放和社会主义建设的顺利进行。《保密条例》的第一条也明确规定,本条例旨在"维护国防安全和利益,保障军队建设和作战的顺利进行"。我国是社会主义国家,在社会主义制度下,工人阶级和广大人民群众的利益是一致的,"国家的安全和利益"、"国防的安全和利益"是这种一致利益的集中体现。

(二)具有规范性和社会性的特征

所谓法的规范性,就是说法是一种特殊的社会规范,不仅是一种社会关系的反映,而且还是一定社会关系的调整者,它执行着一定的社会职能,是确立和维护阶级社会一定的社会秩序所必需的。《保密法》、《保密条例》就是这样一种维护国防安全和利益,保障国防建设顺利进行的特殊社会规范。虽然国防信息的形成、利用、管理、保护

是在一定的范围内进行的，但是它仍然是一定社会关系的反映。涉及国防秘密信息的社会关系的各个方面，都要服从共同的条件，这就需要建立一定的社会秩序。《保密法》《保密条例》作为这一社会关系的调整者，具有广泛的社会适应性。

（三）具有强制性和自愿性的特征

所谓法的强制性，就是靠国家强制力保证执行而被人遵守的性质。维护国防信息安全，关系到国家的安全和利益。因此，作为确认、保护和发展涉及国防信息安全的社会秩序的规范，必需靠国家强制力的保证而被人们遵守。因为，大量泄密、窃密的违法、犯法者的存在，必须对其追究法律责任，给予法律制裁。但法也有被人们自觉遵守的性质，这就是法的自愿性。大多数人由于认识到遵守法规的各项规定，就是保护和实现本阶级及自己根本利益，因而是自觉自愿遵守的。所以，通过经常的大量的宣传教育工作，可以提高人们遵纪守法的自觉性。对少数违法者给以打击，也包含着深刻的教育意义。

二、《保密法》中关于国防信息安全的内容

《保密法》是建国以来我国第一部比较完备的关于保密工作的法律，其结构严谨，内容丰富。《保密法》与《实施办法》的颁布施行，为维护国家的安全和利益，惩治各种泄露国家秘密的违法及犯罪行为提供了法律武器，是各行各业、机关单位和全体公民保守国家秘密的行为准则，是新形势下维护国防信息安全的法律准绳。

《保密法》及其《实施办法》的基本内容，可以归纳为五部分：保密工作的方针；国家秘密的定义、范围、密级和保密期限；保守国家秘密的基本制度；保密工作的管理体制和管理原则；法律责任。

“关系国家的安全和利益”，是构成国家秘密的关键性要素，其中，“危害国家政权的巩固和防御能力”，列为关系国家的安全和利益的首项内容。关于国家秘密的范围，保密法也作了明确规定，其中，“国防建设和武装力量活动中的秘密事项”，列为第二项内容。

秘密载体是国防信息的重要组成部分。关于秘密载体的保密（管理）制度，《保密法》分别作出了相应规定。秘密载体，主要包括密件和密品两大类。属于秘密的文件、资料和其他物品，包括胶片、音像带、磁盘、光盘等，通称密件。属于秘密的设备或产品，通称密品。这两类秘密载体是保密的主要对象。密件过去是、现在是、将来仍然是国防秘密信息最普遍的载体，在历次发生的各种泄密事件中，密件始终居于首位。由于国防建设的不断发展，有关国防信息方面的密件不断增多，加之信息技术的广泛应用，密件的形式和种类也不断增多，给密件的管理提出了新的要求。为此，《保密法》要求密件的制作、收发、传递、使用、复制、摘抄、保存和销毁等所有环节都要制定相应的保密办法，以确保秘密信息的安全。对绝密级的密件，《保密法》第十八条专门规定了保密措施，即：非经原确定密级的机关、单位或者其上级机关批准，不得复制和摘抄；收发、传递和外出携带，由指定人员担任，并采取必要的安全措施；在设备完善的保险装置中保存。

通信和办公自动化设备是传输和处理信息的现代化工具，是涉密信息运转过程中的载体。关于通信和办公自动化方面的信息安全，《保密法》作了严格的规定，即"必须采取保密措施"。电讯领域作为传输信息的主要渠道，在科学技术日益发展的情况下，稍有不慎，秘密信息就会在传输过程中被截获，不知不觉地被泄露出去。从某种意义上说，这种窃密比窃取密件、密品更容易、更迅速，而且难以被觉察。无线电、有线电通信的信息安全，除了有关业务部门采取行政的、技术的措施以外，作为机关、单位和工作人员必须严格遵守《保密法》第二十五条之规定，不准使用明码或者未经中央有关机关审查批准的密码传递国家秘密。在信息社会，各种存储、处理信息的技术不断发展，各种先进的办公自动化设备应运而生。目前已经大量使用的主要有计算机、传真机、电传机、复印机等。尤其是一些要害部门使用的计算机里存储着大量秘密信息。未采用技术保护措施的计算机工作时辐射出的电磁波，能将机内存储的信息象无线电设备发射电波那样辐射到空间，很容易被他人截获。此外，入网的计算机还会遭到"黑客"的侵袭，偷窃计算机内存储的信息。因此，在计算机大量应用的今天，必须要有相应的安全制度和技术措施。

此外,关于军事禁区的保护、新闻出版、对外交往与合作、私人交往和通信以及涉密会议活动等方面,《保密法》都作了相应的规定。

三、《保密条例》的有关内容

为了保守军事秘密,维护国防安全和利益,保障军队建设和作战的顺利进行,中央军委制定的《保密条例》,共分六章十六条,于1986年11月27日颁发全军执行。军事秘密是国防涉密信息的主要组成部分,《保密条例》比较系统地规定了保守军事秘密的各方面的问题,是国防信息安全法规体系中的主体部分。

关于军事秘密的基本范围,《保密条例》第五条共列了12个方面,这些方面的内容如被敌方获悉,将对国防的安全与利益造成严重危害,是国防涉密信息的核心部分。

军事保密工作是一项政策性、原则性很强的工作,是为军队的革命化、现代化、正规化建设服务的,是为国家的安全利益服务的。《保密条例》体现了国防建设服从和服务于国家建设大局的原则,体现了军队建设的路线、方针、政策。比如保密范围问题,1963年和1978年两次颁布的《保密条例》规定的比较宽,几乎所有的军事设施都列入了保密范围,所有的国防科研项目和院校的情况都保了起来,这显然与改革开放的政策不相适应。新的《保密条例》对这些规定作了适当调整。例如,我军把一些国家急需而又对国防建设无大碍的机场、码头改为民用,一些军事设施由封闭转为开放,这有利于国家的经济建设。一些科研部门和军队院校,与国内外进行科学技术和学术交流,也大大发展了自己。但开放、交流必须是在确保核心机密的前提下。对此,《保密条例》都作了明确的规定,以国家的最高利益为前提,权衡利弊,决定取舍,坚持了其原则性与客观性。

此外,《保密条例》还较好地体现了具体性的特点。由于《保密法》涉及的范围很广,不可能对每一个问题特别是国防信息安全问题规定的很具体,而《保密条例》就做到了这一点,规定的更加具体明确,便于操作。如,针对军事秘密存在的方式和易于造成泄密的主要原因,对如何做好保密工作作了一系列的规定。这些规定大致分三种类型：一是直接规定了必须遵守的行为准则，如第16条，军事秘密载体，在拟制、印刷、传递、承办、借阅、保管、归档、移交、销毁时，必须严格审批、清点、登记、签字等手续，并应有安全保障的场所和设备。不需要保存的秘密载体，必须及时销毁，并有二人以上到指定场所监销；17条，绝密级的载体，应有专人保管，专册登记，专柜存放，非经制密单位同意不准复制。外出人员不准随身携带，特殊情况需要携带时，必须经军以上单位首长批准，二人同行，专车接送，乘火车、轮船可坐软卧或包箱、二等舱或包舱，必要时可派武装人员护送；19条，不准在无保密措施的有线电通信中涉及重要军事秘密，禁止在无保密措施的无线电通信中涉及任何军事秘密；20条，需要保密的军事设施和其它场所，主管单位应制定保密措施，无关人员不得擅自接触或进入；23条，在一切涉外活动和接受记者采访时，不得泄露军事秘密；25条，经管军事秘密的人员，发现秘密载体失控、丢失、被窃等，应立即报告。主管单位应及时查清情况，并采取补救措施；26条，各级领导干部、特别是高级领导干部，在一切活动中，应严格遵守保密规定，不得以任何形式向家属、亲友及其他无关人员泄露军事秘密；27条，规定了必须遵守的十条保密守则。二是对有关保密问题作了原则规定。如第15条，接触军事秘密应以工作需要为原则。凡产生秘密的单位都要明确规定接触这些秘密的单位或人员；具体接触人员，由接触这些秘密的单位确定；18条，机密、秘密级的载体，一般不准复制，外出人员一般不准随身携带。确因工作需要复制时，必须经师以上单位首长或制密单位批准，并按规定办理保密手续；外出人员确因工作需要随身携带时，应经本单位首长批准，并应确保安全；21条，办公用的录音机、录像机、复印机、传真机、电子计算机等设备，各大单位应制定具体保密规定。三是没有直接规定具体的保密规则，但提出了要执行的有关规定。如第22条，涉及军事秘密的会议，应有保密措施。会议文件、资料应按有关保密要求处理。会议内容的传达范围，由会议主持机关确定；24条，非秘密的报刊、书籍、广播、电影、电视、录像、展览，主管单位必须严格审查，不得涉及军事秘密。撰写、编辑人员必须严守保密规定。

战时信息安全工作尤其重要,战时的泄密事件往往直接导致战争的失利甚至全军覆灭,中外战争史上这方面的例子不胜枚举。因此,战时的保密工作,除严格执行有关规定外,《保密条例》也专门作了 8 条具体规定。

第四节　国防信息安全法规的实施

国防信息安全法规的实施,是指保密法律、法规、规章的适用、执行和遵守。适用,主要是指它的效力范围,包括时间、空间和对象的范围;执行,是指保密工作管理机关及国家权力机关、行政机关和其他部门、单位,在其职权范围内,将法规适用于具体的人或组织的一种活动,如对违反规定的行为人或组织给予一定的制裁,从而保证保密法律、法规、规章的实施;遵守,是指有关单位和人员必须严格按保密规章办事。

一、国防信息安全法规实施的原则

国防信息安全法规的实施是一种全社会性的活动,同参与国防信息法律关系的社会各个方面都有关系。它又是一种有组织的活动,既需要各级保密组织机构卓有成效的工作,又需要各级国家机关、单位、社会团体的大力支持和密切配合。贯彻执行保密法规必须依靠党的领导,依靠党的强有力的保证作用和协调作用;国家权力机关——各级人大常委会对保密法规的贯彻实施有权进行全面监督;保密法规的实施主要是通过行政机关大量的组织工作来实现的,通过将各项保密法律规范转化为行政机关的权力和义务,转化为实际行动,使保密法规的各项规定在国家行政事务的各个领域、各个方面、各个层次得到深入地贯彻和落实;国家武装力量是国防力量的主体,国防涉密信息大部分是在武装力量中产生的,武装力量在实施保密法规中具有极其重要的作用。

法律面前人人平等的原则,是实施保密法规必须遵循的原则。

在国防战线各种不同岗位上工作的人员，不论其职位高低，都必须平等地履行法律规定的维护国防信息安全的义务，决不允许任何超越保密法规的特权。任何人违反保密法规，都必须受到追究和制裁。

二、国防信息安全法规实施的方法

国防信息安全法规实施的主要方式方法主要包括说服教育、行政指导、强制、制裁、监督等。说服教育及民主的方法，比单纯运用强制的方法效果更好，特别是在我国社会主义制度下，国防涉密信息代表着国家和人民的共同利益，其法规是党、国家、人民意志的反映，这就决定了主要应通过说服教育这个基本方法付诸实施；行政指导是指各级国家机关、军队各级保密工作部门在其范围内对所属机关、单位和人员，以指导的方式使之自觉地接受保密法律、法规约束的一种活动，指导的形式方法可以多种多样，但其目的是保证保密法规的正确贯彻实施；必不可少的强制方法，是指对不履行保密义务的机关、单位或人员采取强制措施，使其履行保密义务，对预防或减少泄密违法行为有着一定的作用；制裁是指依照有关法律、法规对违反保密法规的机关、单位或个人所做的处理，是以具有违反保密法规的行为为前提的，并且具有具体对象和已经超过了批评教育限度的；监督是指国家权力机关、党的组织、司法机关、保密工作部门等依照法律规定的职权，对所有组织、单位和个人涉密信息活动所实施的监督检查，是说服教育、行政指导、强制、制裁方法的综合运用。

三、国防信息安全法规的法律制裁

违反保密法规，危及国防信息安全的行为，均应依据有关法规予以制裁。制裁必须遵循以事实为根据、以法律为准绳的原则。以事实为根据，就是说执法机关对案件作出处理时，只能以客观事实为依据，实事求是地进行全面分析，作出正确的结论。以法律为准绳，就是要求执法机关和人员的一切活动，都必须符合法律的要求，并严格按照有关法律法规处理案件。根据行为人的行为性质、情节和所承担的法律责任不同，酌情实施行政处分或刑事处罚。

行政处分的对象是泄露国防涉密信息但不构成犯罪的行为人或

已构成犯罪但被免于刑事处罚的行为人。制裁的方式,由主管单位视情节轻重,予以行政处分或批评教育。刑事处罚是指按照法律规定和犯罪事实给予应负刑事责任者以何种处罚。根据《保密法》的规定,对具有两种犯罪事实的人应当追究刑事责任,一种是违反国家保密法律规定故意或者过失泄露国防涉密信息,情节严重的;另一种是为境外的机构、组织、人员窃取、刺探、收买、非法提供国防涉密信息的。是否认定为“情节严重”,主要从被泄露事项的密级和数量、泄露时的对象、行为人的主观意识程度和泄密前后的表现、特定的时间和地点、造成或可能造成的危害程度等方面分析判定。

第五章　国防信息安全的检查与奖惩

维护国防信息安全的各项工作能否真正落到实处,各种涉密信息能否得到有效保护,取决于多种因素。其中,检查与奖惩是带有经常性、普遍性的工作,是做好国防信息安全工作的重要因素之一。因此,了解信息安全检查的任务、意义、内容、组织实施和奖惩的基本条件与做法,对于自觉、全面地做好国防信息安全工作,具有重要意义。

第一节　国防信息安全检查

国防信息安全检查是指各级保密工作主管部门或者其它机关、单位依据有关法规、政策,采用一定的形式和手段(包括技术手段),调查了解所属的涉密单位及其人员是否履行维护信息安全的义务和责任,检验衡量有关的具体行为是否符合安全要求的一种活动。这种活动是信息安全工作的重要组成部分,是贯彻“积极防范”方针的重要措施。

一、国防信息安全检查的意义

信息安全检查活动是落实各项法规的重要保证。国防信息安全方面的法规定得再具体、再完善，如果没有可靠的措施保证其实行，也不过是一纸空文。加强保密检查，可以使人们经常想到信息安全问题，引起思想上的高度重视；可以有效防止“有法不依”的现象，使各项法规真正落到实处，真正发挥应有的规范作用和约束作用；可以使涉密信息依法产生、使用、保管、传递、解密和销毁，既确保其安全，又发挥其应有的作用。

信息安全检查活动是贯彻“积极防范”方针的重要措施。国防信息安全工作，重在预防泄密事件的发生。经常的、普遍的安全检查，可以使所有涉密信息的单位和个人保持高度警觉，及时发现泄密苗头和漏洞，采取有力措施，将其消灭在萌芽状态，杜绝泄密事件的发生。

信息安全检查是新时期国防信息安全工作的需要。当前我国正处在世纪之交的重要历史时期，信息领域的斗争较之以往更加激烈复杂。从目前我国信息安全工作的现状看，虽然在立法和宣传教育等方面都做了大量工作，但信息安全工作距离依法管理的要求还相去甚远。比如，在一些地区、部门和单位，包括某些领导机关和要害部门的人员中，信息安全法制观念淡薄，对法律、法规持无所谓、不经心的态度，执法执纪不严等现象仍然较为严重。加强安全检查，有利于及时发现问题，有效防止“有法不依、违法不究”的现象，从而使法规落到实处，发挥应有的规范和约束作用。

二、国防信息安全检查的作用

在国防活动中能否保证一切涉密信息不受侵害，取决于多种因素，而信息安全检查是其中的重要因素之一，其作用主要体现在以下几个方面：

一是促进作用。信息安全检查是对国防信息安全工作实行有效监督的必要途径，对于各涉密信息的机关、单位开展信息安全工作有着重要的促进作用。国防信息安全工作虽然是整个国防工作的重要组成部分，但它又是其它业务工作所派生出来的，往往难以占据中心位置，它同人们的切身利益是一种间接的保障关系。因而，信息安全工作很容易被置于一种“次要”或“可有可无”的地位。加之我国长期处于和平建设的环境中，特别是在改革开放的新形势下，人们头脑中的信息安全观念比较淡薄。因此，落实检查制度，适时组织不同形式的信息安全检查，可以及时了解、掌握所属单位、部门的信息安全工作情况，并对其贯彻执行有关法规、制度实行有效的监督，从而有力的提高涉密人员对信息安全工作的重视程度，保证各项制度的落实。此外，通过检查，还可以及时发现问题，纠正不足，保证信息安全工作始终沿着正确的方向发展，达到维护国防安全和利益的目的。

二是指导作用。从管理科学的角度看，检查是管理过程的中继环节，通过检查，可以加强对信息安全工作的具体指导。比如，可以发现好的典型经验，加以总结推广，指导面上的工作；可以在检查过程中发现一个时期一个地区或系统在信息安全工作方面存在的共性问题或某种偏向，在集思广益的基础上，通过共同的分析研究，寻求解决问题的有效办法，更好地指导信息安全工作的开展；可以在检查过程中，让参加检查的各方相互交流情况，取长补短，借鉴一些好的工作方法。由于检查是有组织、有目的的活动，可以使有关主管部门从实际生活的各个方面获取信息，掌握第一手资料，对主管部门进行信息安全工作的决策、计划和部署，进一步指导工作具有重要的指导作用。

三是协调作用。信息安全工作是整体性较强的工作，有些问题需要有关的部门和机关、单位共同努力，协调行动。但是，在实际工作中，由于人们对问题认识和理解上的差异，往往容易出现因对同一问题的不同处理而造成不安全的泄密漏洞和隐患。由业务主管部门组织必要的检查，特别是那些有针对性的专项检查，可以对需要各方共同注意、协商办理的问题统一认识，统一行动，以便在一些事关重大的问题上做到万无一失。

四是宣传教育作用。信息安全检查不仅是一个发现问题的过程，同时也是一种进行教育的特殊形式。对存在问题的揭露，不仅对有问题的单位、个人是一次实际教育，而且可使其他单位或个人从中得到教育和启发,从而引起对信息安全工作的重视,增强人们的信息安全意识。同时,通过信息安全检查,针对存在的问题进行教育,能够产生更好的效果。此外,检查也是集中时间进行教育的极好机会,在检查过程中学习、宣传有关法规,总结经验教训,更能达到扩展、深化和提高教育效果的目的。

三、国防信息安全检查的内容及组织形式

国防信息安全检查的内容一般是由检查活动的组织者根据一个时期信息安全工作的中心任务和实际需要而定的。综合起来看,检查的内容主要包括:信息安全工作方针的贯彻落实情况;法规制度的贯彻执行情况;组织机构的落实及其建设情况;信息传递、处理、存储设施的配置和环境的安全情况;有无泄密事件的发生及其对泄密事件的查处情况等。

信息安全检查是一项极为严肃的工作,必须严格按照有关法规进行,其组织形式应根据检查的内容及其他各种客观因素确定。通常主要有以下几种形式:

综合性检查。又称全面检查。这种检查从内容上看通常涉及到信息安全的各个方面,从对象上看往往涉及到所辖区域的绝大部分机关或单位及其工作人员。综合性的全面检查影响面大,对于推进信息安全工作的全面发展具有一定的作用。组织综合性的全面检查可以同评选和表彰先进工作结合起来进行。

专题性检查。又称专项检查。这种形式的检查内容集中,重点突出。如对重要涉密会议的信息安全检查、对通信报道工作的检查、对涉密载体的安全检查等。在涉及国防秘密信息的重大活动时,可针对不同情况,有重点地进行这种方式的检查。

突击性检查。又称无准备检查。这种检查是指对被检查对象预先不作通知,采取突然行动。通常情况下,这种检查是由于某种突发因素或接到某一泄密事件的举报时而采用的一种检查方式。个别情况下,为了了解某单位、某部门信息安全工作的真实情况,也可不预先通知,进行临时性的突击检查。

有准备检查。这种检查通常是由检查工作的组织者事先向被检查者发出通知,使被检查者事先有所准备。这种检查对被检查者在较短时间内改进工作,克服薄弱环节能起到一定的推动和促进作用。因为检查不是目的,而是一种必要的促进手段,所以,有准备检查是必要的。但是,这种检查要防止走过场和出现形式主义倾向。

技术性检查。技术性检查是运用现代科技手段进行的国防信息安全检查。其主要任务是发现我方信息系统,如通信系统、计算机网络、办公自动化设备等存在的电磁辐射和不安全因素,防止敌人窃听、窃照、窃录我涉密信息的活动,系统研究信息安全政策和法规,采取技术保护措施。技术性检查要求高、涉密深、范围广、政策性强,做好这项工作,对于维护国防信息安全,保证国防建设的顺利进行,以及提高信息安全的整体水平,都具有十分重要的意义。技术性检查,一般由专业技术部门组织实施。

信息安全检查还可以采用其他的组织形式,但不论采用何种形式,都应当讲究实效,注意内容和形式的统一。信息安全检查应选择适当的时机,采用恰当的方法进行。时机和方法得当,可以收到良好的效果。听取汇报、实地查看、采用必要的技术手段进行检测、由检查者与被检查者双方交换意见、采用问卷的方式抽查测验等,都是一些切实可行的检查方法。

第二节　对泄露国防涉密信息事件的查处

在坚持积极防范的同时,认真做好对泄露国防信息事件的查处工作,对于强化法规的权威性、有效性,堵塞漏洞,促进国防信息安全工作的落实,具有重要的现实意义。

一、泄露国防涉密信息的含义

什么叫泄露国防涉密信息?《保密法实施办法》第三十五条作了明确的说明:“泄露国家秘密是指违反保密法律、法规和规章制度的下列行为之一:(一)使国家秘密被不应该知悉者知悉的;(二)使国家秘密超出了限定的接触范围,而不能证明未被不应知悉者知悉的。”根据此界定范围,泄露国防涉密信息是指涉密人员违反保密法规和规章,使国防涉密信息被不应知悉者知悉,或者使秘密信息超出了限定的接触范围,而不能证明未被不应知悉者知悉的一种行为。但是,在一定条件下,虽然涉密信息超出了限定的范围,但有充分证据证实未被不应知悉者知悉的,则不属于泄露涉密信息。此外,衡量是否属于泄露国防涉密信息,不应以危害后果为条件,因为某些信息泄露后的危害后果往往不能在很短时间内表现出来。

泄露国防涉密信息的类型从主观动机上可区分为两大类:一类是故意泄露涉密信息,另一类是过失泄露涉密信息。故意又分为直接故意和间接故意。直接故意是指当事人明知自己所实施的行为能够或者可能使国防的安全利益遭到损害,而希望这种后果的发生。间接故意是指当事人明知自己的行为会发生危及国防信息安全的后果,而放任这种后果发生。故意泄露国防涉密信息是较为严重的违法行为,一般对国防的安全和利益危害较大。过失泄露涉密信息是一种由于疏忽大意或过于自信导致的危害信息安全的行为。这种行为往往是无意识、无目的的,在动机上虽然有别于故意泄露,但同样是一种危害国防安全和利益的违法行为。同时,它往往容易被那些图谋不轨、有意获取我国防涉密信息的人所利用。

二、泄露国防涉密信息的渠道

所谓泄露涉密信息的渠道,是指国防涉密信息被不应知悉者知悉的途径和方式。从对大量的已经发生的事件中分析,泄露涉密信息的渠道主要有:

1、国外间谍情报机关的窃密活动;

2、不法分子、刑事犯罪分子在国防要害部门的盗窃活动;

3、外事交往中的违规违纪行为;

4、言谈话语时信口开河,无意中将涉密信息泄露出去;

5、涉密载体(如文件、资料及物品)在制作、传递、使用、保存、复印、销毁等环节中违反规章制度;

6、利用无保密措施的电讯设备传递涉密信息；

7、使用未加防泄密技术措施的计算机网络传递、存储、处理涉密信息；

8、宣传报道和出版工作中(包括报纸、刊物、书籍、广播、电视、音像制品等)将涉密信息公开发表；

9、国防科技工作中不按规定处理涉密信息；

10、军事行动中(如训练、演习、作战、应付突发事件、执行特殊任务等)忽视涉密信息安全的行为。

三、泄露国防涉密信息事件的查处方法

查处泄露国防涉密信息的方法，要根据其不同性质和情况。凡涉及向境外人员出卖涉密信息或窃取涉密信息资敌的，由地方公安部门或军队保卫部门立案侦察，按法律程序处理；凡在内部遗失重要涉密信息载体，或因工作失误造成泄露重要信息的，应组织专门力量查处，视其情节轻重，确定行政、党纪处分或刑事处罚；凡在内部遗失一般性涉密信息载体，尚未造成严重后果的，可由所在单位采取措施，组织查找，并作出适当处理。

报告与调查是国防涉密信息查处工作的两个重要环节。及时报告泄露国防涉密信息事件是为了让有关部门及时了解情况，以便采取相应的补救措施，及时组织查处，最大限度地减少损失。因此，一旦发现国防涉密信息泄露，当事人要立即向单位组织和有关机关、单位报告，不得延误。对泄露国防涉密信息事件进行深入细致的调查，是为了弄清情况，分清责任，为下一步认真处理和堵塞漏洞打下基础。调查要坚持实事求是的原则，尽可能做到证据齐全，

对泄露国防涉密信息事件的处理，首先要根据其性质和情节轻重严格按照有关法规，对责任者进行处罚；其次要结合泄密事件进行教育和整顿，查找薄弱环节，完善各项措施；最后，还要向上级有关部门写出处理报告。

第三节 国防信息安全工作的奖励与惩罚

对维护国防信息安全工作成绩突出的典型给予表彰和奖励，对泄露涉密信息的给予惩罚，是维护信息安全法规严肃性、权威性的重要措施，也是强化人们信息安全意识的重要手段。这种奖、惩机制，不仅直接作用于行为人，而且对于其他人具有重要的教育作用。

一、奖励

根据保密法《实施办法》第四章第二十七条和《保密条例》第八章第三十五条明确规定的奖励条件，对在国防信息安全工作中作出突出贡献者应给予奖励。奖励的基本条件，是维护国防信息安全有显著成绩者，或长期从事国防信息安全工作，积极完成任务者；对信息安全技术、设施有较大改进或创造发明者；在紧急情况下，保护、抢救涉密信息者；对抢劫、盗窃、毁坏、出卖国防涉密信息的行为进行斗争，及时检举、揭发或破案有功者；发现他人泄露或遗失涉密信息及时报告或积极补救者。

根据奖励对象成绩的大小或事迹的突出程度，按照有关规定(如军人应依据纪律条令)设定的奖励项目和权限实施奖励，也可给予一定的物质奖励。对受奖者的事迹和成绩，应在一定范围内宣扬，以起到奖励一个人，激励一大片的作用。

二、惩罚

对泄露国防涉密信息者给予惩罚，是维护法规严肃性、保证国防信息安全的重要措施。国家的《保密法》、《刑法》、《惩治军人违反职责罪暂行条例》、保密法《实施办法》和军队的《保密条例》、《纪律条令》等，都对如何给泄密者以惩罚作出了明确规定。惩罚分为三类，一类是刑事处罚，另一类是行政处罚，还有一类是党纪处分。

(一)刑事处罚

刑事处罚是对构成犯罪的泄密者追究刑事责任，依法判处刑罚。根据《保密法》的规定，对具有两种犯罪事实的人应当追究刑事责任：

一种是违反国家保密法律规定故意或者过失泄露国防涉密信息，情节严重的，依照刑法的规定追究刑事责任。另一种是为境外的机构、组织、人员窃取、刺探、收买、非法提供国家秘密的追究刑事责任。

1997年3月14日重新修订的新《刑法》中，充分吸收了《保密法》和全国人大常委会《关于惩治泄露国家秘密罪的补充规定》的基本原则和内容，在条款和内容上都有了较大幅度的补充和增加，加大了对泄密、窃密犯罪的打击力度，为保护国防信息安全提供了强有力的法律武器。

《刑法》第三百九十八条规定："国家工作人员违反保守国家秘密法的规定，故意或者过失泄露国家秘密，情节严重的处三年以下有期徒刑或者拘役；情节特别严重的，处三年以上七年以下有期徒刑。"第四百三十二条规定："违反保守国家秘密法规，故意或者过失泄露军事秘密，情节严重的，处五年以下有期徒刑或者拘役；情节特别严重的，处五年以上十年以下有期徒刑。战时犯前款罪的，处五年以上十年以下有期徒刑；情节特别严重的，处十年以上有期徒刑或者无期徒刑。"该条款同第三百九十八条的规定基本相同，只是限定在军事方面。由于所侵害的是国防秘密，处罚一般比较重。

《刑法》第一百一十一条规定："为境外的机构、组织、人员窃取、刺探、收买、非法提供国家秘密或者情报的，处五年以上十年以下有期徒刑；情节特别严重的，处十年以上有期徒刑或者无期徒刑；情节较轻的，处五年以下有期徒刑、拘役、管制或者剥夺政治权力。"第二百八十二条规定："以窃取、刺探、收买方法，非法获取国家秘密的，处三年以上七年以下有期徒刑、拘役、管制或者剥夺政治权利；情节严重的，处三年以上七年以下有期徒刑。非法持有属于国家绝密、机密的文件、资料或者其他物品，拒不说明来源与用途的，处三年以下有期徒刑、拘役或者管制。"第四百三十一条规定："以窃取、刺探、收买方法，非法获取军事秘密的，处五年以下有期徒刑；情节严重的，处五年以上十年以下有期徒刑；情节特别严重的，处十年以上有期徒刑。为境外的机构、组织、人员窃取、刺探、收买、非法提供军事秘密的，处十年以上有期徒刑、无期徒刑或者死刑。"该条款第一款与第二百八十二条的规定是相同的，第二款的规定与第一百一十一条是相同的。但由于犯罪所侵害的客体是关系国防安全的军事秘密，所以量刑比较重。

《刑法》第二百八十七条规定，利用计算机窃取国家秘密的，要定罪处罚。随着计算机及计算机网络技术的迅猛发展和广泛应用，利用计算机窃取涉密信息的情况日益严重，该罪应按照第一百一十一条或第二百八十二条第一款的规定处罚。第二百八十条和第三百七十五条关于对买卖或者盗窃、抢劫国家机关公文、武装部队公文犯罪的处罚规定，同国防信息安全是有密切联系的。因为公文中有不少是属于国防涉密信息的载体。第二百八十五条关于违反国家规定，侵入国防建设、尖端技术领域的计算机信息系统的规定，非法侵入这些领域的计算机信息系统，往往会危及国防信息安全。因此，关于这方面的规定也是与国防信息安全有密切联系的。

（二）党纪处分

给予党纪处分的对象必须是共产党员中的泄露国防涉密信息责任者，执行处分决定的是责任者所在单位的党的组织。处分决定较轻时可由党员所在的基层组织作出，严重时可以由上级党组织或有关的党的纪律检查机关作出。党组织在对泄露涉密信息的共产党员作出党纪处分的同时，还可以根据事件的性质、后果、本人的态度以及有关政纪、法纪的规定，建议有关行政机关、监察机关给予必要的行政处分，或者移交司法机关追究刑事责任。给予党纪处分的程序应按照党章的规定和其他有关党的纪律的规定执行。

（三）行政处分

给予行政处分的对象是泄露国防涉密信息不构成犯罪的行为人，或已构成犯罪但被依法免于起诉或免于刑事处罚的行为人。行政处分决定的执行者，是行为人所在的国家行政机关或者企事业单位、农村乡镇组织。如果是无业者或个体工商者，则由所在地的公安派出所、工商管理部门执行。具体应当给予什么样的处分和由谁执行，由决定机关、执行机关根据国家有关部门划定的职权范围和处分标准的有关规定执行。

第二编
国防信息安全面临的挑战

第六章 国际环境对国防信息安全的挑战

国际环境,是一个千变万化的复杂环境。任何一个国家不可能与其脱离而发展,任何一个国家的国防信息安全不可能不受其影响。从国防信息安全的视角来看国际环境,冲突对抗、合作开放和信息竞争是对国防信息安全影响最大的三个因素。冲突对抗,是对国防信息安全最直接的、最根深蒂固的和不以己方意志为转移的威胁。随着人类即将跨入21世纪,由于霸权主义的肆虐,种族、宗教等矛盾的加剧,国际间的冲突对抗将更加频繁;合作开放和信息竞争,是当今国际环境的突出特征,对国防信息安全的影响具有复杂性、潜隐性和利弊同一性。全球一体化的进程将会进一步加快,各个国家积极投身于国际合作之中以促进本国经济发展的趋势将更加明显。信息技术将成为高技术发展的核心技术,信息资源将成为国家的重要战略资源,信息产业将成为国民经济繁荣的主导产业,"制信息权"的斗争将会更加激烈。由此可见,国际环境对国防信息安全的影响只能会更加严重。

第一节 冲突对抗环境

对一个国家来讲,世界上有对其国家安全构成威胁的因素和势力存在,其国防信息安全必然受到威胁。冷战结束后,冷战思维仍然存在,霸权主义、强权政治时有表现,强化军事同盟的倾向有所抬头,新的"炮舰政策"正在肆虐,军备竞赛有增无减,地区冲突此起彼伏,恐怖活动到处泛滥，种族、宗教矛盾日益激化，经济、贸易摩擦逐渐频繁。在这种复杂国际环境中，多元的矛盾、冲突和对抗因素，尤其是主观上的敌对意识的大量存在，构成了当今国防信息安全的最大隐患。

一、霸权主义

自二战后迅速崛起的美国，凭借着不断增长且始终处于世界第一位的经济、技术和军事实力，一直在推行着侵略扩张和霸权主义的全球战略。前苏联解体之后，与其实力相匹敌的华约军事集团烟消云散，美国作为世界上唯一的超级大国，凭借其实力，加紧对社会主义国家和发展中国家推行“西化”、“分化”战略，以所谓人权、自由、民主为借口肆无忌惮地干涉别国内政；在经济和金融领域也大搞霸权主义，动辄对别国进行制裁；在军事上凭借其优势推行主宰世界战略，肆意对它国动武。世界上发生的许多事情，都有美国插手，或者有美国的背景。最近，以美国为首的北约，不顾世界舆论的强烈反对，公然违背联合国宪章和国际法准则，对一个主权国家——南斯拉夫狂轰烂炸，其霸权主义行径已发展到了有恃无恐的地步。近年来，在世界军事领域，最引人注目的是北约东扩。美国凭借其超级大国地位，为维护其与西欧在遏制俄罗斯问题上的共同利益，确立由美国领导、以北约为核心的全欧洲安全新体系，加紧推行北约东扩。1997年5月，俄罗斯在北约东扩问题上做出让步。1999年3月，北约正式接纳波兰、捷克、匈牙利三国为北约新成员国。以美国为首的北约对南斯拉夫的空袭，实质上是在为北约继续东扩扫除障碍。这种公然违反联合国宪章，粗暴干涉一个主权国家内政的行经，开创了一个极其危险的先例，对世界和平构成了最严重的威胁。美国出于其全球战略利益，在西线加紧北约东扩的同时，在东线加强与日本、韩国的安全合作体制，并将中国台湾纳入到多边防御体系之中；通过租借新加坡樟宜等军港，将军事触角进一步伸展到整个东南亚地区；不断增加其驻扎东北亚的军队数量，保持在这一地区强大的军事存在。1995年驻扎日本、韩国的美军数量达到10万左右，首次与其欧洲驻军数量持平。自新中国成立以来,美国对台湾政策及美台关系虽然经历了一个反反复复、冷冷热热的过程,但始终没有放弃扶持、支持台湾,干涉中国内政的图谋,台湾问题一直是中美关系中的一个复杂问题。美国之所以长期插手台湾问题,主要有三个原因。一是美国与国民党集团有过长期密切的关系,美国视国民党集团为捍卫其在远东利益的盟友,并认为它对国民党集团负有道义上的责任。二是美国把中国视为一种战略威胁,台湾地理位置重要,是美国对中国实施"接触"的前哨。此外,出于根深蒂固的反共意识,美国不甘心台湾落入共产党之手。这几个因素的作用,美国加强与台湾的政治和军事关系这一趋势还会持续下去。

日本虽然目前还没有多少称霸亚洲及世界的实际行动,但其日趋强大的军事实力、逐步扩张的军事战略和越来越明显的复活昔日军国主义的政治倾向,无不使世界各国尤其是亚洲国家感到担忧和戒备。近年来,日本不断加强与美国的军事同盟关系,双边军事合作范围逐步扩大。继 1996 年 4 月《日美安保联合宣言》提出两国将在"日本周边地区"加强军事合作的主张之后,1997 年 9 月,日美又共同发表了新的《日美防务合作指导方针》,进一步明确将应付"日本周边不测事态"作为两国未来军事合作的重点。1998 年 4 月 28 日,日本内阁会议通过了三项新指针相关法案。1999 年 4 月,该法案在日本众议院获得通过,而且 5 月份即将成为正式法律。法案的通过,不仅使日美同盟关系得到进一步加强,而且其自卫队的作用也将发生实质性变化。新日美防卫合作指针法案规定:当发生"日本周边事态"时,日本不仅要向参与军事行动的美军提供除武器弹药之外的一切"后方支援",自卫队员还可以为了保护自身或同伴的安全使用武器;当某一国发生动乱时,自卫队可以派遣飞机或舰艇前往出事地运送和营救日侨及外国人,并可以在出事地或营救途中使用武器等。这些规定的实质,就是为日本自卫队直接参与战争确定了法律上的合法性。同时,日本政府使用"周边事态"这一模糊概念,而没明确特定范围,这就意味着它的军事干预范围可随意扩大到任何一个国家和地区。实际上,日本防卫厅、自卫队早已开始着手实施装备的大型化和长距离化了。1998 年就已装备了大型运输舰,新型扫雷艇也已开始服役。自卫队的活动范围业已开始扩大,空中预警机已具备随时向美军和自卫队提供情报的能力,已可以对“周边事态”做出反应。此外,日本还准备在 2000 年度之后引进空中加油机,这是象征日本扩大活动范围的典型装备。可以说,日美双边军事合作范围的逐步扩大是亚洲乃至世界安全的一大隐患。在第二次世界大战期间及以前,日本曾多次对包括中国在内的亚洲国家发动侵略战争,给亚洲国家造成了严重的灾难,其阴影至今仍笼罩在亚洲上空。而日本在对待过去的侵略历史的问题上,总是羞羞答答,遮遮掩掩,甚至是极力美化。把侵略说成是共荣,战败说成是战终,只进行一些个别人的反省,政府不正式表态。每年都有政府要员去参拜供奉东条英机等二战战犯的靖国神社。在历史教科书及一些正式出版物中,多次出现歪曲历史真相的事件。最近,轰动世界的“东史郎案件”及日本高等法院宣判东史郎败诉,更加暴露了日本上层政治上的右翼心态,同时也说明了日本存在着不可低估右翼势力。人们不禁要问,日本为什么不对过去的侵略行为彻底认罪,反而颠倒黑白?无非就是为今后可能出现的“故伎重演”正名分,除此之外无法解释。

印度是南亚地区唯一的大国,人口近九亿,居世界第二位;国土面积 297 万平方公里,居世界第七位;综合国力在地区大国中居首位,国内生产总值 1997 年为 3247 亿美元(据 1998 年世界银行年度报告);军队总兵力 127 万人,军事实力在地区大国中最强,陆军居世界第四位,海军拥有航母和基洛级潜艇,空间技术和核技术居世界前列。自 1962 年我军打退了印度军队对我国的入侵之后,印度一直以中国为主要敌手,积极加强军备,谋求中印边境的局部局势优势,不仅企图将非法占领的我国领土归为己有,还想向我国进一步提出领土要求。为此,印度在中印边境地区仍然驻扎着大量的军队,并不断完善针对我国的战场建设和作战预案。印度还长期奉行着支持达赖集团,鼓动西藏独立,将西藏纳入其势力范围的战略。1998 年,印度在进行了核试验之后，一些军政要员大肆渲染“中国威胁论”，极大地破坏了正在改善的中印关系。

二、军备竞赛

近几年来，国际军控与裁军取得了一定进展，达成了一些协议。但是，世界范围内的局部战争与武装冲突几乎一天也没有停止过，在这种形势下，让达成的军控和裁军协议使一个国家的军备降下来是不可能的。特别是今年，以美国为首的北约公然违背国际准则，对南斯拉夫进行赤裸裸的侵略，使世界多数国家感受到了比以往更加强烈的不安全感。加强军备，提高国防实力，维护自身安全，将是今后世界各国采取的基本国策，新一轮的军备竞赛不仅在所难免，而且可能较过去更为激烈，世界和平将面临更加严重的挑战。

（一）军费开支居高不下

早在1991年，全球的军费开支总额就高达11600亿美元，约占世界全年国民生产总值的4.5%。从那时起，全球军费开支总额一直就没有低于这个数字。世界第一军事强国——美国，尽管近几年来多次削减军费，但军费开支仍接近3000亿美元，占世界军费总额的27%以上，美国的每个现役军人每年需军费到达14万美元。军费增长最引人注目的国家是日本。1979年为152亿美元，1989年为295亿美元。自90年代以来，日本军费连续突破国民生产总值的1%。1990年为310亿美元，居世界第三位，1993年为350亿美元，1994年为430亿美元，1995年为472亿美元，1996年增加到485亿美元。从1994年至今，日本的军费一直高居世界第二位，仅次于美国。日本政府声称，其防务开支没有超过宪法规定的占国内生产总值1%的比例。但正如一些外国分析家所指出的，如加上理应包括在内的陆军养老金、航空航天和其他与军事相关的技术领域的科研经费，以及日本海上安全厅的费用，日本军费总开支已达国内生产总值的1.5%。其它国家的军费开支也是有增无减。韩国近几年的军费增长一直保持10%的增长势头。1991年突破100亿美元，1992年增至115亿美元，1993年达到126亿美元。从1996年到2001年，韩国计划的军费总额为1450亿美元,年均240亿美元。东盟国家除印度尼西亚外,军费都呈现大幅度增长态势。以1992年与1991年相比,菲律宾增长22%;马来西亚增长12.8%,占全部政府开支的12%;新加坡增长11.6%,占全部政府开支的21%;泰国增长13.5%,占全部政府开支的17%。印度1994-1995年度的防务开支比上一年度增加30%,实增30亿美元。1998-1999财政年度预算,将军费开支增加了14%,使之达到了107亿美元。在各国军费开支中,军事科研费是增长最为迅速的一项。印度60年代军事科研费占军费的0.9%,70年代上升为1.9%,80年代达到3.7%,1992年上升到5%。日本的军事科研费1986年到1990年增长了一倍,1990年科研费占整个军费开支的2.5%,到1995年提高到3.5%。韩国的军事科研费1992年以前约占整个军费的2.5%,1993年提高到5%,并计划在10年内提高到10%。

(二)大力研制和装备高、精、尖武器,不断增强军事实力

随着科学技术的迅猛发展,各国的武器装备也在不断改进,其种类越来越多,性能越来越先进。美军为了进一步加强其作战能力,保持世界军事最强国的地位,计划1998-2001年投入600亿美元用于武器装备的更新换代,重点是发展精确制导炸弹,改进远程轰炸机(B-1、B-2、B-52H)和精确制导弹药,以便对常规战争实施有力地支援;发展"联合侦察目标攻击雷达系统"、新型无人驾驶飞机和天基红外系统等侦察系统,以便直接向战区部队及时提供弹道导弹袭击的早期预警;改进"长弓海尔法Ⅱ式"导弹和"战斧"式巡航导弹等战术导弹系统,提高其精确度和杀伤力;加强空运能力,主要是采购C-17运输机,增强远程空运能力;重点发展大型、中速滚装舰船,增强海运能力和水上预先部署能力;发展"爱国者高级能力-3型"和"战区导弹防御系统"等新系统,增强战区对导弹的防御能力。俄罗斯当前虽然受国内经济形势影响,其军事力量的增长受到限制,但由于基础雄厚,总体实力仍然不可小视。英国为保持其"袖珍超级大国"的地位,多年来一直致力于武器装备质量的提高和部队多元化作战能力的培养,保持了强大而完备的力量体系。法国主张以稳固的核威慑保障其战略地位,利用科技优势维持较强的军事实力,在常规武器和核力量方面都具有相当规模。日本近几年来投入巨资采购高精尖的现代化主战武器,使其自卫队的装备水平不断提高,步入了世界先进行列。其水面舰艇数量已居世界第四位,反潜飞机居世界第二位。1997 年装备了 4 艘"宙斯盾"驱逐舰,到下世纪初装备 4 艘具有直升机航母性能的大型运输舰,加紧与美国共同研制"FS - X"下一代对地攻击支援战斗机,积极发展远程运载火箭。1998 年 10 月 23 日,日本安全保障会议正式决定将与美国联合开发战区导弹防御系统。同年 11 月 6 日,在美国的支持下,日本政府决定部署军事侦察卫星,用于收集其它国家军队调动情况和武器配备状况等军事情报。此举显然违背了 1969 年 5 月日本国会关于和平利用太空的决议。一些不发达的国家,为了扩充军事实力,不惜花重金购买武器装备。据伦敦战略研究所统计,1994 年到 1996 年,海湾国家购买武器的花费为 450 亿美元。目前海湾国家购买的武器大约占世界武器生产总量的 1/3,每年在武器方面的花费大约 160 亿美元。1998 年法国向近东出售了总价值 83 亿美元的武器,和阿联酋草签了价值超过 110 亿美元的武器供应协议——其中包括 30 架幻影 2000 - 9 型战斗机。印度把进口先进武器作为基本国策,1992 年其进口额达到 11.97 亿美元。

(三)核扩散

核武器又称原子武器,是一种大规模杀伤武器。1945 年全世界只有 3 枚核弹头。到 80 年代末,全球核武器库中已有 57000 枚核弹头,总破坏力达 180 亿吨 TNT 当量,相当于 120 万枚投在广岛的原子弹,是人类迄今所有战争中曾使用过的炸药总量的 1000 倍,可以把全地球的陆地彻底摧毁 25 次,相当于平均每人头上悬挂着 3.5 吨 TNT 炸药。这些核武器主要掌握在美国、俄罗斯、英国和法国等少数国家手中,特别是美国和俄罗斯两国共拥有战略核弹头 23902 枚,战术核弹头 31698 枚,占全世界核弹头储量的 98%。1998 年 12 月美苏达成了“中导协议”。双方各自把已经部署或即将部署的中程导弹(射程1000－5000公里)全部销毁。1993年1月,美国与俄罗斯又达成了进一步削减远程核武器的协议。双方同意将各自拥有的核弹头减至3000－3500枚。然而,人类面临的核威胁并没有减少多少。除了原来的核武器拥有国之外,其它许多无核国家正在向有核国家方向发展,核扩散正在蔓延。前苏联的解体,一下使拥有核武器国家的数量又增加了几个,其部分核技术的扩散和核专家的流失,将来可能还会有更多国家掌握核武器。

在无核武器国家当中,日本是最有能力成为核大国的国家。第二次世界大战结束以后,日本是一个在军事上受严格约束的国家。但随着经济的发展,日本开始逐步冲破这种约束,尤其是在对待核武器的态度上开始向危险的方向转变。在日本一份秘密文件中称:“日本当前采取不持有核武器政策,但是,要经常保持制造核武器的经济、技术能力,以不受外来干涉。”日本一方面口头上表示坚持核武器三不原则(不拥有、不制造、不运进),另一方面却积极地进行核武器物质技术准备。一是以民用核电站需要为由,大量购买和制造核原料。据有关资料,日本钚的总储量目前在50吨左右,到2010年可达到100吨,而核电站钚的需要量不到总储量的40%。1吨钚可制造120枚核弹头,日本用这些“过剩的钚储备”可制造近万枚核弹头;二是积极开发核技术。增殖反应堆技术是核能技术研究的重点和难点,并且其建造技术之复杂和费用之高,也远远超过了制造核弹,甚至一些发达国家也都因故中途下马停建增殖堆计划。然而日本却始终契而不舍,花费10年功夫,耗资61亿美元,建成快中子增殖反应堆,并在1995年8月试运行成功。日本还在探索新的核能利用方式,如利用吸附材料从海水中提取氢弹核料锂,计划在月球上开发和利用氦3资源。另外,日本探索核聚变的触角已伸及世界技术的最前沿。目前,其拥有世界唯一的大型螺旋形核聚变实验装置,其受控核聚变装置也属世界一流。种种迹象表明,日本现已具备了制造核武器的一切条件,只要其作出政治决断,不用一年的时间,即能生产出核武器,并一跃成为世界第三核大国。对此,我们必须保持足够的警惕。

印度目前拥有10座商用原子堆、5个研究用反应堆、8个重水工厂和2坐钚再处理设施,到1995年底已拥有足够制造近百颗原子弹的钚。此外,印度还成功地试射了射程为2500公里的"烈火"式中程弹道导弹,该导弹可搭载800公斤的核弹头。冷战结束之后,世界舆论普遍认为,核武器已成为"过时的武器",核武器的试验和发展应当停止。联合国大会分别于1995年和1996年通过了"《核不扩散条约》无限期延长"和"《全面禁止核试验条约》开放签署"决议。然而,印度冒天下之大不韪,于1998年5月中旬连续进行5次核试验,并拒不在核不扩散条约上签字,巴基斯坦也于当月底进行6次核试验,从而在南亚掀起一场核军备竞赛,严重威胁着地区与世界和平。印度公开宣称,"印度恢复核试验,目的是为了对对其构成最大威胁的中国获得充分的遏止力。""作为对巴基斯坦和中国的遏止力,印度需要132颗原子弹"。近年来,印度在加紧核武器研制的同时,还在投入巨资研制运载工具,如"普里特维Ⅱ"导弹、"烈火"导弹都已初具作战能力。今年4月11日,印度不顾世界舆论对其去年核试验的严厉谴责,又进行了"烈火-2"型中程导弹的发射试验。该导弹的射程在2000公里以上,可携带1吨核燃料。这样,印度的核打击能力就不仅限于南亚地区,其周边包括中国在内的大部地区也在核导弹射程之内,从而对我国构成更大的威胁。

印巴核试验对世界上的其它国家,特别是"核门槛国家"的冲击很大,它们谋求核技术和导弹的竞争趋于激烈,危险的新一轮核军备竞赛悄然登场。1998年7月,也就是印、巴核试验之后两个月,伊朗首次试射了1300公里的流星-3中程导弹,并继续研制流星-4远程导弹,还不顾美、以的反对和压力,与俄罗斯签署了核合作协议,计划在海湾兴建一座耗资7.78亿美元的核电站。以色列针锋相对,12年来首次增加国防开支,同时加快完善反导弹系统。为阻止伊朗发展核武器,以国防军参谋长宣布必要时可能对伊朗发动先发制人的袭击。1998年8月,朝鲜发射一枚火箭将人造卫星送入地球轨道,随后美日“战区导弹防御系统”研制提上日程。

三、武装冲突

国际安全形势总体趋向缓和,“大和平小战争”的局面仍然未变,但地区性武装冲突不断,世界仍不安宁。据《人民日报》1995年12月20日刊登的一个武装冲突与局部战争统计的数字,1990年至1995年各年的武装冲突数分别为:28起、29起、30起、34起、38起和45起。据有关资料,1996年至1998年,每一年世界各地发生的武装冲突也都在30起以上。这些数字呈现了总体的递增趋势。

与以往相比,近期的地区冲突有值得注意的新特点:第一、冲突区域更向被称为“欧亚巴尔干“的欧亚大陆南缘政治破碎带集中,从阿尔巴尼亚、南斯拉夫到印度、巴基斯坦,从格鲁吉亚、阿富汗到巴勒斯坦及以色列,该地区几乎无任何国家能置于冲突之外。不仅如此,一些能牵动全局的地区危机也集中在这一区域,其中包括伊拉克核查危机、科索沃危机、巴以冲突、阿富汗内战、印巴核竞赛等。第二、冲突的波及面扩大,国际性色彩加重,并对相关地区的政治格局产生影响。刚果(金)冲突波及南部非洲,其周边七八个国家相继卷入;阿富汗内战,引发伊朗与巴基斯坦之间的明争暗斗。第三、地区冲突打上了核竞赛印记。1998年5月,印度与巴基斯坦相继进行的核试验,打开了南亚地区核竞赛的“魔盒”。世界上出现了两个敌对的国家公开掌握核武器的复杂局面。核竞赛加剧了地区形势的紧张。目前两国不仅在边境对峙,剑拔弩张,而且武装冲突时有发生。第四、大国、强邻武力介入地区危机的倾向有抬头迹象。在非洲,莱索托内乱导致南非悍然出兵介入;刚果(金)冲突招致与其相邻的津巴布韦、安哥拉、纳米比亚、乌干达、卢旺达竟相出兵,造成津、安、纳等国支持卡比拉政府,乌、卢等国支持反政府武装的复杂局面。在南斯拉夫,美国等北约国家积极调兵遣将,在各种威胁不奏效的情况下,公然诉诸武力,迫其屈从他们的意志。在伊拉克,美、英不顾中俄等国反对,饶过联合国,单方对伊拉克实施空中打击,破坏了在地区问题上初步形成的大国协调机制。事实证明,武装干涉地区事务,只能使地区形势更加动荡、复杂。

四、领土争端

我国幅员辽阔,有漫长的边(海)防线,与许多国家接壤或相邻。由于历史的原因,我国与一些周边国家存在着悬而未决的领土或领海的归属问题。在这些有争议的领土和领海中,有着丰富的自然资源和巨大的经济利益,我国与这些国家不可能在短时间内消除争议,要有长期外交斗争甚至是武装斗争的思想准备。

五、恐怖活动

冷战结束之后,除不断发生的地区性局部战争和武装冲突之外,对国际社会构成严重威胁的一个重要方面就是恐怖主义。虽然世界各国都对恐怖活动加强了防范措施和打击力度,但是恐怖活动有增无减,并表现出许多新特点。

一是国际恐怖活动猖獗。不论是什么类型的恐怖活动,都有一定的动机和目的。在恐怖组织及恐怖分子看来,扩大恐怖活动的影响面甚至是在国际上造成影响,是实现其目的最有效的途径。目前,以一个国家为基地或藏身之地,对另一个国家或在全球进行恐怖活动的恐怖组织很多。他们以"杀一儆百"为座右铭,经常在人们意想不到的地点和时机使用暴力,世界上任何地方都可能成为他们的"战场"。1996 年,在亚特兰大第 26 届奥运会期间发生的爆炸事件,伤亡虽不大,但却震惊了世界。1998 年 8 月 7 日,美国驻肯尼亚、坦桑尼亚两国的大使馆同时被炸,造成 263 人死亡、5000 多人受伤。12 月 22 日,在阿富汗建立基地的沙特流亡富商本 . 拉丹,在接受美国《时代周刊》访问时,承认煽动了这起震惊世界的惨案。1998 年 2 月 19 日,4 名联合国军事观察员在格鲁吉亚遭劫持。7 月,4 名联合国维和人员在塔吉克斯坦遇害。10 月 4 日,4 名英国人在车臣他们的住所被武装分子绑架。

二是针对政府和军事目标的恐怖活动增加。1994 年 4 月 6 日,卢旺达总统哈比亚利马纳和布隆迪总统恩塔里亚米拉乘坐的飞机在抵达卢旺达首都基加利机场上空时,遭地面火力袭击而坠毁。机上两位总统、卢旺达邮电部长、计划部长、军队总参谋长及机组人员全部遇难。1995年6月,埃及总统穆巴拉克在前往埃塞俄比亚的途中,遭不名身份的恐怖分子的袭击,随行人员多人受伤,穆巴拉克幸免遇难。11月4日,对中东和平进程做出重要贡献的以色列总理拉宾被右翼分子杀害。在欧洲,新纳粹组织开始不断向军队渗透,在军人中发展新纳粹分子。德国议会1998年3月3日公布的报告称,1997年德军中发生的新纳粹事件多达177起。

三是使用核、生、化武器搞恐怖活动的威胁在增加。以往,恐怖分子在进行劫机、爆炸、暗杀、绑架等恐怖活动时,一般使用的是常规武器弹药。从近几年的形势来看,不仅恐怖分子所使用的常规武器弹药的水平在提高,而且恐怖组织正在千方百计获取核、生、化武器原料,使用核、生、化武器搞恐怖活动的威胁在增加。冷战结束之后,前苏联的解体,其所拥有的核武器和大规模杀伤性武器被多数独联体国家瓜分。在俄罗斯和欧洲一些国家,已破获了一些核走私案件。1993年4月,一名美国新纳粹分子在加拿大边境被传讯,人们在他的行李中搜出一包奇怪的白粉。经化验,这种白粉是被列为最危险化学武器之一的有毒物质,此人携带的数量足以使3.3万人丧生。人们担心,一旦恐怖分子获得了这样的武器,人类也许将进入"超级恐怖时代"。1995年3月,东京地铁发生沙林毒气事件,5500人中毒,12人死亡。此次毒气事件说明人们的担心已成为了危险的现实。

随着国际形势的发展变化和我国对外合作范围的扩大,已有迹象表明,国际恐怖组织正在向我境内发展渗透。国际恐怖组织和恐怖分子把矛头指向他国的恐怖"点"选在我国的可能性是存在的。

第二节　合作开放环境

目前的国际形势,虽然地区性冲突与对抗有所抬头,但是在全球一体化历史潮流的推动下，和平、合作、发展仍是主旋律。进一步对外开放，加强国际间的政治、经济、军事、文化等各领域交流与合作，是世界各国求生存、求发展的必由之路。在这种合作开放的环境下，对国防信息安全既有有利的条件，也有不利的因素。我们一定要抓住这一难得的历史机遇，充分利用合作开放环境中的有利条件，提高我国国防信息安全能力。同时，还要正视时代的挑战，积极克服合作开放中的不利因素，保证我国国防信息安全万无一失。

一、国防信息安全受国际形势影响越来越深

国防信息安全是在新的历史条件下出现的一个新概念，但它也是一个一直被关注的老问题。"新概念"与"老问题"相比，固然差异很大，但其中最大的区别之一，当数一个国家的国防信息安全受国际形势的影响程度进一步加深。

在过去，由于科学技术的不发达和社会需求的低水平，一个国家的经济基本上是自给自足经济，对其它国家的需求较少，"闭关锁国"去办好自己的事是许多国家的大政方略，国家与国家之间的交往范围很小，联系松散，对国防信息安全影响主要来自于少数几个周边敌对国家的军事威胁，军事威胁的主要形式是武装冲突。

随着科学技术的高度发展尤其是高、新技术在局部区域的率先发展和人类需求的不断高涨，自给自足的经济格局受到巨大冲击，国家与国家之间只有优势互补才能共同发展，相互依存的关系更加紧密，经济生活日趋全球化。世界上各个国家都纷纷参加世界贸易组织、世界货币基金委员会等国际性经济组织，标志着国家之间经济互补性的世界贸易迅猛增长，1995 年世界贸易总额首次突破 6 万亿美元，这些事实，正说明了这种趋势。各个国家之间经济上的紧密联系，也必然推动其在政治上、军事上的密切合作。近几年，特别是 1998 年以来，国际上建立的各种"战略伙伴关系"、"合作伙伴关系"屡见报端，"伙伴关系"成为国际新闻中最时髦的字眼。据不完全统计，世界上迄今已有近一半国家宣布同别国建立或打算建立某种伙伴关系。我国自 1996 年以来，相继与俄罗斯、法国、美国、加拿大、墨西哥、东盟国家、巴基斯坦、英国、韩国、日本等国家建立了不同内涵、不同形式的“伙伴关系”。另外,国际上的军事联盟趋势也并没有因为华约的解体而减退,北约在继续东扩。这些各种合作关系的建立,进一步加深了国与国之间你中有我、我中有你、相互联系、相互依赖的局面。

随着通信和交通的日益发达,一个国家处理的任何事务,包括国家内部事务,实际上都变成了国际社会大舞台上的活动,都会立即引起国际反映。同理,国际安全形势在任何时刻、任何地点的变化,对一个国家的安全乃至国防信息安全都会产生影响,构成威胁。例如,以美国为首的北约在其东扩战略的驱使下,对南斯拉夫实施空袭并企图肢解南斯拉夫,不仅对俄罗斯构成直接威胁,而且对我国国防信息安全也提出挑战。之所以这样讲,是因为铺天盖地的各种传媒的适时报道,以及各种渠道的沟通,无疑在人们心理上造成一种威慑。威慑本身就是一种信息攻击(或心理攻击),就是一种对国防信息系统的攻击,在这种攻击之下,国防信息就存在着不安全因素。诸如对我们的国防信息系统的安全性、战略战术信息的科学性、信息武器的有效性等产生怀疑,造成国防信息系统建设的茫然等,这是其一;如果北约得手,北约的军事实力将进一步增强,并且其以“科索沃方式”干涉别国内政的可能性增大,在这种可能性中,受破坏和威胁最大的是国防信息系统,这是其二;就在北约动武之时,我国防信息系统至少是其“巴尔干部分”遭到了干扰、破坏,中央电视台新闻报道时与驻南斯拉夫的记者通信中断就是佐证,这是其三。这种威胁,已经意识到的还有,就不一一列举。

二、国防信息安全涉及的范围越来越大

党的十一届三中全会以后,我国实行了对外开放政策,在和平共处五项原则基础上发展同所有国家的友好合作关系,积极参与国际事务,目前我国已同世界上 170 多个国家和地区建立了不同的合作关系,为我国进行社会主义建设创造了一个良好的国际环境,为我国国民经济持续高速发展奠定了极为有利的基础。同时,我国对外开放的步伐也在逐步加快。对外开放的区域逐步扩大,先是沿海地区对外开放,又发展到沿长江流域对外开放和中西部地区对外开放。对外开放的经济领域也在逐步伸展,对外经营自主权的批准权限在放宽,外商已可以参与我国交通、电信、水利等重大基础项目建设,可以从事金融、保险等业务。就连过去密级较高的军事机构、军工企业、尖端科研部门,也在不同程度地对外开放。不同形式的驻外机构数不胜数,不同级别的出访、来访接连不断,不同内容的国际性会议应接不暇,每年进出境人次数以百万计、千万计。对外开放是全球一体化的必然要求,也是我国长期不变的基本国策,这种开放势头会越来越大,国门会越敞越开。

面对逐步发展的对外开放形势,国防信息安全所包括的已不再是一个我疆域之内的、军事领域的、红头文件的狭小范围,而是一个更加宽泛的范围。从对外交往与合作的空间上来看,与我有外交关系和合作项目的国家及地区数量越来越多,并且正在向南极、北极、公海、太空等无人烟的未开发空间扩展,相伴而行的信息系统(包括技术设备、网络、机构和人员、信息载体等)覆盖范围也在扩大,甚至是覆盖全球,我们不能不站在全球范围的高度,以我国之外的几乎所有的其它国度和公共空间为目标,来研究我国的国防信息安全问题;从对外交往与合作的领域上来看,由于对外交往与合作的领域逐步扩大,政治、经济、科技、外交、军事等各领域相互渗透加深,换句话说,现代的对外交往与合作不论是什么项目都是综合性的,不存在单纯政治合作,单纯的经济贸易,单纯的外交关系,单纯的军事交往。因此,在军事以外的其它对外交往与合作领域,都有着军事成分,都有国防信息安全问题;从信息安全的目标和内容上来看,已不再是仅仅局限于对核心内容的保密,而是追求对外交往与合作中的总体安全。要逐步公开我国的一些内部情况包括军事情况,去掉不应有的神秘面纱,让世界了解中国,让他人放心地与与我交往与合作。要进一步加深对世界各个国家政治、经济、科技、军事、地理、人文等情况的研究,及时掌握其发展动向,趋利避害,拓宽合作领域。只有广泛的交往与密切的合作,国家及国防信息才更安全。

三、危及国防信息安全的渠道越来越多

在现代对外开放的形势下,军营的范围在扩大,这里讲的“军营”,是一个大概念,既包括传统意义上的军营,还包括出访的军事团体、驻外军事机构、军工企业、与军事相关的其它单位等。既有固定的军营,也有流动的军营,既有纯军事的军营,也有准军事的军营,既有有形的军营,也有无形的军营。国防外交日益频繁,我军与外军接触增多,军营的透明度在增强。在军事领域中,危及国防信息安全的渠道日益增多,形势不容乐观。

军事交往是在国家与国家之间建立友好、稳定关系不可缺少的活动,是军队现代化的必由之路。随着国际关系日趋密切,军事外交的内容和方式日趋多样化,包括高级军事首脑、军事代表团互访,互派武官,舰队、飞行队互访,边海防会晤等,军事外交活动几乎天天都有,规模逐渐扩大,频度越来越高。一些军事机构、作战部队、军事设施对外开放,包括原来高度机密的火箭发射基地、先进的大型战舰等都允许外国人参观访问。一些军事刊物、书籍、资料等“无形军营”在逐步公开,有的向海外发行,有的在网上传送,使得其它国家了解我军情况更加便捷。

对外军事交往与合作对我军现代化建设起到了积极的推动作用,这已被改革开放的实践所证明,今后我军还将坚定不移地沿着这条路线走下去。但是,一个国家的军事是不能和盘托出的,在如此宽泛的军事交往与合作之中,什么能公开,什么不能公开,什么能出境,什么不能出境,什么能进来,什么不能进来,都应有严格的尺度和标准。同时,在军事领域有如此庞大的、不同级别的、不同专业的且涉外频度较高的群体,其中有些可能成为造成国防信息不安全的因素。另外,在友好的交往与合作之中,大量存在着它国情报机构的人员,他们千方百计地利用其合法身份,窃取我国防涉密信息的活动不容忽视。1992 年春天,美国马里兰大学举办了一个军工转产学术研讨会,邀请俄罗斯军工系统的 50 多位高级专业人员与会。会后,俄罗斯与会者回忆说，美国方面参加会议的科研人员很少，而特工人员却来的很多。每个俄罗斯专家身边都安插了特工人员，他们向俄罗斯专家提出各种涉及科研机密的问题，千方百计要求回答，从中捞取情报。前苏联解体后，美国“星球大战”机构曾决定引进俄罗斯科学家参加具体军事研究工作。1992年美国国会通过一项法律，向独联体某些专业的科学家提供特殊待遇并允许进入美国。所谓“某些专业的科学家”，指的是核武器、化学武器和生物武器设计和生产方面的工程技术专家，以及从事基础研究和科学密集型研究项目的专家。因为这些科学家脑子里装着许多俄军事技术秘密。美国有关人士声称，美国用这种方法收集俄罗斯科技情报所用的钱约10万美元，而产生的效益达10亿美元。

第三节　信息竞争环境

在20世纪之前乃至20世纪的大部分时间里，人类的争夺都是在看得见的领域。争夺“制海权”和“制空权”，争夺领土和海洋资源，后来又争夺太空优势。然而，在今天的信息时代，我们所处的环境已是一个高度信息化的环境，信息已成为经济发展的超大功率助推器和国家利益的集中体现，以开发、争夺信息资源，抢占信息技术制高点为主要内容的“制信息权”争夺，正在变成各个国家之间竞争的又有一个重要领域。

一、争夺信息技术制高点

我国一位资深学者说：“面对知识经济的挑战，任何国家都输不起，迎头赶上这一时代潮流是唯一选择。”知识经济时代的竞争首先是科技的竞争，而科技竞争的重点是信息技术这一制高点的争夺。在即将跨入21世纪之际，世界各国都在积极调整发展战略，把研究和开发信息技术作为主攻方向，力争到下个世纪在经济上、军事上乃至政治上取得优势，以战胜自己对手，确保己方安全。信息技术是与国防信息安全联系最为紧密的技术，信息技术的先进与否，直接关系到国防信息安全与否。信息技术是应用信息科学的原理和方法,研究信息的产生、获取、变换、传输、处理和利用的工程技术。信息技术是综合技术,其发展由许多单项技术所支持,作为信息技术的前沿带,主要由计算机技术、探测器技术和通信技术三大部分组成,它们标志着信息技术的发展水平,竞争尤为激烈。

自从1946年诞生世界上第一台电子计算机以来的半个世纪间,计算机已沿革了五代。当前,第一代和第二代已退役,第三代也不多见,第四代还在应用,第五代即将成为主力军。更令人振奋的是模拟人脑功能的神经计算机——第六代计算机又即将步入历史舞台。计算机的发展能够取得如此瞩目的成就,这与世界各国尤其是发达国家长期不懈的努力是分不开的。美国是计算机的发源地,进入80年代以来,为了保持其在计算机方面的领先地位,在不断加大投入的同时,也采取了许多措施,并取得较大进展。美国商用机器公司(IBM),于1989年研制成功4兆位动态随机存取存储芯片,90年代初研制成功16兆位芯片。1991年,美国的IBM公司、苹果公司等12家大公司联合攻关,开始研制世界所有语言通用的计算机数字代码,以克服语言给计算机带来的障碍。日本在计算机技术上的发展格外引人注目,早在1982年就成立了新一代计算机开发机构,制定了长远发展计划。90年代以来,日本的松下、日立等公司已先后宣布研制成功64兆位、100兆位芯片,并将研制出1000兆位芯片的先进技术。日本还在逻辑程序设计语言、图像处理、超大规模集成电路的辅助设计系统和"并行推理机"的设计及模拟等领域处于世界领先地位。英国为了能同美、日竞争,也在大力开展新一代计算机的研究工作。英国的目标是在90年代完成在一平方厘米的硅片上集成1000万个电子单元。据英国媒体报道,英国已制成"有思维能力"的计算机芯片。

探测器技术是现代人类获得社会、自然信息的重要途径,其发展倍受世界各国重视。在近一、二十年,探测器技术设备有了长足的发展,二维投影像、全息像、断层像等信息获取设备,各种雷达、激光、红外探测仪器,形形色色,不断涌现。新的集成传感器近年来也发展迅速，以其体积小、重量轻、精度高、功能全等特点而具有广泛的应用前景。航天信息获取技术的发展尤为迅猛，特别是美、俄（前苏联）等国在此领域谁也不甘心落后。美国于 1961 年开始发射世界上第一颗电子侦察卫星，1962 年共发射 18 颗，1963 年共发射 17 颗，到 1972 年减少为两颗，现在平均每年发射两颗。前苏联于 1967 年 10 月开始发射"宇宙"系列电子侦察卫星，其每年的发射数量比美国还要多，截止到目前，俄罗斯已发展到第四代"宇宙"号电子侦察卫星。美国 1960 年发射世界上第一颗气象卫星"泰罗斯 1 号"，随后开始研制专门的军用气象卫星。90 年代美国发射的新一代军用气象卫星，装有先进的微波遥感器，气象预报的准确性大大提高。至今，美俄（包括前苏联）已发射 100 多颗各种气象卫星。我国于 1988 年 9 月首次发射同步轨道气象卫星"风云一号"，近几年也发射过此类气象卫星。美国于 60 年代开始发射"子午仪"导航卫星，最初专门用于美国海军核潜艇导航，1967 年解密，公开让其它国家的商船导航使用。由于"子午仪"导航卫星只能提供经度和纬度，不能定出高度，也不能连续导航，平均定位间隔时间达一个半小时，平均定位时间长达 8 - 10 分钟，不能满足飞机和导弹的三维空间的定位要求。为此，1973 年起美国开始研制新一代的由 24 颗卫星组成的全球定位系统（GPS）。前苏联 1982 年开始研制环球导航卫星系统（GLONASS），1995 年建成投入使用。

通信技术应用广泛，经济效益巨大，世界各国对其发展更是争先恐后。在光纤通信领域，1976 年美国首先在亚特兰大成功地进行了速率为 44.736Mb/s、传输距离为 10km 的光纤通信系统现场试验，使光纤通信向实用化迈出了第一步。此后，美国、日本、英国、德国、法国、荷兰、意大利、加拿大、韩国等先后建立了许多光纤通信线路。光纤通信的传输速率早期仅为每秒几十兆比特，目前，2.5Gb/s 系统已投入商用。1983 年，连接武汉三镇的 8Mb/s 光纤系统投入使用，标志着我国的光纤通信开始走向实用化阶段。截止到目前，我国已完成连接全国 31 个省区市的光纤传输网建设，全国光缆总长度达到

100万公里。在卫星通信领域,1963年美国宇航局发射了第一颗试验性静止通信卫星“辛康姆”,利用这种卫星于1964年成功地转播了东京奥运会的实况。1965年,“国际通信卫星组织”把第一颗商用通信卫星“晨鸟”送入同步轨道。同年,前苏联也把第一颗“闪电”卫星成功地送入预定的非同步轨道。这些成就标志着卫星通信开始进入实用化阶段。进入到70年代以后,卫星通信得到了迅速发展,前苏联与东欧国家、美国、加拿大、法国、德国、日本、印度、澳大利亚、伊朗、巴西、哥伦比亚以及阿拉伯国家等,陆续建立自己的卫星通信系统。我国于1970年4月24日成功地发射了第一颗人造地球卫星,是继前苏联、美国、法国和日本之后,第五个有能力研制和发射卫星的国家。1984年4月8日,我国成功地发射了第一颗静止通信卫星,表明我国的卫星通信技术、运载火箭技术和测控技术等接近或达到了国际先进水平。

二、大力开发信息资源,发展信息产业

信息资源是经济和社会发展的战略性资源,是国防实力重要组成部分和决定战争胜负的关键性要素,是衡量一个国家国力的重要标志。信息与物质生产、流通是密切联系着的,由于信息是无形的,又必须以物质为载体,所以人们长期以来只是注意到信息使用价值,而没有意识到信息的独立经济价值。进入本世纪中叶,特别是90年代以来,随着信息技术的飞速发展、经济的全球化和知识经济时代的到来,信息已成为一个国家最重要的战略资源和财富,信息工作逐步从物质生产和管理部门分化出来成为独立的信息部门和专门的产业,并且已成为推动国民经济发展的核心动力。美国一位信息专家说过:信息就是权力。对信息资源进行开发、利用、占有和控制,是世界各国在实现信息化进程中争夺的焦点。为了顺应这一历史潮流,世界各个国家都在纷纷调整产业结构,加大信息产业的投入和信息资源开发的力度,力争在这一场前所未有的激烈竞争中立于不败之地。

信息产业指信息设备制造业、运营业及信息服务业。由于信息具有极强的时效性和大范围的流动性，因此，信息产业的发展和信息资源的开发，最关键的是国家信息基础设施——“信息高速公路”建设。美国是在这方面动手最早的国家。美国现任副总统戈尔早在80年代中期就首先提出了“信息高速公路”概念。1991年布什以总统名义提出并批准了“高性能计算机和通信建设计划(HPCC)”。1993年9月15日，美国《国家信息基础设施：行动计划》出台。1994年1月6日，成立了由副总统、商务部长等20多位政要人物和专家组成的国家信息基础设施特别小组。1月15日，克林顿发表《国情咨文》，表示要在2000年前在全国建成“信息高速公路”。1998年美国各大公司共有400亿美元投入到数据通信方面。美国电讯公司出资400亿美元建设连接25个大城市的有线电视光纤网络。美国一些大公司宣布将出巨资建立一个由48颗卫星组成的“环球之星”的通信网络。70年代以后，随着计算机的广泛使用，计算机互联网建设开始蓬勃发展。据最新的调查估算，美国使用Internet网的人数超过7020万人，公众普遍地利用网络购买或比较商品、发送电子邮件进行远程通信。有100多家大银行在网上向用户提供全天候服务，有超过60%的银行通过交互式电视网络、计算机和自动提款机提供优质服务。信息产业现已成为美国超过汽车行业的支柱产业，其产值占GDP的比重达75%以上。随着“信息高速公路”的建设，美国的信息产业将会以更快的速度向前发展，预计到2007年，信息业可增加GNP3210亿美元。

继美国提出建设“信息高速公路”之后，加拿大、欧共体、日本、韩国、新加坡和许多发展中国家和地区也不甘落后，纷纷制定计划，不惜投入巨资，积极建设信息化基础设施，大力发展信息产业，确保其在下一个世纪立于不败之地。

近几年来，我国的信息产业也得到了飞速发展。1996年年初，国务院正式成立了由一位副总理担任组长的全国信息化工作领导小组，负责全国信息产业的领导和协调工作。1996年6月，我国建成30个省市的CHINANET骨干网。1998年8月，历时8年建设的全国

"八纵八横"光缆网建成,使我国通信传输的网络规模和技术层次跃入世界先进水平。今年经过扩容,又建成了覆盖全国31个省市区的169中国公众多媒体通信网。1999年3月31日,中国通信信息网站开通,它是一个基于因特网,面向政府、面向企业、面向社会,提供全方位多层次服务的通信专业信息库。目前,在该平台上,已经运行着42个非常有价值的通信专业数据库,信息内容涵盖了电信技术、通信标准、行业动态、政策法规、决策研究、专利成果等电信领域各个方面。

三、信息化战争将成为21世纪的主要战争形态

信息化战争,打击与保护的重点之一是国防信息及其系统。信息化战争把国防信息安全问题推到了最前沿。历史经验告诉我们:科技进步与军事变革总是同步而行。火药的发明与热兵器战争,发动机的出现与机械化战争,飞机的诞生与立体化战争,都是如此,这就是历史。同样,当今的信息技术革命浪潮,必然波及整个军事领域,使以往的战争形态发生根本性变化,这种变化的必然结果就是信息化战争。如果说1991年的海湾战争只是它的初现,还看不清轮廓,甚至有人表示过怀疑。那么今年的北约空袭南斯拉夫,恐怕所有的人都会对它的到来及它将成为21世纪主要战争形式确信不疑。

(一)信息化武器系统唱主角

信息化战争胜负的关键是"制信息权",而"制信息权"的关键要靠信息化武器来夺取。所谓信息化武器,就是战争双方为争夺信息控制权直至战争胜利所使用的、以现代信息技术为核心技术的武器装备和武器系统。现在军事专家把信息化武器分为非杀伤性信息化武器、软杀伤性信息化武器和硬杀伤性信息化武器三类。

非杀伤性信息化武器,是指用于搜集、传递、处理、控制信息的武器。如雷达、红外线遥感装置、夜视仪器、可见光遥感装置、多光谱遥感装置、电子侦察设备、声学探测设备、传感器、通信设备、计算机设备、信息安全保密设施等。除上述分立的非杀伤性信息武器外,还有成系统的非杀伤性信息武器,如 C^3I 系统、固定通信网络、野战综合

通信系统、全球定位系统、导弹预警系统、计算机网络、武器控制系统等。

软杀伤性信息化武器，是一种破坏敌方信息武器和系统的功能，使其不能正常发挥作用或陷于瘫痪，而不是直接破坏或摧毁其本身的武器。如雷达干扰机、通信干扰机、导航干扰机、电子干扰箔条、诱饵导弹、诱饵遥控飞行器、陆基电子干扰站、电子干扰船、电子干扰飞机、投掷式电子干扰机等。它们在战争中发挥着重要作用。例如，70年代美国在轰炸越南北方的行动中，由于有电子干扰飞机的配合，就使得越南的防空导弹的命中率由1/18降到1/86。

硬杀伤性信息化武器，主要是指用于直接摧毁敌方目标的精确制导武器和遥感武器。如导弹、制导炸弹或炮弹、制导鱼雷、遥感地雷或水雷、遥感炮弹等。例如，美国的“战斧”式巡航导弹射程在数百上千公里以上，命中偏差只有20米左右。在海湾战争中，美国首次使用它，发射了近300枚，90%都命中目标。据有关资料统计，海湾战争使用的武器中，精确制导武器占8.4%，空袭精度在50%左右；1997年波黑战争使用的精确制导武器占60%，打击精度提高到了60%以上；1999年北约空袭南斯拉夫，使用的几乎完全是精确制导导弹和制导炸弹，命中率达到90%以上。

此外，一些更加先进的信息武器系统正在研制之中。如电磁脉冲武器，利用强烈的电磁脉冲辐射破坏敌方的通信设备、雷达和计算机等重要设施；计算机病毒武器，将计算机病毒通过接触式或非接触式的方法，将计算机病毒注入到敌方计算机系统或计算机化的武器控制系统，使其功能紊乱或瘫痪；反卫星武器，有反卫星卫星、反卫星导弹、太空雷等。若这些信息武器投入实用，在电磁和太空这两个全新的领域，不再只有软杀伤，同时还有硬摧毁，其将成为真正意义上的战场。

随着信息技术的不断发展和其逐步向武器系统的渗透，信息化武器将逐步在军队装备中占主导地位，信息化武器对抗将贯穿作战始终，战略、战役、战术 C^3I 系统将整个战争机器联为一体，新型信息化武器将使军队具有更快的反应能力、更高速的机动能力、更超视距的打击能力、更远距离的通信控制能力，必将成为未来战场上的主角。

（二）信息化战场布天地

信息时代的经济是全球化的经济，信息时代的战争——信息化战争必然也是辐射范围广大甚至是全球化的战争。大范围地进行信息化战场建设，实现信息网络全球化，是信息化战争最鲜明的特征，是信息化战争的基础。

信息化的战场是指由高度现代化的信息获取系统和信息传递系统覆盖的战场。信息化战场，是信息化战争赖以存在的空间。只有完备的信息化战场，才能把各种信息化武器系统和信息化部队融为一体，实现战场信息的共享，总企图与战术行动的统一，战术与技术的结合，陆、海、空、天、电作战行动的协调，并最大发挥整体作战效能。在信息化战争中，虽然武力对抗的区域有限，但是信息斗争的范围广泛。信息化战场建设，必须能够满足大范围信息斗争的需要。美军为了称霸世界和打赢信息化战争的需要，在信息化战场建设上一直是从全球范围考虑的。不论是其国防通信系统，还是卫星定位系统和侦察系统，都已覆盖全球。从美国发源的Internet网也已延伸到100多个国家和地区。无论其军队部署在世界什么地方，都能提供强有力的信息保障。北约空袭南联盟战争中，美军既要指挥驻扎在本土及西欧大本营的军队，又要向刚刚加入北约的东欧三国及南联盟周边其它国家和海域调遣兵力，同时还要在中东不时地向伊拉克实施空中打击并密切监视俄罗斯的动向，可见美军全球信息网络建设已达到相当水平。而南联盟除了对临空的北约飞机、导弹进行有限的还击之外，对部署在南联盟以外的北约军事目标只能听之任之，从反面说明了大范围的信息化战场建设，是进行信息化战争必不可少的重要条件。

（三）信息化战争全时空

在信息化战争中，敌对双方的信息斗争在战前及平时就展开了，并贯穿于战争的始终，即使战争结束后，信息斗争仍在继续。它的表现形式为战前的情报战、心理战、威慑战等，战中除了战前的各“战”外，突出的是电子战、导弹战、C^3I系统对抗及陆、海、空、天、电五维一体的立体战，战后又回到新一轮的情报战、心理战、威慑战中去。信息斗争不仅在时间上从始至终、日日夜夜、分分秒秒地进行着；从空间上讲，从前沿到纵深乃至后方，从参战国到其周边国家乃至到世界各个角落，陆、海、空、天、电的全部空间都在搏斗着；从领域上讲，也不仅局限于军事，在政治、经济、外交、科技等社会各个领域都在较量着。这种信息斗争无时不在，无处不在。1999年爆发的以美国为首的北约空袭南联盟的战争，标志着信息化战争已经发展到了一个崭新的阶段，也充分体现出了信息斗争全方位的特点。在空袭之前，北约不仅对南联盟的防空警戒系统、军事通信系统实施了强有力的电子干扰和火力打击，民用广播、电视系统也被作为首批攻击的目标。北约先后轰炸了南电视大楼、电视差转台、邮电大楼等多处民用信息设施，这在近期几场局部战争中是少见的。曾经发生的我中央电视台与驻南新闻记者的电视、电话信号中断，就是这一行动造成的后果。这次交战双方在公共传媒领域的信息斗争和心理战也表现得异常激烈。北约不断在电视等媒体上报道被夸张了的塞族对阿族歧视甚至是“屠杀”的消息，为其动武寻找舆论支持；定时发布带威胁性的打击计划，公开炫耀武力，散发多达250万份的劝降传单，轰炸南斯拉夫总统官邸，对南斯拉夫军民开展强大的心理战；在Internet网上对南斯拉夫网站实施病毒和黑客攻击，采取各种措施阻止南斯拉夫的网上信息向外界传播。同时南联盟在这方面也采取了许多有效措施：不断在电视上播放北约暴行的录象以激起公愤，公开美军飞行员在轰炸民用车队时的对话录音及被俘美军飞行员的录象资料，在互联网上开设反战网站，向西方国家广大民众报道北约实施空袭、杀伤许多无辜平民、造成大量阿族难民外逃的情况；组织“黑客”攻击美国及北约政府和军事网站。仅5月9日和10日两天，“黑客”攻击就达到数百人次之多，使北约的一个重要站点 http://www.nate.org 被迫关闭,同时还篡改了美国能源部、内政部的网页,并在能源部的主页上加进几张照片;用大量的电子邮件充斥北约网址,造成北约的站点信息阻塞。并大量播放二战时期反法西斯影片,举办广场音乐会和万人马拉松比赛等,坚定南斯拉夫人民抗战的决心。

第七章 信息技术革命对国防信息安全的挑战

任何事物都有其两面性。以信息技术为代表的现代科学技术的发展,一方面极大地推动着生产力的提高和社会文明的进步,使世界各国都重视以科学技术促进经济繁荣,而以武力手段来扩充实力的观念有所淡化,武装对抗对国防信息安全的威胁频度在下降。同时,信息技术的发展,也为国防信息安全提供了一定的技术支持和有利条件。这是有利的一面。另一方面,信息技术越发展,“技术差”所产生的能量就越大。信息战“技术差”,已成为军事的主动与被动,战场的透明与模糊,武器的打得着与打不着的决定性因素。拥有信息技术优势的一方与信息技术劣势的一方的对抗,就如同重量级选手与轻量级选手的拳击,高大选手与低矮选手的拳击,长臂选手与短臂选手的拳击,正常人与盲人的拳击。在这种“不公平”的对抗中,信息技术劣势一方的国防信息安全处于极为被动的地位;另外,随着信息技术的发展,技术更新加快,信息设备淘汰率加大,各领域、各地域相互渗透加深,信息源分布范围扩大,威胁信息安全的因素增多,保障信息安全的难度加大;还有,信息系统规模和业务范围逐步扩大,包括军事在内的社会方方面面对信息系统的依赖加剧,系统自然故障、人为误操作、随机干扰、决策失误等,将会给国防信息安全带来巨大的损失等等。这是不利的一面。由此可见,我们在充分肯定信息技术革命的积极作用的同时,必须对它所可能带来的负面影响、危机与挑战有着清醒的认识。

第一节 现代信息技术及其特性

一、信息获取技术

信息获取技术，是应用信息科学原理和方法，实现扩展人类感觉器官的功能，增强人类感知和认识事物能力的技术。随着科学技术的发展，作为现代最前沿技术之一的信息获取技术有了长足的发展，人类获取信息的能力几乎达到了无所不能的地步，使得现代社会和战场变得越来越透明，国防信息安全面临着前所未有的严峻的挑战。

1999年北约对南斯拉夫的空袭，就是一次现代信息获取技术的大展示。在空袭之前，以美国为首的北约为了搜集南斯拉夫的情报，使用了各种先进的侦察手段。在太空有“猎户座”、“大酒瓶”等侦察卫星，在南上空有U-2侦察机，在南斯拉夫以外3万英尺的高空有RC-135侦察机，在南斯拉夫周边的塞浦路斯、土耳其和意大利等国境内有电子监听站，同时还向南斯拉夫境内派遣了侦察分队和间谍人员。北约想打击南联盟什么性质的目标(包括埋没在繁华城市中的目标)，就能知道其在什么位置并实施准确打击，从而充分显示了现代信息获取系统、装备的威力。

(一)地面信息获取技术

地面信息获取技术，是指通过设置在地面的侦察监视平台来获取信息的技术。它是一项发展历史较长也较为成熟的信息获取技术，除常见的光学侦察(如望远镜、潜望镜、经纬仪、测距机、地面远程摄象机等)外，主要还包括无线电通信侦察、雷达侦察、地面传感器侦察等。

1、无线电通信侦察技术

无线电通信侦察技术是专门用来侦察敌方无线电通信设备的工作特征、参数以及截收其信号的技术。截收信号与一般的无线电通信接收机原理相似，主要通过信号分析装置和控制装置，判明敌方无线电通信设备的工作频率、功率以及信号形式与特征等。无线电通信侦察的工作频率一般为 0.5 - 1000MHz,有的接收机加装扩频器后,最高频率可达 12400MHz,同时可侦测相邻的几十个频道,有的达 80 个频道;每秒钟可搜索数万个频道,转换速度达微秒级;测频精度 100Hz,相对误差小于万分之一;测向精度在 1°以下;截获概率接近 100%。

无线电通信侦察在截获敌方无线电信号的基础上,通过对其分析处理可实现如下功能:

一是无线电通信信号外部特征检测。就是对截获的无线电信号的时域特性、频域特性、空域特性和战术特性等外部特征进行检测和分析。时域特性,包括信号的波形、振幅键控的码元宽度和速率、人工报中的手法特征、跳频信号的驻留时间和跳频速率等;频域特性,包括信号工作频率及其稳定度、信号的频谱及其宽度、频移键控信号的频移、报与话中的音响特征、跳频信号的跳频图等;空域特性,包括信号的极化方式、来波信号的达到角、辐射天线的方向图以及辐射源的位置等;战术特性,包括呼号、台代、网代、联时、特殊联络用语等。

二是对无线电信号发射源测向。无线电通信测向,是利用无线电通信定向接收机确定正在工作的无线电发射台(站)方位的工作过程。无线电通信测向分搜索测向和非搜索测向两种方法。搜索测向法,需要一定的时间对所侦察的空间进行搜索。最基本的测向天线通常有一个垂直边和两个水平边,可同时作 360 度转动。当天线慢慢转动时,由于两个垂直边对电磁波的感应存在着时间差,同一时刻所产生的感应电流就大小不等,这样经输入设备叠加后,一部分抵消,剩余部分放大,送入终端设备。此时,被测无线电台(站)的信号便在终端设备中反应出来。当天线水平边转到与电波方向垂直时,两垂直边上同时感应的电流大小完全相等,这时终端设备中原收到的信号便完全消失。如果终端显示的是音频信号的话,在天线转动过程中,其声音则由大到小变化,直至完全消失。因此,在天线转动的一周中,便有两个大音点、两个小音点,这种变化反映了天线平面与电波方向夹角的变化。无线电通信测向,就是根据这种变化规律,测出信号电波的来波方向；在非搜索测向中，安装有多个固定的方向性天线，分别接收来自不同空间的信号。每一个测向通道都有一组天线和与它相联的接收、显示设备，测向天线无需来回搜索，就能同时迅速测定出数个发射源的方向。

三是对无线电信号发射源定位。探测被侦察的发射源，不仅要知道它的方向，还要确定其位置。这就要求在测向的基础上进行定位。定位通常有直接定位和间接定位。直接定位技术要求高，利用人造地球卫星或飞机进行电子侦察时所用的垂直测量空间法，就是一种直接定位法。间接定位法必须在不同地点设置两台或两台以上测向设备，同时对一敌台实施测向，通过在地图上交会，就能确定其位置。为了减少交会误差，要求交会夹角为90度。人工交会定位速度慢，约2分钟左右，若要快速定位，则要借助电子计算机控制，实行自动交会。目前利用自动化程度较高的测向定位设备，只需30秒钟就能完成。

四是无线电通信信号内部特征分析。无线电通信信号的内部特征，是指电台发射载波所携带通信者所发送的信息。若截获的敌方无线电通信信号传递的是可懂、可视的“裸露”信息，则可直接掌握其内容。为了适应通信保密的需要，现代无线电通信已普遍采取战术的和技术的保密措施。对截获的加密信号，可经过破译解密，分析研究信号的内部特征，来获得其无线电信号中隐藏的真正信息。

2、雷达侦察技术

雷达侦察技术是利用物体对无线电的反射特性或接收目标雷达发射的信号来发现目标和测定目标状态(距离、高度、方位角和运动速度)的侦察技术。按雷达侦察的工作方式不同分，有主动式雷达侦察技术和被动式雷达侦察技术两种。

主动式雷达侦察技术，是通过雷达接收由自身发射并由目标反射回来的信号来发现目标的。主动式雷达主要由天线、发射机、接收机及控制显示等部分组成。发射机产生强功率高频振荡脉冲。具有方向性的天线将这种高频变换成波束，以光速向目标发射。接收机接收由目标反射的回波信号,经放大和变换后送到显示器显示,从而探测到目标的存在。目标的距离是根据电磁波从雷达传播到目标所需要的时间(即回波信号到达时间的一半)和光速(每秒30万公里)相乘而得。目标的方位角和仰角是利用天线波束的指向特性测定的。根据目标距离和仰角,可测定目标的高度。当目标与雷达之间存在径向相对运动时,雷达接收到目标回波的频率就会产生变化,这种变化的数值与目标运动速度的径向分量成正比。据此,即可测定目标的径向速度。主动式雷达的种类繁多,用途广泛。可用于警戒和引导武器。这类雷达可根据需要分别安装在地面上、飞机上和舰艇上,主要用于搜索、监视和识别空中飞机、导弹等各种目标。探测低空、超低空突防目标和海面目标;发现洲际、中程和潜地弹道,测定其瞬时位置、速度、发射点、弹着点等弹道参数。引导乙方飞机拦截敌机、攻击敌舰或地面目标;用于武器控制。可连续测定目标的实时数据,为地面和舰载火炮提供射击参数。引导和控制各种战术导弹的飞行;测定目标并引导鱼雷实施攻击。为轰炸机搜索、识别地面和海上目标,并确定投弹的时机和位置;用于战场侦察。可侦察和监视战场上运动中的人员和车辆。侦察敌方火炮阵地位置,测定己方弹着点的坐标,校正火炮射击参数。测绘地形;用于航行保障的雷达。可观测飞机前方气象情况、空中目标和地形地物,保障飞机安全。观测岛屿和海岸目标,确定舰艇位置,显示航路情况,引导、监视其航行。

被动式雷达侦察技术,是专门用以接收敌方各种雷达发射的信号,进而发现目标和获取信息的技术。它能确定敌方雷达所使用的波段、脉冲宽度、脉冲重复频率、信号波形、功率等雷达技术参数,并根据这些参数确定敌方雷达的型号、数量、用途和战术指标。被动式雷达侦察技术应用在警戒雷达和防空雷达中,可在远距离发现各种载有雷达的目标,实施预警;还可通过探明敌方警戒雷达与受雷达控制的武器系统的部署及技术战术指标,为己方武器系统突破敌方的警戒火力网提供情报;也可为实施雷达电子干扰和摧毁敌方雷达及其载体提供参数。

3、传感器侦察技术

传感器侦察技术，是利用目标运动所引起的电磁、磁声、地面震动和红外辐射等物理量的变化进行侦察的技术。其工作过程是：运动目标所产生的物理变化量被探测器接受后，首先将其转换成电信号，再由信号处理电路放大和处理，送入发射机进行调制后发射出去，由设在远处的接收机接收，从而发现目标。目前大量使用的传感器有：震动传感器、声响传感器、磁性传感器、红外传感器等。

(1)震动传感器。它是通过震动探头拾取地面震动波来探测目标的，通常其探头可探测到30米以内运动着的人员和300米以内的车辆。目前使用的一种震动探测装置，可对其灵敏度进行调整，对人员活动的探测距离达到130米。

(2)声响传感器。它的探测器是一个传声器，是一种声电转换装置，其侦察的对象是发声的目标。声响传感器的最大优点是分辨力强。如果运动目标是人员，不仅可以直接听到声音，还能根据话音查明其国籍、身份和谈话内容；如果运动目标是车辆，可根据声响判断车辆的种类。目前美军使用的一种可悬挂在树上的被称为“音响浮标”的装置，探测距离可达300－400米。

(3)磁性传感器。磁性传感器的探头工作时在其周围形成一个静磁场，当铁磁金属目标进入磁场就造成磁场扰动。由于磁场扰动的影响，传感器的指针产生偏转和摆动，并转换成电信号，将其信号发往监控中心即可发现目标。其探测范围依赖于磁场的强度，由于受能源的限制，通常监测的范围较小，对武装人员的探测距离为5米以内，对轮式车辆的探测距离为15米以内，对履带式车辆的探测距离为25米以内。其主要优点是：鉴别目标性质的能力强，能区别徒手人员、武装人员和各种车辆；对目标探测的响应速度快，其响应时间通常在2.5秒之内；能探测快速运动目标。

(4)红外传感器及红外成像。任何温度高于绝对零度(－273.15°)的物体，总是不断地以电磁波的形式向外辐射能量，称为热辐射或红外辐射。红外传感器是利用一种热敏材料受热后电压发生变化的原理制成的无源被动式红外探测器。这种传感器通常隐蔽地布设在目标活动区域附近。当目标经过时,红外探测器即可接收到目标发射的红外辐射,使探头的温度发生变化,并产生电信号输出,从而发现目标。其探测距离在20-50米。红外传感器的特点是:体积小,无源探测,隐蔽性好;响应速度快,能探测快速运动的目标;探头具有方向性,能测定目标的方位;探头需要人工布设,探测范围有限(只限于探测器扇形张角范围),无辨别目标性质的能力。红外成像技术是根据物体辐射红外线的强度和波长的差异,形成可见图像的技术。这是目前最先进的,也是重点发展的夜视侦察技术。其技术应用的成果之一就是红外成像仪。红外成像仪是用二维扫描方式摄取目标红外图像并转换成可见光图像的仪器。它可透过烟雾、尘埃、雨、雪等探测目标,可昼夜工作;可根据图像中目标的明暗差别(即温度的高低),判明车辆或飞机等目标是正在运行还是刚刚停止;可通过运动目标留下的“热影子”,发现运动目标的行驶路线和以前的位置;探测距离远,比电视摄象机远2-3倍,达2-20公里;分辨率高,其图像质量可与优质电视媲美;反隐身、反伪装和抗干扰能力强,尤其与雷达相配合,可大大提高抗电子干扰能力。

4、窃听技术

窃听技术,是一项对敌方人员讲话内容实施秘密实时获取的技术。它是一种非常简捷、历史久远和其它侦察手段无法替代的电子侦察技术,在过去的情报战中曾发挥过重要作用。随着其与其它现代高新技术的不断融合,窃听手段更加多样化,性能更加先进,形迹更加诡秘,应用更加广泛。从窃听的原理来区分,窃听技术有麦可风窃听、激光窃听、微波窃听、有线电窃听和无线电窃听等种类。

(1)麦克风窃听

它是直接拾取从空气中传来的讲话者发出的声波,再将其声波变换成电信号,从而获取讲话内容的窃听方法。按照窃听麦克风与窃听者之间信号传输方式的不同,麦克风窃听分为专线麦克风窃听和无线电麦克风窃听两种。

专线麦克风窃听,即将微型麦克风安装在房间的墙壁内或其它地方,然后用一对导线将信号引出来,窃听者在远处就可以听到室内的谈话,也可以用录音机记录谈话的内容。埋设专线麦克风窃听器,一般都是在新建或改建房屋时进行,如果要想在已经建成并正在使用的房间内安装“电耳朵”,就要钻孔、开槽、埋线,不可避免地要留下痕迹。为此,一些国家的电子窃听专家,研究成功了一种用房屋电源线作传输线的载波窃听装置。当窃听麦克风拾取到室内的谈话声音以后,经过放大、调频变换成载波信号送到电源线上传输,窃听者在电源线路的任何位置接上一个载波接收机,再将载波信号放大、解调还原成声音,便能听到室内谈话的内容。还有一种远距离定向麦克风窃听方法。将这种窃听器放置在距离被窃听者几百米甚至几公里远的地方,其麦克风就可以听到谈话者微弱的声音,所以人们又给这种麦克风起了一个特殊的名字:微音器。例如“鸟枪”式麦克风窃听器,其微音器安装在枪管的尾部,用导线将微音器与放大器连接,工作原理与扩音机的原理差不多。当枪口对准远处的谈话者时,就可以窃听其内容。再如有一种抛物面型的远距离定向麦克风窃听器,微音器被装在抛物面型圆盘的中央。当正前方传来的声波碰到圆盘时,就会被圆盘反射并集中到一个焦点上,即微音器所在的地方,来自其它方向的声波无法在圆盘上聚焦,所以它有很强的方向性。“抛物面型”窃听器能够拾取较大面积的声能,窃听距离可达几公里远,窃听效果大大提高。

无线麦克风窃听与专线麦克风窃听不同,它的窃听麦克风所窃取的谈话声音,不是经过金属导线而是通过无线电波送到窃听接收机。无线窃听器里,不仅有麦克风,还有把微弱信号功率进行放大的电子线路,以及反射天线和电池,它就象一个微型电台。当被窃听者讲话时,放置在附近的无线窃听器,将声波变成电信号,并放大、调制变换成一定功率的高频信号,最后由发射天线发射出去。在远处的窃听接收机,将其无线电信号接收下来,再放大、解调,还原成声音,即可窃听到谈话内容。为了解决无线窃听器的投放问题,一些国家研制出一种炮弹型无线窃听器。作战中,伴随火力突击,把炮弹型无线窃听器用特制的火炮打到敌军的哨所、驻地、指挥所附近,就能对敌人的活动进行长期的窃听。美国还研制出利用昆虫运载的微型窃听器,如臭虫窃听器,将其投放到敌方地域,由于臭虫对人体的汗味特别敏感,当它嗅着汗味爬到人身上,窃听敌方人员讲话并发射出去。

(2)激光窃听

激光窃听,就是用激光发生器产生的一束极细的激光,射到被窃听房间的玻璃上。当房间里有人谈话时,玻璃会受室内声音变化的影响而发生轻微的振动,从玻璃上反射回来的激光也随着这种振动而发生变化,即反射回来的激光包含了室内声波振动的信息。人们在室外一定的位置上,用专门的激光接收器接收,就能解调出声音信号,用耳机监听室内人的谈话。解调反射激光的基本原理与无线电接收机接收无线电信号的原理是一致的,激光本质上也是一种极纯、极高的无线电波,加上其方向性好,照射和反射的能量集中,所以解调并不困难。激光窃听器的最大优点是,在被窃听的房间里不要安装任何窃听器就可以实现窃听。这就克服了对那些无法进入的房间安装窃听器的困难,同时也避免了因窃听器被查获而被抓住把柄的危险性。激光窃听器也有致命的弱点,就是激光的发生点、接收点和被窃听点的位置关系要求很严格,稍微偏一点就不能收到反射信号,在实际操作中,往往很不容易找到理想的窃听位置。

(3)微波窃听

微波窃听同激光窃听的原理大体相似。它是用微波天线将一束微波反射到玻璃窗或室内其它物体上,然后在一个适当的位置上接收被反射的微波信号。当房间里的谈话声引起玻璃或室内其它物体振动时,接收到的微波信号中就包含了声音信息,经过解调便得到谈话内容。由于微波的方向性不象激光那样强,它的反射波在一定区域内都可以收到,所以在其它房间周围的许多地点都能窃听到。

(4)有线电通信窃听

有线电通信窃听，是指在有线电通信线路上截取通信信号，再通过技术手段将其还原成声音的窃听方法。目前，有线电通信窃听主要有插入窃听法和感应窃听法两种。插入窃听法是一种最简单的有线电通信窃听方法。它是用两根线一端接在电话线路上，另一端接在窃听装置(如电话机、录音机等)上，直接获取电话线路上的电流信号；感应窃听法，利用的是电生磁、磁生电的原理，即电磁感应原理。就是将一种感应窃听器安装在有线电通信线路的附近，当线路上通过话音电流时，就会在导线的周围产生大小随话音电流变化的电磁场。这个变化的电磁场，就会被感应窃听器感应到，随即感应到的信号转换成无线电波发射出去。窃听者用无线电接收机接收后，就能听到通信内容。

(二)空中信息获取技术

空中信息获取技术，是利用在大气空间飞行的航空器上的专用设备，侦察与监视敌方情况而获取信息的技术。自1794年法国军队首先使用气球进行空中侦察，到第二次世界大战普遍使用飞机实施空中侦察，其技术一直停留在目视侦察和普通照相侦察水平上。战后至今，由于科学技术的飞速发展，空中信息获取技术已达到了一个崭新的阶段，信息获取能力有了质的飞跃。除了传统的目视和照相侦察外，还可进行红外成像侦察、微波成像侦察、电子侦察和突防预警等；能实施夜间和复杂气象条件下的全天候空中侦察；可在短时间内在宽大的范围获取大容量的情报，并且及时准确。它在海湾战争、北约空袭南联盟等局部战争中都发挥了重要作用。

现代空中信息获取平台已有飞机、飞艇、漂浮气球、系留气球和旋翼升空器等，其中主要为各种飞机。如有人驾驶侦察机、侦察直升机、无人驾驶侦察机和预警飞机等。飞机上通常装有可见光照相机、多光谱照相机、激光扫描相机、红外扫描装置、电视摄像机、合成孔径雷达、预警雷达、无线电及其它侦察设备。空中获取信息技术的原理是利用这些光电遥感器或无线电接收机等侦察设备，接收并记录各种目标的光及电磁辐射,经加工处理后,从中提取有价值的情报信息。

1、空中可见光照相技术

空中可见光照相技术是一种常见的空中信息获取技术。它是利用普通黑白和彩色胶片作为感光元件的照相机在空中对地面目标拍照来获取以照片为载体的信息的。空中可见光照相机根据其结构的不同可分为画幅式、航线式和全景式三种。画幅式照相机摄影时光轴指向不变,利用启闭快门将镜头视场内的地物影象聚焦在感光胶片上。画幅式照相机拍摄的照片几何关系较为严格,常用于目标定位和建立地形控制网;全景式照相机摄影时只应用镜头视场中心具有较高分辨率的部分,在垂直于飞行方向上扫描,实现宽摄影覆盖的要求,常用于侦察、发现和识别目标;航线式相机的光轴指向不变,胶片以掠过焦面的第五影象速度向前运行,通过相机焦面处的一个狭缝实现连续曝光,从而获得与狭缝宽度相对应的地面窄条覆盖的照片。由于可见光相机的分辨率很高,且容易判读和理解,至今仍然是获取军事情报信息的重要手段。可见光照相机的主要缺点是需要太阳作为光源,只能在晴朗无云的白天工作。

2、空中红外照相技术

空中红外照相技术与空中可见光照相技术原理基本一致,不同的是要采用只能透过红外辐射的锗制镜头,而且还要采用对红外辐射敏感的红外胶片。红外胶片有两类:红外黑白胶片和红外彩色胶片。红外黑白胶片是在一般黑白胶片中加进对红外辐射敏感的乳剂制成,能感受波长为0.3-1.36微米的光,最佳敏感波为0.76-0.85微米的近红外辐射。红外彩色胶片是在彩色胶片上加一层能感受近红外辐射的红外乳剂,照出的照片呈现假彩色。根据所拍摄的红外黑白照片的色调变化或红外彩色照片的色彩变化,就能识别伪装,发现隐蔽的目标。它与可见光照相相比还有个优点,就是能在夜间或不良条件下拍摄远距离的景象。

3、空中多光谱照相技术

空中多光谱照相技术，是把电磁波划分为几个窄的频段，在空中使用多台照相机或一台多镜头照相机同时对同一地区拍照的技术。由于每个相机或镜头是分别接收不同的窄频段的电磁波辐射，于是得到同一地区几个频段的一套照片。将这些照片进行适当地处理，就可以将地面物体进行分类和区别，并且可识别伪装。

4、空中激光扫描成像技术

空中激光扫描成像技术，是在空中用高亮度的激光束扫描、照射地面目标场景，并接收场景反射的激光辐射，产生连续的模拟电信号，然后在显示设备上将电信号还原成肉眼可见的图像（或者用磁带、胶片将图像记录下来）的技术。美国是最早开发激光扫描成像技术的国家，迄今已研制出多种激光扫描相机。其中 ALERTS 激光扫描相机是专为直升机设计的，它是第一台即有线扫描又有帧扫描的相机；LAPSS 激光扫描相机可以在水平飞行和垂直飞行的方向上扫描摄取分幅图像；MKVⅢA 相机使用了砷化镓激光器，装备在高性能 RF－4 飞机和遥控飞行器上。目前，激光扫描相机已可以做到三维成像。

5、合成孔径雷达技术

雷达天线的孔径，就相当于光学仪器中的物镜，孔径越大，辐射和接收的电磁波的能量就越强，雷达作用的距离越远，分辨率越高。合成孔径雷达技术，是利用雷达与目标的相对运动，把尺寸较小的真实天线孔径，用数据处理的方法，合成一较大的等效天线孔径的雷达技术。合成孔径雷达是一种新型侦察设备，分辨率高，能全天候工作，能有效地穿透某些掩盖物和识别伪装，在空中获取信息方面有广泛的应用。如美国的 TR－1A 高空战术侦察机、U－2R 战略侦察机及正在研制的 E－8A 战斗机均装有这种雷达。目前合成孔径雷达的分辨率小于 3 米，美国最新研制的机载合成孔径雷达的最高分辨率已达 70 厘米，能区分单个车辆、小型建筑物和街道。

（三）太空信息获取技术

太空信息获取技术，是利用在太空中运行的航天器上的光电遥感器和无线电接收机等侦察监视设备获取情报信息的技术。航天器侦察监视主要用于获取战略信息,也可获取战役和战术信息。由于航天器侦察监视具有不受国界和地理条件限制,侦察合法化,且侦察监视范围广、内容多、可连续反复比较、发现目标和对情况变化反应快、能获得其他手段难以获得的情报等优点,已成为军事领域获取信息的主要手段之一。海湾战争之后,英国权威军事期刊《简氏防务》刊登了一篇专文,标题是:卫星,现代战争中情报的不尽源泉。对美国卫星情报给予了高度的评价,认为在高技术战争的情报战中,唯有遨游在茫茫太空的卫星,才是不会枯竭的情报源泉。

目前,太空信息获取技术所使用的航天器主要是卫星,美国和俄罗斯还拥有了载人航天飞机(现阶段主要用于科学试验)。换句话说,目前的太空信息获取主要靠的是各类侦察卫星。根据用途和技术结构的不同,用于获取信息的卫星分为照相侦察卫星、电子侦察卫星、导弹预警卫星、海洋监视卫星、全球定位卫星、核爆炸探测卫星、气象卫星、地球资源卫星等。

1、照相侦察卫星

照相侦察卫星是一种在离地面200公里左右的轨道上运行,并装有可见光照相机、电视摄象机、红外相机、多光谱相机和合成孔径雷达等侦察设备,以获取地面图像信息的侦察卫星。其中可见光相机能获得最佳分辨率的地面照片,图像资料直观,易于判读;多光谱和红外相机能够识别伪装,监视夜间的军事行动;电视摄像机可进行近实时侦察,缩短获取信息的时间;合成孔径雷达可实现全天候全天时侦察。目前最先进的照相侦察卫星,采用数字图像传输技术,利用电荷耦合器件(CCD)成像,经过星上模数转换器把模拟信号转换成数字信号,再经过专门的系统直接转发到地面判读中心,并转换成图像显示在屏幕上,大大缩短了获取情报的时间。美军第六代照相侦察卫星KH-12还采用了更先进的光电遥感器,尤其采用了热成像和自适应光学技术,进一步提高了夜间侦察能力和情报信息的准确性,地面分辨率可达0.1米,陆上的车辆及人员和海上舰船都能分辨得一清二楚，同时还具有截获电子信号的能力和变轨能力，工作寿命在4年以上。

2、电子侦察卫星

电子侦察卫星是一种在轨道上运行的无线电侦察平台。卫星上装有无线电侦察设备、快速通信发射机和信号记录设备，主要用于侦察敌方雷达的位置、使用频率等性能参数，为战略轰炸机、弹道导弹的突防和实施电子干扰提供数据；探测敌方电台和发信设施的位置及技术参数，截获无线电通信信息，以便实施通信干扰和破坏。当卫星飞经敌方上空时，将各种频率的无线电信号记录下来，在卫星飞临本国上空时，再回放磁带，以快速通信方式将信息传回地面。电子侦察卫星的运行轨道不易过低，否则会由于大气层摩擦大使其寿命缩短；运行轨道过高，会影响侦察效果。一般选取高度在300－3000公里之间，周期约为90－105分钟。在这样的高度上，卫星天线覆盖面积大，侦察范围广，持续时间长，对地面一个点的覆盖时间在10分钟以上，而且比其它电子侦察手段优越和安全。

3、导弹预警卫星

导弹预警卫星是专门监视导弹发射情况的侦察卫星。其上装有多种光电传感装置，一般设置在静止轨道上，也有的在12小时周期的大椭圆轨道上运行，还可在高度10万公里的轨道上运行。导弹预警卫星通常利用卫星上的红外探测器，探测导弹主动段飞行期间发动机尾焰的红外辐射，配合使用电视摄象机及时判明导弹发射。卫星上一般还装有X射线探测器、r射线探测器和中子记数器等，以兼顾探测核爆炸的任务。导弹一旦发射，卫星上的红外探测器在导弹离开发射架约90秒钟，就能探测到导弹尾焰产生的红外辐射，并自动把这一情报传送到地面站。地面站经过电缆或通信卫星，把情报传给指挥中心。全部过程仅需三、四分钟时间。其对陆基洲际弹道导弹能提供25分钟的预警时间，对潜射弹道导弹能提供15分钟的预警时间。这种卫星不仅能监视洲际弹道导弹，还能发现飞机和飞船式导弹等小型目标。目前全球的导弹预警，通常由数颗导弹预警卫星组成的预警网来完成。美国在地球同步轨道上共部署了三颗导弹预警卫星，俄罗斯的导弹预警卫星系统由九颗“宇宙”号卫星组成。

4、海洋监视卫星

海洋监视卫星，是一种专门用来对海上和水下目标进行探测、跟踪、定位、识别，获取海洋军事情报的侦察卫星。其中装有各种先进的电子侦察接收机、可见光电视摄象机、红外传感器、微波辐射仪、雷达测高计、测试雷达或合成孔径雷达等设备。由于所需覆盖的海域广阔，探测的目标多而又活动，因此海洋监视卫星的轨道比较高，并采取数颗卫星组网的侦察体制，以达到连续监视、提高探测概率和定位精度的目的。它不仅能全天候地掌握占地球3/4的海洋上的敌国或别国海军舰队及潜艇的活动情况而且可提高己方海军舰队及潜艇的远洋作战能力。

海洋监视卫星分为电子侦察型和雷达侦察型两种。美国的海洋监视卫星主要是“白云”号电子型卫星。它采用一个卫星平台携带三个子卫星的组合方式，通过星载电子情报接收机侦察舰船雷达和通信信号，确定舰队规模和动向。海湾战争期间，美军曾使用该卫星进行海上监视。前苏联发射的雷达型海洋监视卫星采用双星工作方式，轨道高度为近地点250公里的椭圆轨道，星上使用核能源。它发射的电子型海洋监视卫星既可单独使用，也可与雷达型海洋监视卫星配合使用。电子型海洋监视卫星的工作轨道比雷达型海洋监视卫星的轨道要高，覆盖范围也较大，识别的能力也强，但对目标的定位精度不如雷达型卫星。

5、全球定位卫星

全球卫星定位技术，是利用太空中的卫星进行测时和测距，从而确定地面或空中目标精确位置的技术。目前全球卫星定位技术应用最有代表性的是美国建立的全球卫星定位系统，简称GPS。

GPS主要由三部分组成：全球定位卫星网、地面监控系统和用户设备。全球定位网共部署24颗卫星，分布在6个不同轨道面上，在地球上任何位置均能观测到4颗卫星。卫星上装有频率稳定度极高的铯原子钟，分别以1575.42MHz和1227.60MHz的频率发射导航定位信号；地面监控系统由1个主控站、3个注入站和5个监测站组成。主控站设有时钟和数据采集、计算、传输、诊断、编辑等设备，担负采集数据、提供时间基准、编辑导航定位电文、调整卫星姿态等任务。监测站负责对每颗卫星进行观测，并向主控站提供观测数据。注入站将主控站送来的导航定位信息注入卫星；用户设备一般亦称GPS接收机，采用无源工作方式，通常按照选择卫星、搜索和跟踪被选信号、测量距离和进行修正、定位计算等步骤定出用户位置。其定位精度可达到2－15米，速度精度可达0.1米/秒，时间精度在100毫秒以内。

GPS除能为地面及航空、航海、航天等领域的车辆、人员、飞机、船只、舰艇、航天飞机等进行定位导航外，还可用于洲际导弹的中途制导，作为惯性制导的补充，使导弹达到前所未有的精度；精确的投弹和武器射击；照相侦察、照相制图和大地测量；无源电子侦察；飞机进场着陆引导；飞机空中加油和交接；空中和海上交通管制；靶场测试与安全管理；反潜、布雷、扫雷、搜索和救援等。

6、气象卫星

气象卫星是指从外层空间对地球及其大气层进行气象观测的卫星。它利用大气遥感探测技术，从地球大气外层的不同高度鸟瞰，观测的范围大、时间长，不受地理条件限制。气象卫星凭借各种气象仪器，拍摄全球云图，接收地球和大气发出的电磁波和反射的太阳光，由此探测出温度、湿度、风向、风速等气象数据，并及时报告地面，从而为提高气象预报的及时性、准确性、可靠性和提前预告灾害性气象以及长期预报提供了科学依据。

气象作为一种自然力，直接影响着人类的活动，现代军事行动和武器系统尤其离不开准确的气象信息。气象卫星的出现，为军事斗争的顺利实施提供了有力的气象保障。1982年英阿马岛战争中，气象卫星每天能准确地做出南半球天气的3天预报，给英军在马岛的军事行动带来了极大的便利。

7、地球资源卫星

地球资源卫星是专门研制的供人们对地球上各种资源和环境进行遥感勘测的卫星。这种卫星主要依靠高分辨率电视摄象机、多光谱扫描仪、微波辐射仪和其它遥感仪器来完成对地球资源的探测工作。它虽然直接用于农业勘察、林业勘察、渔业勘察、畜牧业勘察、地质勘探和环境监测等多种民用领域,但它探测的许多资源均为国家战略资源或是国防资源,在军事上也有很大应用价值。目前,美国建立的地球资源卫星系统除供本国使用之外,世界上已有100多个国家利用了该系统的图像资料。前苏联从1962年至1988年12月底,共发射以"宇宙"命名的系列卫星数百颗以上,其中有40%具有对地球资源勘探和地球环境监测功能。

二、信息传递技术

信息传递技术,是指信息在空间传递的技术,也称通信技术。现代信息传递技术,是现代高技术群中最为活跃的核心技术之一,发展非常迅猛,新手段、新业务层出不穷,功能日益增多,应用范围和领域也在以惊人的速度扩展。它的发展与应用,正在改变着整个社会。

现代信息传递技术种类很多,按传递功能和网络构成可分为通信传输技术、通信交换技术、通信终端技术和通信网络技术;按传输媒质不同可分为无线电通信技术、有线电通信技术、光纤通信技术、空间(水下)激光通信技术等。其中,无线电通信技术,主要有卫星通信技术、微波接力通信技术、散射通信技术、流星余迹通信技术、移动通信技术、短波通信技术、超短波通信技术、毫米波通信技术等。在当今信息化时代,应用最为广泛、发展最为迅速的信息传递技术主要有:卫星通信技术、光纤通信技术、移动通信技术、通信网络技术,以及短波通信技术和微波接力通信技术。

(一)卫星通信技术

所谓卫星通信,就是通信地球站之间利用人造地球卫星转发信号的无线电通信。一个完整的卫星通信系统,由空间分系统、通信地球站、跟踪遥测及指令分系统和监控管理分系统四大部分组成。空间分系统即为通信卫星,其主体是通信系统,还有星上遥测指令系统、控制系统和太阳能电源等。一个卫星的通信系统可以有一个或多个转发器,每个转发器能同时接收和转发多个地球站的信号。在静止轨道运行的通信卫星称为静止通信卫星,是目前最常采用的通信卫星。但随着全球个人通信的发展,运行在非静止轨道的通信卫星也正在成为研究的热点。通信地球站,是一种微波无线电收、发信台(站),用户通过它们接入卫星通信线路。典型的地球站由天线伺服跟踪系统、发射系统、接收系统、信道终端设备、保密终端设备、电源等组成。跟踪遥测及指令分系统,其任务是对卫星进行跟踪测量,控制其准确进入同步轨道并到达指定位置,待卫星正常运行后,要定期对卫星进行轨道修正和位置保持。监控管理分系统,其任务是对轨道上的卫星在业务开通前后,进行基本的通信参数的监测和控制,以保证系统正常通信。

卫星通信的主要特点是:1、通信距离远,通信覆盖面积大。卫星通信单跳传输的最远距离可达1800公里,一颗静止通信卫星就能覆盖地球总面积的40%左右,三颗静止卫星即可实现全球通信;2、具有多址联接特性,通信灵活性大。卫星通信系统具有同时实现多个方向、多个地球站之间直接通信的特性,使卫星通信不受地理条件的限制,具有高度的机动灵活性;3、可用频带宽,通信容量大。卫星通信工作在微波波段,适合传送大容量电话、电报、数据及宽带的电视等多种通信信号。目前国际通信卫星组织正在使用的国际通信卫星IS-Ⅵ容量达3万条双向话路,另加3路彩色电视;4、传播稳定可靠,通信质量高。卫星通信传播的是微波信号,其路径绝大部分是在大气层以外的近似真空的宇宙空间,属于自由空间传播,颠簸传播稳定,几乎不受天候、季节变化的影响,就是在发生磁暴和核爆炸的情况下,线路仍能畅通无阻。除以上优点外,卫星通信存在卫星使用寿命较短,双向通信有较大的时间延迟(约为540毫秒),整个系统技术较复杂等缺点。

目前,卫星通信广泛应用于军事通信中,美国、英国、法国、俄罗斯等军事大国及北约都建有军事卫星通信系统。美国的军事卫星通信系统最为庞大，有国防卫星通信系统(DSCS)、舰队卫星通信系统(FLT-SATCOM)、空军卫星通信系统(AFSATCOM)、地面移动部队卫星通信系统(CMFSCS)等，它们在海湾战争、北约空袭南联盟等战争中都发挥了重要作用。

(二)光纤通信技术

光纤通信是以光波为载体，以光导纤维为传输媒质的通信。一个完整的光纤通信系统由光发送机、光纤、光中继器、光接收机以及电发送机、电接收机等组成。其通信原理是：在发端，信息通过电发送机转换成电信号，对光源的光载波进行调制。经过调制的光信号耦合到光纤内，通过光纤传输到接收端，经光接收机的检测转换成电信号，由电接收机恢复出原信息。光纤之所以能够很好地导光，是利用了光芯的折射率比包层的折射率略高的特点。这样，广播就被约束在纤芯内部传输而不泄露，构成类似水管一样的光导管。

光纤通信的主要特点是：1、通信容量大，中继距离远。目前使用光纤的光波频率比微波频率高1000-10000倍，通信容量约增1000-10000倍，一对光纤的传输能力理论数值为20亿路电话和100万套电视节目。目前速率为1Gb/s的光缆中继距离为84公里，速率为445Mb/s的光缆中继距离为134公里。随着各种新材料和新技术的采用，光纤中继距离还将不断扩大；2、不受电磁干扰，保密性能好。光纤属于非金属的介质材料，如同绝缘材料一样，不受电磁干扰，无电磁泄露，保密性能好，抗腐蚀能力强；3、重量轻，有利于快速开设和撤收。光纤的直径很小，只有0.1毫米左右。而光纤通信系统主要采用数字体制，故光缆和光纤通信设备体积小，重量轻，其中轻型光缆每公里仅五公斤左右；4、成本低，制造相对容易。光纤的主要原料是石英，原料丰富，只用数克石英就可制出1公里长的光纤。光终端机的制造也较简便，且使用寿命长，一般在25年以上。

光纤通信技术的日渐成熟，为其在军事通信中的应用开辟了广阔的前景。一些发达国家在发展民用光纤通信系统的同时，在军事通信网中也在大力建设光纤通信系统，其地面通信主干线路的光纤化程度已达80%以上，光缆线路的总长度已达数万公里以上。美、日、英等国还联合建立了总长度达8300公里的太平洋海底光缆网，1990年投入使用。战术光纤通信系统也已进入实用化阶段。此外，光纤通信技术还广泛应用于军舰和飞机的内部数据传输，以及核武器试验、导弹发射基地等短距离通信之中。

（三）移动通信技术

移动通信技术和卫星通信技术、光纤通信技术一起被喻为现代通信领域三大新兴通信技术，其应用几乎在世界各地都得到了迅速发展和普及，它是对研究国防信息安全所不能不涉及的技术领域。

所谓移动通信，是指通信双方或一方处于运动状态中的无线电通信。典型的移动通信系统由多个无线电台(包括无线电电话机)和一个(或多个)交换中心组成。其中，无线电台分为移动台和基地台。可随时处于移动状态的电台称为移动台，使用移动台的用户称为移动用户，移动台可以是手持电话机、寻呼机(BP机)、也可是车载台、机载台、舰载台。基地台常处于固定地点，一般具有较大的发射功率。每个基地台都有一个可靠的信号覆盖区，称为无线覆盖区或基台区。可由一个或若干个基地台组成基站，开通若干个射频频道。在基站信号覆盖区内，所有移动用户之间的通信信号都由该基站转发，不在同一基站覆盖区的两个移动用户通信，它们发出的信号首先经各自的基站接收，两基站再将接收到的信号送到控制交换中心交换，交换后的信号再经过基站发给用户，从而实现不同覆盖区之间的移动通信。将不同地区、不同国家的移动通信交换中心和国际移动通信交换局，以统一的技术标准和信令规定等联网，即可实现全国乃至全球的“漫游”。

移动通信具有以下主要特点：1、频段使用宽泛。移动通信用无线电波进行传播，它使用的频段遍及低频、中频、高频、甚高频、特高频和微波；2、通信形式多样。按业务性质分，有移动电话、移动数据、移动传真、无线寻呼等；按服务对象分，有公用移动通信、专用移动通信;按移动台活动范围分,有陆地移动通信、海上移动通信和空中移动通信;按工作方式分,有单工、半双工和双工移动通信等;3、组网方式灵活。按有无交换中心,移动通信分为无中心网和有中心网两种。无中心网在移动台之间可直接建立链路,实现移动用户间的直接通信。有中心网在移动台与控制中心建有链路,控制中心可与有线电话网接口,不仅移动用户之间可以互通,移动用户与有线固定用户之间也可联络。

(四)通信网络技术

通信网络是由传输系统、交换系统、终端设备等硬件以及网络结构、编号计划、信号方式、网络管理、技术体制、通信标准等软件两大部分组成的通信体系。它是信息社会的“神经系统”和信息作战的重要基础设施。可见,通信网络技术是通信领域诸方面技术的集中与综合的技术,是维系众多通信系统融合贯通的信息纽带。

其中,交换设备和软件是通信网络技术的关键技术。交换设备是通信网络的“信息接转中心”,主要完成对传输线(电)路、链路和通信业务量的汇集和分配。目前交换设备交换方式有:1、电路交换。即当完成呼叫接通后,在主叫用户与被叫用户间暂时地建立并保持一条“端到端”的专用通路,以供通话、通报或数据传输,直到通信完毕拆除通路。2、分组交换。即交换机可以将收到的信息暂时存储起来,等接收端线路空闲时再把它转发出去。这种交换方式主要用于非实时数据通信,可以对信息进行代码转换、速率变换、差错纠正、按优先等级转发等附加处理。3、ATM 宽带交换。ATM 是异步传输方式的英文缩写,意为“以信元为信息传输、复接和交换的基本单位的传递方式”。ATM 信元是一种固定长度的数据分组,其长度为 53 个字节,其中包括目的地信息、检纠错信息、用户信息及其它控制管理信息等。ATM 根据需要改变信息速率,对高速率信息信元传递频次高,对低速率信息信元传递频次低,信息处理的速度快,交换与复用的效率高,可同时满足多种通信业务(包括电话、电报、传真、数据、可视图文、电子邮件、可视电话、会议电视等)的交换。通信网络技术的软件部分主要包括：确定网络中通信线路和节点几何关系的网络结构技术；实现网络多种功能（如呼叫、接续、计费、优先、定时、信号转换等）信号信令技术；保证网络有条不紊运行及不同体制通信网络互通的网络协议；网络管理等。

当前通信网络技术应用最为广泛的是以下通信网络：

市话自动交换网，是一个地区（市）内由一个或多个市话交换分局以中继线相互连接，固定用户终端或用户小交换机通过用户线直接与市话交换分局连接，移动用户的无线电话则通过基地台入网所构成的区域性有线电通信网。在用户众多的大城市，为满足用户容量不断扩大的需要，市话自动交换网还设置数个市话汇接局，一个市话汇接局以中继线与数个市话分局连接。市话自动交换网是长途电话通信的起点和终点。市话自动交换网的特点是：服务对象面向公众，用户终端（包括专用的和公用的）分布密集，线路上传递的信息保密程度较低甚至是裸露的。

长途电话自动交换网，是一个三军共用、平战结合、覆盖全国的长途电话自动交换网，是国防通信网的重要组成部分。它通常由长途汇接局、长途终端局、所连接的市话交换局以及和市话传输信道构成。长途电话自动交换网的传输信道以光缆和既设的地下电缆为主，还有微波接力和卫星等多种信道。全网通常采取划区分级汇接制结构。即将全网划分为若干个汇接区，每个汇接区内设一级汇接局、二级汇接局、三级汇接局和长途终端局。一级汇接局根据干线通信网建设布局和指挥、协同关系，设置在关系通信网的枢纽站和通信网络集中地点，主要负责本汇接区内和几个汇接区之间的长途电话汇接交换。二级汇接局通常设置在未设一级汇接局的高级军事指挥机关所在地及担负附近驻军长途电话汇接的有关枢纽站，主要担负本汇接区内各汇接局间及至区外的长途电话汇接交换任务。三级汇接局一般设在驻军相对集中地区，负责就近驻军与其它各地区之间的长途电话汇接交换。长途终端局一般设在重要军事单位驻地，担负该单位与各地长途电话交换。

数字保密电话网，是由数字交换机通过干线保密信道连接用户保密机所构成的通信网络，是保障军队高级指挥机构作战指挥的一种专用通信网。数字保密电话网通常是采取从总部交换节点到战区交换节点再到用户保密机的辐射式网络结构，信道以光缆、既设地缆和卫星线路为主。数字保密电话网主要特点一是通信保密程度高。通常网络采取各级交换节点、干线和用户终端多级加密方式，除配置网络控制中心外，各交换中心均设有密钥分配中心，并具有全网自动分配密钥功能。用户终端机采用端对端的双密钥体制，并配有主密钥、消息密钥和用户选择密钥。主密钥是更换阶段密钥（即密钥管理部门对网内各保密机定期进行的人工或自动更换的密钥）的保护密钥。消息密钥由发端保密机随机产生，并经某种密钥加密保护送至收端保密机。用户选择密钥是由用户置入的密钥，作为专向保密通信使用；二是用户范围小且均为高级军事机关。如美军数字保密电话网现有用户1800个，使用该网的有国家指挥当局、国防部、参谋长联席会议、联合司令部和特种司令部及其支援单位、其它军事部门和非军事部门（如国务院）；三是通常没有单独的线路，而是使用长途电话自动交换网的线路，各级交换节点与其所在地既设台站是融为一体的。换句话说，数字保密电话网与长途电话自动交换网实际上是一体的，但相互之间的通信信息是不透明的。

数据自动交换网又称指挥自动化网。它是按一定规约（协议）传输数据信息的通信网络，由多级节点、网控中心、数据终端、数据传输设备等组成。该网能使各种类型的用户终端按接口协议入网，为终端与终端之间、终端与主机之间、主机与主机之间建立链路，传输数据信息。也可同各类通信网互联，为这些网提供公共的数据交换和传输信道，并能提供普通文电传输、数据库查询、智能电报、可视文图、电子邮件、信箱、文电处理等通信业务。

三、信息处理技术

信息处理技术，是指应用计算机硬件和软件，对信息进行综合、转换、整理、加工、存储和表示的技术。它是信息技术中的核心技术，是将人脑思维扩展、植入到技术领域的桥梁,是一片高度智能化、自动化的“天地和战场”,在国防信息系统及各行各业都有广泛的应用,都发挥着关键作用。

(一)数据计算技术

计算机实现各种功能的基础是高速的数据计算。数据计算技术,就是一项提高计算机运算速度和处理能力的技术。目前,提高计算机运算速度的技术主要有并行处理技术和网络计算技术。

并行处理技术,是使中央处理器或计算机系统内各部件能尽量采用并行操作方式工作,以提高系统处理速度的技术。大规模并行处理技术则是将并行级别提高到处理机一级,使许多处理机能并行操作,也就是使许多处理机中的成百上千甚至上万个处理单元,同时对同一个问题进行处理。例如,美国 Convex 公司推出的“超级计算环境”,就是用一种并行程序设计环境,将各种计算机系统(小型机、大规模并行处理机和工作站群机等)连在一起,以提供更为经济有效的高速计算能力。目前并行处理速度可达到每秒万亿次浮点运算速度、万亿字节存储容量和每秒万亿位传输带宽。

网络计算技术是在 90 年代初出现的。网络计算的基本思想就是通过局域网或广域网(如 Internet),利用网上的计算机资源,包括处理资源和信息资源,实现对某一重大现实问题的计算和处理。本地计算机不需具有高性能计算能力,任务的处理可有网上的某个或多个主机或服务器完成。通过网络将地理上分布的许多服务器变成一台台“虚拟的大型主机”,而这一切对用户来说,是透明的,感觉不到的,就好象网络就是一台高性能计算机,这就是所谓“网络就是计算机”的含义。

(二)数据压缩技术

最近一些年,尽管象光纤这样的宽带传输媒体和光盘、磁盘等大容量存储媒体都已广泛普及,但是需要传输和存储的信息似乎比它们所能提供的容量增长得更快。因此,数据压缩在通信、存储和加密等场合始终是一项不可缺少的关键技术。数据之所以能够压缩,是因为数据之中存在着各种各样的冗余(时间冗余、空间冗余、先验知识冗余和信息熵冗余等),即存在着许多可省略的信息。

目前,世界上已研究出许多数据压缩的方法。根据解码后数据是否能够完全恢复原始数据来分,可以分为两大类:一是可逆编码压缩。这种压缩编码方法的解码结果完全和原始数据相同,不存在任何信息丢失,常常被用于要求信息保持型的计算机数据、高质量的语音和图像压缩上;二是不可逆编码压缩。这种压缩编码方法的解码数据和原始数据之间将存在不可恢复的误差。在语音和图像的压缩中,经常采用这种方法,因为小到一定阀值以下的误差是不容易被人的眼睛或耳朵觉察的。另外,在一些场合,对解码结果的主观质量要求上,可以接受一定程度的失真。

根据使用的具体压缩方法不同,数据压缩又可分为以下几类:一是预测编码压缩。这是一种针对统计冗余性的压缩方法。对于语音,就是通过预测去除语音信号时间上的相关性。对于图像,通过帧内预测去掉空间上的冗余性,通过帧间预测去掉时间上的冗余性。由于预测编码压缩法技术比较成熟、简便,目前大多数语音、图像压缩中都采用这种方法;二是变换编码压缩。这也是一种针对统计冗余性进行压缩的方法。与预测编码压缩方法不同的只是其首先把压缩数据变换到某个变换域中,然后再进行编码。在变换过程中,其能量将表现为在某些区域集中,利用这一特点,或者在不同区域更有效地分配量化比特数,或者干脆去除那些能量很小的区域,从而达到数据压缩的目的;三是矢量量化压缩。矢量量化是利用相邻数据之间的相关性,将数据序列分组进行量化的一种压缩方法;四是子带编码压缩。这种压缩方法是首先让原始数据分别通过若干个具有不同通频带的滤波器,然后分别对各个滤波器输出信号编码。当滤波器选取得合适时,它们的输出将各自具有不同的分布特性,可以有针对性地分别采取有效的编码方法,从而达到整体上的最佳压缩效果;五是熵编码压缩。就是根据信息熵的原理,用短码表示出现概率大的数据,用长码表示出现概率小的数据。这是一种无损失数据压缩技术,常常与其它方法结合使用。

(三)信息存储技术

信息存储技术是计算机系统中存储程序和数据的技术。用于计算机系统的信息存储的设备(存储器)有主存储器和辅存储器两类。

主存储器设在主机内部(也称内存),用来存放当前正在运行的程序和数据,中央处理器能够直接对其访问。其特点是速度快,但容量较小,一般从几十到几百兆字节。目前,半导体存储器已取代了以前的磁芯存储器来作为主存储器,其读写周期从几微秒提高到100纳秒以下。

辅存储器设在主机外部,用来存放当前不执行的程序和数据。辅存储器最大的特点是容量大。目前应用比较普遍的是磁盘存储技术和光盘存储技术。

磁盘存储器是利用磁效应在旋转的圆盘介质上进行数据存储的辅存储器,有硬盘和软盘两种。硬盘容量大,速度快,目前5.25英寸硬盘的容量已达23GB,3.5英寸硬盘的容量达9GB,2.5英寸硬盘的容量为5GB。软盘对环境要求不高,价格低廉,携带方便。

光盘存储器是利用光学方法存储信息的。写入时,把激光束聚焦成极微小的光点,使能量高度集中,在存储介质上产生物理或化学变化来记录信息;读出时,激光束在存储介质上扫描,根据反射光的变化来判断记录的信息。与磁盘存储器相比,光盘存储器的主要特点是:(1)容量大,一般为几百兆字节以上。(2)寿命长,可保存信息10-100年。(3)对环境要求低,不需特殊的防震和除尘设备。为了弥补单一光盘在容量、数据传输速度以及随机寻址等方面不能完全满足网络多媒体要求的不足,又出现了光盘库、光盘塔、光盘阵列等多光盘集合的大容量光盘存储设备。

(四)信息加密技术

信息加密技术是一古老而神秘的技术,自从人类社会出现战争开始,便产生了原始的密码术。随着计算机和通信技术水平的不断提高和应用范围的不断扩大,人们对信息加密的需求越来越高,对信息加密技术的发展起到了极大的推动作用,信息加密技术的研究与应用的神秘面纱已被揭开,变得更加社会化和公开化。

信息加密技术的基本思想是隐蔽信息,隐蔽就是对数据施行一组可逆的数学变换。隐蔽前的数据称为明文,隐蔽后的成为密文。隐蔽的过程称为加密,去掉伪装恢复明文的过程称为解密,加、解密要在密钥的控制下进行。将数据以密文的形式存储在计算机中或在网络上传输,只有掌握相应密钥的用户方可接收,其它非法用户没有密钥而得不到明文,从而达到保密的目的。

现代信息加密技术在传统加密技术的基础上有两大突破:数据加密标准(DES)的产生和公开密码体制的出现。

数据加密标准(DES)是一种对计算机数据进行密码保护的数学算法,由美国发明并于 80 年代初正式启用,被称作信息加密技术史上两大里程碑之一。其基本思想是将二进制序列的明文分成 64 比特一组,用长度为 64 比特的密钥对其进行 16 轮代换和换位加密,最后形成密文。DES 的巧妙之处在于,除了密钥输入顺序以外,其加密和解密的步骤完全相同。这就使得 DES 芯片,易于做到标准化和通用化。在 DES 出现后的十几年里,经过众多专家学者的分析论证,证明它是一种性能良好的数据加密算法,不仅随机性好、线性复杂度高,而且易于实现。因此,DES 在国际上得到了广泛的应用。

信息加密技术史的第二大里程碑是公开密码体制的出现。一直沿用几千年的传统密码体制,其密钥是核心机密,一旦密钥被暴露,整个密码系统就失去了保密作用,而且密钥管理麻烦,不能提供法律证据,缺乏自动检测密钥泄密的能力。为解决这些问题,于是公开密码体制便应运而生。公开密码体制的基本思想为,把加密密钥和解密密钥分割开来,每个用户都有一对密钥,即加密密钥和解密密钥。加密密钥可以象登记在电话薄上的电话号码一样公开使用,解密密钥用户自己掌握不公开。其通信过程是,假设用户 A 需要把信息传送给用户 B,用户 A 先在公开密钥薄上查出用户 B 的公开加密密钥,对明文进行加密,变换成密文。密文通过信道传到用户 B,用户 B 用他自己的解密密钥将密文变换成明文。与传统密码体制相比,公开密码体制的优点是:保密强度高。其加密和解密都是非常复杂的单向函数计算,知道加密密钥和密文,要破译出明文实际上是不可能的,知道加密密钥、明文和密文,也无法破译出用户的解密密钥;密钥管理简便。解密密钥只有用户掌握,不需传输。系统管理的公开加密密钥个数只为用户数n,远远小于传统密码体制需要管理的密钥数n(n-1)/2。另外,公开密码体制还能实现数字签名等传统密码体制无法实现的功能。

(五)模拟仿真技术

模拟仿真技术,是以控制论、相似原理和计算机技术为基础,以计算机和多种物理效应为工具,借助系统模型,对某一给定系统进行试验的一门综合技术。目前模拟仿真技术主要有作战模拟技术和系统仿真技术两大分支。

计算机作战模拟,就是利用电子计算机来模拟推演整个作战过程。它一般把作战双方对抗过程的全部内容和规则事先编成计算机程序,用计算机语言描述作战行动和处理各种情况。计算机作战模拟为人门提供了一个近似实战的战场环境,可用于首长机关的模拟对抗训练,提高各级军事指挥员的组织指挥能力。还可对作战方案评估、武器装备效能评估和进行辅助决策,提高作战指挥的时效性。它具有实兵演习所无法具备的作战行动的逼真性、实时性、连续性和可重复性,因而在世界各国军队中得到了广泛应用。美军除了在平时的军事训练和研究中大量使用计算机作战模拟系统外,在海湾战争和空袭南联盟之前,也都利用计算机作战模拟系统对战争的规模、需要的兵力、主要战法及对方的作战能力等进行模拟评估。

系统仿真技术实质上就是建立仿真模型和进行仿真实验的技术。它是一种利用相似与类比的关系间接研究事物的方法。系统仿真技术以控制论、系统论和信息技术为基础,以计算机和专用设备为工具,利用系统模型对实际的或设想的系统进行动态实验或训练。先进的仿真系统,可将真实的装备和计算机网络组成综合仿真环境,把新武器、装备系统和分散在不同地点的研究者、训练者或用户联系在一起，让他们在仿真环境中研究、使用研制的新武器、装备系统，进一步了解其实际环境中的效能和使用特点，以便尽快形成战斗力。美军建成的国防仿真互联网，覆盖美国、德国、英国和加拿大，连接10万个仿真实体(包括地面装甲车辆仿真器和飞机模拟器等)，可实现各军兵种的对抗仿真。该系统已成功用于“回师德国”演习，不仅提高了训练效果，而且还减少了大规模的部队调动，节省了大量经费，避免了环境破坏。系统仿真技术是一项最前沿的关键性信息技术，对提高武器、装备系统的研制效率、改善部队训练和增强作战能力都将发挥重大作用，是实现质量建军、提高信息作战能力的有效途径。

第二节　信息技术的发展趋势

一、信息获取技术的发展趋势

随着各种信息获取技术自身水平的不断提高及与计算机技术、遥感技术、网络技术、微电子技术等相关技术不断融合，以及人类对信息需求的巨大推动，未来的信息获取技术将向更高层次发展。

(一)时空全方位、全天候化

未来的信息化战争，是一种在广阔范围展开的陆、海、空、天、电五维一体的激烈对抗。为适应这种特点，信息获取技术的体制必须是空间、空中、地面(地下)、水面(水下)多系统合一，各系统取长补短，互为补充，相互印证。系统的部署在现有范围的基础上将主要向更高的太空、更深的海洋和更远的距离扩展。如美国最近开始实施的战区导弹预警系统，就将预警范围由本土扩展到包括中国在内的亚太地区。在北约空袭南联盟中，以美国为首的北约为了搜集塞尔维亚人的情报，使用了各种侦察手段，它们组成了规模庞大的立体侦察网，在监视战局变化、战争决策和制定作战计划、设定打击目标、发挥武器效能等方面都起到了重要作用。

信息获取技术发展的全天候化，主要表现在两个方面。一方面是红外CCD电荷耦合器件的应用，不仅可实现可见光彩色摄像，而且可在夜间和不良天候实现红外、紫外多光谱摄像，可广泛应用于红外跟踪、海外制导、夜视、预警多种信息获取领域。将可见光摄像与海外、紫外摄像相结合，可以形成在全天候条件下获取信息的能力。另一方面，合成孔径成像雷达、逆合成孔径成像雷达技术的发展，使其能在空地一体和目标密集环境中，提供大量高分辨率的可视图像。特别是由于合成孔径雷达和逆合成孔径雷达的分辨率与距离无关，且具有全天候透过雨雪云雾的能力，今后它们将在机载、舰载、星载等系统中更加广泛应用，并成为全天候战场监视与侦察的重要手段。

(二)信源多样化

在未来作战中，军事行动的实施和武器效能的发挥所需信息的种类越来越多。就领域而言，除军事信息之外，还需要政治、经济、外交和自然环境等信息；从使用对象看，不仅要为各类军事人员提供可听、可视的信息，还要为武器系统及其它装备提供目标状态、环境因素、技术参数等数据信息；按信息源存在形式讲，既有武器、人员、环境等实物信息，也有图像、照片、文字、软盘、硬盘、光盘变换信息，还有电磁波、光谱、声响、温度、湿度等瞬时无形信息等。这些信息有许多是以前从未涉及或很少涉及的，诸如扩频信息、多媒体信息、计算机病毒信息、激光武器信息、心理战信息、航天信息等。面向信息源多样化的特点，扩大获取信息种类，是信息获取技术发展的又一重要趋势。从目前情况来看，各类新的传感器技术发展最为迅速。震动传感器、声响传感器、磁性传感器、应变电缆传感器、红外传感器、紫外传感器、声纳传感器等技术在不断翻新，使目标不论是在空间上的还是其它物理量上的细微变化，都很难不被发现。

(三)功能一体化

信息获取技术功能上的一体化，就是在信息获取系统中将过去在不同阶段不同设备及不同人员实现的功能和完成的工作有机地结合为一个整体，甚至是与武器系统融为一体，以便迅速发现目标、获取最终信息并对目标实施打击。如美国最近投入使用的 E－3A 预警机，为一种具有指挥、控制、通信与情报功能的全天候远程预警机，其机载监视雷达能探测到距离 500－650 公里的高空目标、300－400 公里的低空目标和 270 公里远的海上目标，甚至可辨认出潜艇的潜望镜和通气孔。由于机载计算机容量大，运算速度快，可同时跟踪 600 个目标，识别 200 个目标，处理 30－400 个目标数据，而且其机载雷达还采取了低旁瓣天线、频率捷变、多频工作等抗干扰技术，并在机上还装有箔条投放器、自卫干扰和红外对抗装置，因而能抗地面杂波干扰、无源干扰与多种电磁干扰，具有较强的光、电对抗能力。国外正在研制的一种遥控侦察飞行器，携带有侦察、跟踪、瞄准装置和弹药，侦察发现目标后，能很快将目标摧毁。还有的新型侦察机，其雷达发现 100－200 公里距离上的目标后，数秒钟之内就能够完成信号的处理，传送到地面，并引导地面火器准确打击目标。新一代海洋监视卫星，一旦发现敌舰，能立即给己方舰艇、导弹指示攻击目标。

（四）手段综合化

随着伪装、干扰等反侦察技术的不断发展和欺骗措施广泛实施，对信息获取提出了更高的要求。为了识别伪装，破除欺骗，提高侦察效果，一方面要加强对目标特征的研究，增强分析判断能力；另一方面要加速研制新的侦察探测设备，综合运用多种手段，同时观测同一地区同一目标，做到"东方不亮西方亮"，"蛛丝"不清"马迹"明，从而增强侦察监视效果。如美国研制的"巴比斯"远距离战场监视探测系统，由声、磁、震动、红外四种传感器和监视器组成，各种传感器获取的目标信息可互相补充、互相验证。美国新型的预警卫星，在其中增加了 X 射线探测器、γ 射线探测器、中子记数器等探测仪器，使其具备了核爆炸探测能力。

（五）形迹诡秘化

获取敌方信息，尤其是敌方军事信息，只有在其毫无察觉的情况下才能奏效，也才安全。因此，大量采用新技术、新工艺、新材料和新思路，使信息获取技术装备微型化、隐形化，努力实现形迹的诡秘化，是当前世界各国信息技术开发的重点之一。由于太空信息获取技术既合法，又安全，看不见摸不着，容易使人们麻痹。因此，以卫星侦察探测为重点的太空信息获取手段越来越成为今后发达国家情报信息的主要渠道。自从60年代初侦察卫星进入实用阶段以来，世界上几乎每年都有侦察卫星发射，而且数量及种类逐步递增，功能越来越强。平时每天都有大量的各类侦察卫星在太空中运行，每逢重大事件和战事，美、俄等国都要专门发射专用侦察卫星。北约空袭南联盟，美国就使用了50多颗侦察卫星对其实施侦察。据统计，目前世界主要军事大国70%的战略情报是由侦察卫星提供的。同时，窃听装置也在逐步微型化，现在已出现了多种置入苍蝇、蚊子体内的昆虫窃听器，安装在纽扣、牙齿上的微型窃听器等，使人防不胜防。在出口计算机、通信设备等电子设备中秘密安装窃听器或窃密软件，或在计算机网络上利用“黑客”程序，突破各种安全关卡，窃取对方数据、资料，是一条新的窃密通道。

二、信息传递技术的发展趋势

《人民邮电》报在1999年4月9日头版头条文章——“构建新一代网络——’99电信技术发展走势前瞻”的开头便指出：“近几个月来，电信技术(即为这里讲的信息传递技术，作者注)领域持续不断的变革，给整个网络的技术模式和整体架构带来深远影响：320 Gbps和400 Gbps波分复用光通信系统的推出、新一轮的全球光缆敷设热浪，拉开了电信网宽带化的序幕；以IP为首的数据通信业务的爆炸式增长和有关电信网数据化的热烈讨论，预示着一个数据通信时代的到来；以GSM和CDMA为代表的第二代移动通信高歌猛进、国际电联会议上第三代移动通信标准大局初定，使移动通信后劲十足；在刚刚结束的汉诺威世界电脑电信博览会场上，始终回荡着通信与计算机融合的旋律。种种迹象表明，电信网络宽带化、数据化、个人化、综合化，将成为席卷全球的潮流。”短短的文字，虽然不一定能概括信息传递技术发展的全貌，但却足以使人感受到信息传递技术革命的冲击波阵阵扑面。信息传递技术是一项最具发展潜力的技术，随着现代高、新技术不断融合和社会需求的日益高涨，信息传递技术将会出现一场革命性的变革，其总的发展趋势是：

(一)信息数字化

随着数字编码、数字压缩、数字调制与解调等关键技术的日趋成熟及其在各类通信网络中的广泛应用，以数字通信技术为基础的数字化通信系统，将逐步成为未来信息化社会和信息化战场最主要的基础设施。通信系统采用数字技术后，可将语音、文字、符号、图形等各种形式描述战场态势的信息变成“0”、“1”两个数字的信号形式进行传输。这样，不仅使数字信号的产生、存储、传输和交换十分便捷，利于采用数字压缩、集成等技术，从而提高通信系统的信息容量、传输速度和抗干扰能力，而且易于实现通信系统与武器平台的一体化。

信息数字化的物质基础是全员数字化的通信装备及系统。而全员数字化通信装备及系统，正是数字化部队建设的有力保障。数字化部队从单兵到装甲战车、主战坦克、自行火炮、战斗指挥车、各类作战飞机、军舰，以及战斗勤务支援车辆等，都将是数字化装备，信息的传递、交换和处理也将全程数字化，进而大大提高快速反应能力和准确打击能力。因此，发达国家军队目前都特别重视以数字通信技术为基础的数字化部队和数字化战场的建设，数字化已成为通信系统适应信息战高技术对抗性的必然选择。美陆军现已组建了数字化师，并计划在2010年实现陆军全部数字化，空、海军也已开始进行数字化部队试验。英、法、德等国也都在加紧数字化部队的建设。为了适应信息数字化不断普及的趋势，一些国家正在广泛开展对现行通信网的数字化改造和综合数字通信网的研究工作，并加速现行国防通信系统向综合业务数字网过渡的步伐。美军规划中的第三代(1995-2005年)国防通信系统，就是将现有的三个公用网合并为一个综合业务数字网(ISDN)。这种网络对干线的依赖性很小，传输为分布式，具有很高的互通能力和系统利用率。

(二)传输大容量化

扩大通信信道尤其是干线信道的通信容量，提高信息传输能力，是信息传递技术研究和发展的一个主要方向。扩大通信信道传输容量主要有两个途径,一是采用宽带传输媒质,卫星通信、光纤通信等宽带传输手段将成为今后通信网络的支柱。同时,卫星通信和光纤通信的带宽还在进一步扩展,特别是光纤通信,目前利用的带宽只是其理论带宽的1%,待开发的潜力很大。二是在兼顾质量的前提下,有效地利用有限的频带来提高通信容量。各种通信手段和通信网络将大量采用语音与图像压缩编码技术、多址技术、ATM交换技术、多路并发技术、各种高效的调制技术(如QAM调制技术)等,提高频带利用率,从而提高通信容量。

(三)功能综合化

随着社会信息化进程的不断深入,人们对接收信息的有效性、完整性的要求越来越高。因此,目前许多发达国家都在竟相研制新的通信技术和系统,力争实现通信网络和通信设备的多层功能综合化。

通信网络的功能综合化,最具代表性的将是集电话、电视和计算机为一体、可同时传输声、文、图像及数据交互信息的多媒体通信网。信息传输与交换的宽带化,以及综合业务数字网(ISDN)技术的不断成熟,为多媒体业务及其它综合业务的传递提供了技术支持,多媒体信息业务将会进一步发展。一些通信技术发达的国家,不仅实现了太空侦察卫星、通信卫星、航天飞机、宇宙飞船和空间站,空中预警飞机、侦察飞机、作战飞机,地面和海上传感器、监视系统综合为一个多层次、全球性的庞大通信网,同时还将计算机国际互联网与各种类型的局域网、区域网、广域网综合为一体,满足不同军兵种、不同业务的多媒体信息传输与交换。我国从1997年开始建设,现已覆盖全国31个省市区的169中国公众多媒体通信网,是继电话网之后的中国第二个骨干业务网,网内信息及网上应用系统均采用中文环境,可为各行各业提供各类集声音、文字、图像、数据等多种通信媒介为一体的,具有集成性、同步性与交互性的多媒体信息服务和通信手段。其多媒体信息业务,有多媒体信息检索、多媒体电子邮件、网上交易、网上实时点播、远程医疗、远程教学、会议电视等。

计算机技术与信息传递技术的密切结合,将使通信设备从原来单纯的信息传输向信息的传输、存储、加工、处理一体化转变,进而实现现代通信的又一重大变革。通信功能的扩展不仅将极大地丰富通信的内涵,也将使现代通信设备的功能发生根本的变化。未来的通信设备,将是多波段、多工作方式和多通信业务的集合体,可与不同技术体制的通信系统及设备兼容、接口和互通,具有多种面向用户的服务功能。例如,目前最先进的野战双工电台,除可在同类电台之间通话外,还可按键自动拨号,在基站的配合下与有线电话用户通话;具有单工无线电台入口,可与单工电台互通;并有数据接口,可通电传报、传真和数据。法国即将装备部队的 PR4G 跳频电台,具有综合数字加密、遥控工作、选择呼叫、信号报警、插入和机内测试等多项功能。美国正在研制的"强制进网"交换机,整个系统安装在一个方舱内,具有干线节点、大型用户节点和无线电入口等多种能力。

(四)内容保密化

信息内容的保密历来是人们关注的重点问题,也是衡量信息传递技术先进性的主要指标。信息传递保密技术总是在与信息窃取和破译技术的较量中发展提高的,水平极高的现代信息窃取及破译技术,必将极大地刺激人们对信息传递保密技术的研究和开发,使其迈上更高的台阶。今后解决信息内容保密问题主要有以下方法:一是进一步提高防截获能力。未来的信息传递设备及网络将普遍采用保密电缆、猝发通信、扩频通信、定向通信、光纤通信以及加强辐射屏蔽等技术手段,使信息在规定的空间和极短的时间内"隐形"传输,大大降低其被截获的概率;二是进一步提高防破译的能力。在信息传递系统中,将广泛采用最新加密技术和方法,力争做到各类通信终端设备的保密化和网络综合加密。新型的通信保密系统将使用全电子密钥,密钥的生成、分发、审查、排序、消毁等都由计算机自动完成,在短时间内破译是相当困难的;三是进一步提高计算机通信网的保密能力。针对计算机通信日益普及的情况,提高计算机通信网的信息保密能力将是重中之重,世界各国都对此极为重视,投入大量人力和资金进行研究开发。美国国家保密局已研制出一种新颖的布莱克(BLACKER)保密系统,该系统采用了当前最先进的密码、鉴别、访问、口令和防泄露等技术,可在各种保密登记的计算机通信网中使用,并准备在北约其它成员国中应用。

(五)人、机互通化

人、机互通化,是指人与人之间、人与机器之间及机器与机器之间进行通信联络的能力。传统的通信,大都是人与人之间的通信,这种人-人通信,只有在信息的发送者和接收者都在现场,且双方都具有通信设备的情况下,才能实现。这就使通信不论在时间上,还是在地点上都受到极大的限制。用户电报、传真、录音电话、计算机等可记录通信终端设备的产生和不断普及,使人与机器之间的通信开始逐渐多了起来。随着计算机技术和自动化技术的进一步发展及其在通信领域的广泛应用,机器与机器之间的通信将越来越多,诸如对卫星实施自动控制的地面测控设施与卫星之间信息传递,导弹自动寻找目标的定位卫星与飞行导弹之间的数据交换,计算机信息资源共享的计算机与计算机之间的数据交换等。人-机通信和机-机通信的实现,不但使人这一原来的通信主体从具体的通信环节中解放出来,消除了由于人的直接参与而产生的诸多不利影响,而且将使通信真正成为一种全时域和全地域的活动,大大提高了信息传递的速度和效率。

(六)用户个人化

这里讲的用户个人化,包括个人拥有通信设备数量的增加和个人通信的发展两个方面。

过去,由于通信技术的不发达和经济实力的不雄厚,通信设备被作为奢侈品来看待,只能供机关、单位和少数人使用,归个人所有的通信设备极少。随着信息技术的不断发展和信息的产业化的实现,个人及家庭对信息的需求成倍增长,面向大众服务以推动作为国民经济支柱行业的信息产业发展的经济机制逐步完善,以及通信网络不断提高的扩容能力和覆盖范围,个人拥有电话、手机、传真、计算机等通信设备将更加普及。据权威部门统计,全世界个人拥有移动电话的数量,1991 年为 16.3 百万部,1996 年为 135.0 百万部,预计 2001 年为 400 百万部;个人电脑的数量,1991 年为 123.0 百万台,1996 年为 245.0 百万台,预计 2001 年将达 450 百万台,其增长的速度是惊人的。

以往的通信实际上是"面向设备"的。例如电话机,其号码只是在电话号码薄上对应有用户的姓名,打电话找人实际上是打到该用户的电话机上。另外,不论谁用这部电话,费用都固定记在一个人的帐上,除非另有私下约定。随着公开密钥与个人智能卡的发展,通信设备的个人属性正在改变。目前一部数字移动台,只要将他的个人智能卡插入就可通信,而费用则记在实际通信人的身上。个人通信,正是在此基础上应运而生的,它的突出特点是每个人有一个具有唯一标识的智能卡,或将每个人的身份证、护照、信用卡等合而为一。再进一步,还可通过人体指纹验证等更先进手段识别用户,一个人可使用任何一部电话,从而结束由于费用归属问题而限制使用专用通信设备的历史。

(七)网络全球化

各种通信网广泛互通,既是时代的要求,也是现代通信技术发展的必然结果。数字技术的全面采用,使电话、数据、图像等信息都可以统一编码传输和交换。光通信技术的发展,为综合传送各种业务信息,特别是宽带图像和数据业务提供了必要的带宽和传输质量。软件技术的开发,使得各种图像网络所需的特性和功能,在不必改动硬件的情况下不断变化和升级。国际社会及其各国都纷纷系统地制定相关的软件和硬件标准,规范通信网建设、通信设备生产和用户入网等行为。各种通信网络相互融合贯通,已成为一种必然的趋势。有线电通信网与光缆通信网、微波接力通信网、卫星通信网、电信网与计算机网、电视网,已不再各自为政,而是融为一体。

长途自动电话网、双工无线电移动通信网、计算机通信网等现已基本实现国家与国家之间互通甚至是全球互通。1991 年,美国摩托罗拉公司首先提出了全球卫星移动通信系统（"铱"星系统）的设计方案，近几年已先后发射了十余颗此种卫星，其最终目标是在太空低轨道上布设 66 颗卫星覆盖全球，实现全球性的数字化移动通信。Internet 计算机互联网，现已连通世界上 100 多个国家，在不远的将来便可延伸到地球的每一个角落。我国从 1995 年开始组建面向国际的 163 公共计算机互联网（ChinaNET），与 Internet 接轨，到 1998 年底在北京的用户已达 8 万。网上有丰富的应用系统，包括电子信箱（E - mail）、文件传送、网上新闻、浏览、WWW（Word Wide Web）等。

三、信息处理技术的发展趋势

信息处理技术的发展，对国防信息系统功能的提高具有"倍增器"的作用，而且投入少，见效快，即使在不扩大硬件规模和提高硬件档次的条件下，也有很广阔的开发空间。因此，大力发展信息处理技术，充分发挥现有信息基础设施的效能，带动其它信息技术的发展，加快提高信息系统整体能力的步伐，已成为世界各国的共识。未来信息处理技术发展的主要方向是：

（一）设备小型化

为了更方便用户使用，降低成本，把大、中型计算机上使用的技术和系统功能移植到小、微型计算机上，是一种发展趋势。当前最流行的是以微型机为核心，在用户机/服务器体系的网络上实现小型、合理的应用系统。其好处是，既降低成本，又能更快地使用先进技术、软件和开发工具，并提高了效率和效益。目前有的国家正在研究一种装有微型个人计算机和传感器的军服，穿上这种军服的军官和士兵可在各种天候条件下发现目标，实时接收来自各方面的信息和向有关单位通报情况，对将要实施的行动进行辅助决策，真正意义上的信息兵和信息化部队的时代即将到来。

（二）系统标准化

信息处理的根本目的在于能被广泛的应用。信息处理技术的标准化，是保证载有信息处理技术的信息系统、设备及其处理的信息具有广泛应用空间的前提，是实现不同计算机厂家生产的软、硬件兼容，不同系统互移植和互操作的“融合剂”。目前，世界各国军队都在积极推行系统的标准化，以解决目前所面临的“既存在大量异型机器，但又必须同时使用它们”的头痛问题。世界许多厂商也都在竭力将自己的计算机产品向军方标准靠拢，并经过加固或部分加固后供军方使用。随着信息高速公路建设的不断发展，高速计算机网、宽带交互视像网、无线电移动通信网等各种网络进一步融合，文字、数据、声音、图形、影象等多媒体信息的产生、存储、传递、接收等进一步综合，对信息处理系统标准化的要求将更高。从某种意义上讲，系统的标准化是信息高速公路能否顺利发展的决定性因素。

（三）性能智能化

未来的信息处理技术将不断地由自动化向智能化发展。计算机中央处理器（CPU）将逐步吸纳多媒体技术、模拟仿真技术、人工智能技术和影视传递技术，不仅能进行数字计算和符号处理，而且能进行知识处理，使其具有理解、推理、归纳、学习和发现的能力，甚至具有视觉、听觉和其它感觉功能。超文本文件内容的链将具有类似人类“思维”的敏感性。人－机接口无机械操作化（如口语操作、手语操作、眼神操作，甚至是思维操作），可模拟人脑神经处理信息功能的神经网络技术等，有望在不远的将来进入实用阶段。它可用于目标的自动识别、信号的检测与处理、信息/数据的融合、指挥控制等领域，从而为军事电子信息处理开辟一条新的途径。据英国《新科学家》周刊 1998 年 10 月 17 日报道，加利福尼亚的研究人员研制出一种名为“自动观察者”的机器人，不仅能观察目标，而且能推算出目标的潜在逃跑路线，始终使自己处于最佳监视位置。将这种机器人与全球定位系统接口，它就可以在野外条件下实施侦察。这种机器人在军事上的应用潜力很大，例如对隐藏有敌人的建筑物进行侦察等。计算机语言处理技术水平也有了较大的提高，据《解放军报》1999 年 4 月 9 日报道，世界首套“人机翻译模拟系统”，被我国一年轻科学家研制成功。该“系统”可进行多种语言之间的相互翻译，你在讲汉语时，若对方不懂，他只需在表示“英语”的键钮上按一下，“系统”就自动将汉语转换成英语说出来。同时，对方讲日语、法语、俄语你听不懂时，也只需按下相应的键钮，外语就可翻译成汉语。

（四）处理高速化

采用分布共享存储并行处理系统和计算机群，是未来进一步提高计算机信息处理速度的发展方向。目前已生产的高性能计算机的运算速度最高已达到每秒千亿次，到本世纪末将出现“3T”并行系统，即每秒万亿次浮点运算的高性能计算机，到下世纪初可能达到百万亿次的目标。由于微处理新体系的进展，在一个芯片上可集成多个处理器（如 Inter 公司拟于 2000 年推出 P6，能在一个芯片上集成 4 个处理器），因此，大规模并行处理系统的结点本身将成为一个松耦合多处理机系统，然后再通过光互联网络实现松耦合的大规模并行处理系统，从而成倍提高系统的处理速度。

（五）存储大容量化

为了适应大规模信息处理的需要，必须使信息存储容量再上一个新台阶。今后提高信息存储能力的主要途径，一是挖掘现有存储器技术的潜力，一是开发新的存储器技术。作为主存的半导体存储器将继续向大容量方向发展。国防工业、航空航天、军事作战等领域的超小型专用便携式微机将采用高速存储器做成的存储卡（硅盘）来取代微型硬盘。硬磁盘将进一步减小尺寸和重量，增大容量，目前 3.5 英寸硬盘的容量已达 9GB。今后几年，估计单台硬盘容量会以每年 70%的速度增加，并且磁盘阵列会在服务器中得到广泛应用。当前重点开发的新型存储技术有磁泡存储器技术和光盘存储器技术。磁泡存储器容量大、体积小、功耗小、结构简单，不需要大量的连接线，其存储速度比磁带和磁盘要快，具有非常广泛的应用前景。光盘存储器技术经过近十年的发展已日臻成熟，并正在不断取得重大突破，特别是数字光盘（DVD）的出现，使其应用范围将进一步扩大。

第三节 信息技术发展对国防信息安全的影响

信息技术的飞速发展和普遍应用,既为国防信息安全创造了许多有利条件,同时也为其带来了许多不利因素,有技术自身的问题,也有技术被谁掌握的问题,还有其它环节能否适应的问题。主要表现在以下几方面:

一、国防信息保密任务更加艰巨

首先是国防信息保密的空间范围扩大。过去由于信息获取技术的能力有限,国防信息保密的重点是在与它国接壤或临近的边境、沿海地区,其活动主要是在地面进行。现代信息获取技术装备的侦察监视范围已达到可以覆盖整个战场乃至全球的程度,陆战场侦察监视系统的侦察监视纵深可达到150公里以上;中低空侦察机可覆盖其航迹侧面100公里,高空侦察机飞行距离4800公里,值勤时间12小时,每小时监视能力达38.9万平方公里;卫星侦察监视可覆盖数百万平方公里,数颗侦察卫星即可覆盖全世界。北约空袭南联盟,在准确的情报信息支持下,首先重点打击的是南斯拉夫处于内地的首都和中心城市信息设施、国防信息集中的首脑机关,这在以往战争中是极为少见的,由此足以说明加强内地国防信息保密工作的紧迫性。过去一直延续的卫星通信安全保密观念,被1996年4月21日车臣分裂主义领导人杜达耶夫之死所否定,证明了太空信息流也不安全,也需要保密。由此可见,现代国防信息包括实物信息、媒体信息及其它无形信息,不论是存在于边境和沿海地区,还是存在于内陆腹地,不论是流动于地面,还是流动于空中和太空,处处都涉及保密问题。

其次是国防信息保密工作更加长期化。过去由于情报侦察力量有限,设备侦察监视能力和持续工作能力不强,情报侦察工作明显的阶段性,导致了国防信息保密工作的明显阶段性。随着现代信息获取技术的发展和经济实力的增强,一些国家的情报侦察力量和技术水平已提高到能同时、长期地监视全球各个角落。仅美国就在世界各地设置有数千个监测站,在太空中有数百颗侦察卫星。因此,不论是平时还是战时,与它国高技术侦察的斗争都将是一项长期的任务。

再次是国防信息保密工作难度加大。主要表现为现代信息获取技术的伪装识别、反隐形和克服天然遮蔽能力大大提高,使军事目标和设施隐蔽困难;窃听装置微型化、智能化,窃取信息行为更加不易暴露。在不断扩大对外开放和国际交流的情况下,它国及境外势力设置信息获取技术设备的机会增多从而相应增大了敌人从内部获取情报的防范难度。

二、国防信息系统各环节之间矛盾加剧

国防信息系统是由信息获取、信息传递和信息处理三个环节构成的有机整体,三者之间,互相依存,互相制约,必须具有配套的技术衔接,才能最大地发挥系统效能,确保国防信息安全。由于三个领域信息技术发展和应用的不同步性,它们之间的矛盾将更加突出。

这种矛盾的主要表现,一是强大的信息获取能力给信息传递系统带来的巨大压力。我们知道,使国防信息在其有效期内迅速传递到位并发挥最大的效能,是国防信息安全一项重要内容。但随着信息获取技术的发展,投入使用的各类先进侦察监视系统、装备数量越来越多,信息获取能力越来越强,使得对国防信息传递系统(即国防通信系统)传输能力的要求也越来越高。例如,导弹预警与拦截技术的应用,就使很多通信手段难以适应。现在的洲际导弹,发射后30分钟就可命中远在几千公里之外的目标。而在对洲际导弹预警、拦截的全过程中,预警卫星或预警机与指挥控制中心、数据处理中心、作战飞机、军舰及飞行的拦截导弹等之间,需要传递大量的情报数据,而且许多通信的对象是处于高速运动状态,允许的时间极为短暂,不具备相当先进的通信手段是根本无法实现的。再如,现代侦察监视系统很多具有多维综合信息获取能力,需要传递的是图、文、声、像并茂的多媒体信息,其传输速率至少要有100Mb/s,这与当前通信网所能提供的速率之间存在着相当大的差距。目前的模拟通信线路,虽然可利用不同类型的调制解调器(MODEM)传输数字信号,每

个话路所能提供的数码传输速率从 300b/s、1.2kb/s 至 19.2kb/s 不等，最高也只有 28.8kb/s，只能传输话音、低分辨率静止图像和低速率数据，这与前面提到的多媒体情报信息传输，特别是视频情报信息传输对数码速率的要求相比，显然是太低了。

二是强大的信息获取及传递能力给国防信息分析、处理与利用造成严重困难。以往，由于信息获取能力有限，加之军事斗争的内涵与外延较小，与其它领域没有多大的联系，指挥决策比较简单，需要和获得的情报信息很少，情报信息的分析、处理、利用相对容易得多。在现代信息战争条件下，国防建设和军事斗争需要的情报信息量是过去的成千上万倍，国防信息获取技术装备的信息获取能力大幅度提高，来自方方面面的、类型多样的、真真假假的情报信息"堆积如山"，"浩如烟海"，给国防信息分析、处理和利用造成极大的困难。具体讲，情报信息数量大与分析、处理速度慢的矛盾十分突出。仅美国中央情报局在总部计算机系统中就存有获取的秘密情报信息 4 万亿字节，相当于叠起来高度达 48000 米的书面材料。美国国家档案局就有 3.2 亿页机密资料，并且以每十年翻两倍的速度增长。美国虽然具有世界最先进的信息分析、处理技术和设备，对已获取的大量情报信息的分析、处理也只有 50% 左右；情报信息真假混杂、优劣相伴，对其分析、处理、利用的智谋水平要求高。强大的信息获取能力，为敌对方或"第三者"制假造假、实施欺骗创造了有利条件。最近，美国情报机构在计算机互联网上获取了一个来自台湾中山大学的电子邮件。邮件内容的大意是，当克林顿总统出访时，我将暗杀他。美国家安全局对此大为紧张，马上与台湾联系，要求务必尽快查出该电子邮件的发出者。此事到底是真是假，可能永远也搞不清楚，由此可见，情报信息利用的风险之大。信息获取技术的先进性，往往造成人们对现代化侦察监视系统及设备的过分相信和依赖，而一旦系统出现概率虽小但不可避免的差错，其损失则可能是非常巨大的。如在科索沃危机之前，美国凭借"可靠"的情报，认为米洛舍维奇很容易受外界压力的影响，对南联盟实施空中打击可在数日内，即北约 50 周年庆典之前结束并达到目的。其结果却是空袭整整进行了 78 天,不仅使美国耗资达几百亿美元,而且在国际上也遭到了大多数国家的反对。

三、国防信息系统组织实施更加复杂

国防信息系统效能发挥的好坏,依赖于组织与实施的优劣。科学地组织与实施信息的获取、传递、处理及利用,使之运行顺畅,是国防信息安全的前提。

然而,国防信息系统中先进技术应用得越多越广泛,往往在其组织与实施上越复杂。在广阔的空间,如何将地面、空中、海上、水下和太空众多的信息设施联系在一起;在纷繁的技术范畴,如何把无线电、红外、声纳、光学、磁感应、网络等信息获取手段综合为一体;在不同的军事层次和社会领域,如何使战略、战役和战术信息分系统及政治、经济、贸易、技术、外交、自然资源与环境等信息分系统相互支持;如何建立适应系统技术要求的组织指挥体制;如何按国际和国内形势变化建立和调整系统部署;如何面对新型攻击手段确保系统自身安全,等等。这些都是以前很少遇到的新问题,其复杂程度也是前所未有的。如果得不到很好的解决,不仅先进的信息获取技术不能发挥其应有的作用,而且可能会自乱阵脚,给国防信息安全造成危害。

四、信息效能发挥的人为阻碍因素突出

在信息系统和设备数量有限、技术水平较低的情况下,使用操作它的一般是专业技术人员,影响信息效能发挥的主要因素是物而不是人。当今信息技术的突飞猛进,使用它的已远远超出了专业人员的范围,信息系统和设备已达到无所不能的地步,越来越多的使用者(包括国防领域的人员)素质的快速提高变得既重要又困难,已成为信息效能发挥的突出障碍。信息效能发挥的人为阻碍因素是多方面的,包括专业知识贫乏,操作技能低劣,但当前最为明显的是语言障碍。

语言障碍严重影响着先进信息技术系统及设备的引进、消化和使用。现代通信网络技术特别是计算机通信网络技术,当前绝大多

数源于发达国家,据统计,到目前为止,外国企业已占领了我国90%的移动通信网络市场,76%的电脑网络市场、80%的卫星通信网络市场以及70%的微波通信网络市场。而引进的网络绝大多数是英文网络,其网络功能结构也都是按他们的习惯设计的。这种语言上的障碍和文化上的差异,对我国引进、消化先进军用及民用通信网络技术,拓展网络规模,充分利用、开发网络功能都有极大的影响。亚洲互联网络发展较快的国家是新加坡和马来西亚,主要就是没有语言障碍,因而得天独厚。就连发达的日本在互联网的建设上,步履维艰,进展缓慢,其原因何在? 不言自明。

语言障碍严重影响着信息的交流。语言是人类交流信息的基本手段。由于现代信息传递网络的全球化,国际间的国防信息交流活动日益增多,不同语言、不同方言的人使用各种通信工具直接联络更加普遍,随之而来的不同语言之间的障碍也突出出来。据调查,地球上居民所使用的自然语言和方言共5651种,其中经常使用的、有文字的有500多种,使用人数在5000万人以上的就有12种。根据联合国教科文组织的资料,现在的科学文献中,有不少于1/2的文献是用50%以上的科学家还没有掌握的语言出版的。技术文献有2/3是用英文出版的,而世界上有2/3的工程师不能阅读英文。美国科学家中,约有52%的不懂德语,61%的不懂法语,95%的不懂俄语,98%的不懂日语,99.4%的不懂汉语。我国这样一个发展中国家,使用着其它国家几乎不懂的语言,掌握外语的人数的比例恐怕最多有千分之几,参与国际国防信息交流语言上的障碍更大。我国的方言土语也有成百上千种,掌握普通话的人数不足一半,国内范围信息交流的障碍也仍然存在,由于语言问题出现的错误屡见不鲜。

五、信息网络受软杀伤威胁加大

通信交换的程控化,通信业务管理的计算机化,通信设备的软件化,计算机通信网络化,使通信系统遇到许多前所未有的软杀伤威胁。即将到来的“千年虫”问题,不仅仅是出现记时上的差错,还可能使数据库的信息进行错误分类,新的信息可能被删除,某些通信功能丧失，甚至可能使整个系统出现紊乱；由于现代通信系统互联紧密，一旦某台计算机或程控交换机感染上“病毒”，就会在大范围蔓延，使许多设备瘫痪。1999年4月26日发作的CIH病毒，全国就有36万多台计算机毁坏，直接经济损失近十亿多元人民币。当前“黑客”攻击行为与日俱增，据美国国防部调查，平均每年闯入五角大楼计算机网的“黑客”达16万次，1995年多达25万次，有16.25万次获得成功。1995年9月，美国为检验国防计算机系统的安全性，举行了一次名为“联合勇士”的演习。参加演习的一名美国空军上尉，从商店购买了一台普通计算机和调制解调器，他凭着自己的电脑知识，通过电话线访问了国际互联网，在众目睽睽之下，几分钟便使自己的命令进入了美国海军大西洋的指挥和控制系统，并在舰队司令昏然不知的情况下，控制了该舰队的一艘又一艘军舰。虽然这只是一次演习，但这场迅速而有效的“电子袭击”确实震惊了美国军界。

六、信息的有效期缩短，利用风险加大

信息是有时效性的，不论是什么信息，它只能在一个特定的时间段内有效。随着时代的发展，信息的有效期在逐渐缩短。虽然造成这种趋势的原因很多，但是其中信息技术的快速发展是最主要的原因之一。

从本质上讲，信息就是事物状态的反映。当事物变化之后，反映事物前一状态的信息也就随即失效。信息的有效期长短取决于事物发展变化的快慢。而现代世界上的各类事物发展变化节奏加快，与信息技术快速发展和应用有着直接的关系。在以地面火器为主的年代，侵略者要对一个国家腹地的首都实施毁灭性打击，需要经过长达数月甚至是数年的战争，在兵临城下的条件下，才可能实现其企图。在今天，先进的远程通信、实时侦察和精确制导等信息化武器系统的出现，使得这种企图只需数十分钟甚至几分钟即可达成。北约空袭巴格达、贝尔格莱德就是如此。当前几年国际互联网还没有在世界范围铺开时，一种计算机病毒要在全球蔓延没有几年时间是不可能的，那时我们也经常听到世界上出现病毒的消息，但在我国的计算机上受感染的并不多见。1999年3月26日,美国太平洋时间凌晨4时15分,从美国在线的一个网络用户帐号中悄无声息地发出了一封电子邮件。从表面上看,这是一个谈论色情内容的极其普通的电子邮件。然而它却包含了一个传播速度和危害程度均前所未有的新病毒——Melissa病毒。到当日下午5时许,全球范围内已有数万家企业、政府机构和军方系统的数百万台电脑受到攻击。其中包括我国上百家单位。初步估计,Melissa病毒已造成数十亿美元的经济损失。过去,一个年版的地图能连续使用几年,十几年。由于地图更新的周期过长,即使地形、地物有了变化,原版地图也还得使用。现在,卫星遥测技术使大地的测绘及地图的制作已相当容易,仅五、六张磁盘便可存储覆盖整个俄罗斯的1:10万的地图,地图的版次可以做到一年一换,甚至一月一换,美军为提高空袭南联盟的精度,几个小时就更换一次巴尔干地区的地图。1999年5月7日夜,北约轰炸我国驻南斯拉夫大使馆,这一震惊世界的暴行几乎在同时就以电话、电视、传真等多种通信方式传到国内,数小时后就家喻户晓。

当前,信息有效期逐步缩短的趋势,给信息的利用带来了巨大的压力甚至是风险。例如,当发现敌方实施远程导弹袭击时,对其拦截只有几分钟甚至几秒钟的反应时间,错过这一瞬间就会失去机会;若地图不能及时更换和修改数据,就可能使需要地形数据支持的各类信息化武器系统失灵,情况判断出现重大错误;以美国为首的北约轰炸我驻南使馆后,我国若不能在当天及随后几天内一连串的快速反应,则可能在国际上陷于被动,在国内造成不应有的麻烦。

七、电磁辐射体剧增,电磁干扰严重

随着各类新型无线电通信手段的启用,无线电通信频谱已十分拥挤,目前高频、甚高频、超高频和特高频均已饱和。在5.95-26.1的短波波段,每小时有22000多个电台在进行广播,其中美国有广播电台8650多座,俄罗斯有6200多座,英国广播公司(BBC)在本土和国外有350多座,我国有广播电台215座及转播台575座;军用和民用通信电台的数量要远远高于以上广播电台的数量,仅俄罗斯一个集团军就有3万个以上各类电台，信号密度可达每秒120万个脉冲。全球范围的电视台、电视差转台、电视接收台数不胜数，仅我国在1996年，就有电视台约700座，有线电视台700多座，每周播发时间21044小时，电视差转台24361座，电视接收台12685座。1－10千兆赫的频段，有雷达、遥感、遥控、遥测、导航、卫星通信等许多电子信息系统在争用。到1998年底，我国移动通信基站达到34636个，移动通信用户台达到2500万个，并以每年近100%的速度增长，无绳电话机也达到2000－3000万个。仅按以上电磁辐射设施、设备数目统计，我国的电磁发射体的密度就达到了每平方公里6个。若再加上对国防信息系统有干扰的电力系统、计算机、电动设备、电器设备等电磁辐射体，其电磁辐射体的密度还要翻番。

由于大量使用电子信息设备和电磁辐射体的高密度化，使其相互间的电磁干扰已达到非常严重的程度，对国防信息安全构成了严重威胁。1991年，英国一架波音767－300飞机刚刚从曼谷起飞不久就坠毁，机上223名乘客和机组人员全部遇难。事后调查的结论是，有一台笔记本计算机或是便携式摄象机亦或是移动电话的电磁辐射，“神秘”地启动了飞机的反向推进器。

八、信息网络管理严重滞后

一项新技术出现，应用在先管理在后，这是普遍规律。先有完善的管理措施和法规，再进行新技术的应用，是不符合人们的认识规律的。就如同在美国向日本投下两颗原子弹之前，不可能出现后来的核裁军及核不扩散等条约一样。因此，由于现代通信网络技术发展和应用极其迅猛，而其管理都较为滞后是不足为奇的。但是，由于包括计算机互联网络在内的现代通信网络已基本实现全球化，几乎全世界所有各形各色的人都在使用，从而使得管理滞后的问题更加突出，由其所造成的后果不亚于实际上核武器失控所带来的灾难。目前在计算机互联网上，色情、暴力、种族歧视及反政府的内容泛滥，“黑客”横行，“病毒”成灾，犯罪频发，已经到了无法无天的地步。这种形势，不能不说对国家和军队的信息安全构成严重威胁。

第八章 现代公共传媒对国防信息安全的挑战

如果说，现代社会最重要的特点是信息爆炸，那么爆炸力最猛烈的当首推公共传媒。据联合国教科文组织统计，近十年，全世界广播、电视台站的数量及播出时间都增长了十几倍至几十倍。各类刊物成千上万，五花八门，读不胜读。新兴传媒不断涌现，来势强劲。计算机互联网以其声、文、图、像等信息于一体，信息发送、接收和复制便利、资源共享、服务功能周到等优势，吸引着用户争先恐后地入网。以磁带、软盘、光盘为载体的电子出版物，被称为继语言、文字、印刷等出现之后的第四次革命，具有制作速度快、容纳信息量大、成本低廉、体积微小等突出特点，倍受公众青睐，现已达到与纸张出版物平分秋色的程度。现代公共传媒对人类社会的影响是前所未有的，其传播范围广泛，信息量大，内容丰富，时效性、新奇性和感召力强，接收便捷，社会各个领域和各个阶层都能感受到它的存在。作为人类社会中最重要领域的国防信息安全更是深受公共传媒的影响，尤其是随着国家及国际社会信息化程度的进一步提高，国防建设及军事斗争更加需要公共传媒的特殊作用，公共传媒的发展也更加离不开军事领域这块重要阵地，公共传媒与国防信息安全的联系将更加紧密，这对国防信息安全既有积极的推动作用，又有不利的影响因素，既是机遇，更是挑战。

第一节 利用公共传媒搜集情报的特点

世界范围内的情报活动，从表现形式来看，虽然光怪陆离，千变万化，但就其搜集情报的途径而言，不外乎有秘密的和公开的两种。随着信息分析处理技术的发展，情报信息来源已由过去的主要依靠秘密手段逐步向主要利用公开渠道过渡。据有关资料介绍，进入90年代以来，世界各国所需的各类情报60%以上来自报刊、广播、电视和学术研究论文等公开途径，有的国家公开承认来自公开渠道的情报达到了90%。之所以利用公共媒体搜集情报的成效如此显著，是因为它与秘密搜集情报相比，具有以下突出的特点。

一、便捷

搜集来自于公共传媒的公开资料和信息，不担风险，不受限制，所用人力、财力较之其它来源也少。公开出版物，一般都可以直接订阅，随时购买，或通过书店、报刊代理店等商业渠道搜集。可以通过参观考察、展览会、各种学术会议、旅游及委托搜集等途径和方法交换、索取各种公开资料。广播和电视有大量最新信息，无论平时还是战时，只要转动电钮，对准波道，就能收听收看。近年来，国际社会日益开放，为公开获取军事情报资料提供了比以往更为有利的条件。例如，原子弹技术，对任何国家来讲都是绝对机密的情报，以至原子弹诞生长达半个多世纪，而其制造技术还牢牢地掌握在少数几个国家之手。世界上许多国家长期致力于此项内容的情报搜集和研究，耗费了大量的人力、物力和财力，至今也未有结果，而美国一位大学生，用了4个月的时间，通过查阅一些有关原子弹的宣传材料和公开资料并潜心研究，成功地画出了制造原子弹的设计图纸，致使一些国家闻讯后，竟相出高价购买这位大学生的设计拷贝。

二、及时

及时，是利用公共传媒搜集情报信息的又一大特点。而这一特点的存在，是由公共媒体传播信息的及时性决定的。就报纸、广播、电视等公共媒体而言，其传播的内容非常强调新闻性和及时性，对世界上发生的每一事件，特别是重大事件，哪家媒体能在第一时刻将反映该事件的信息首先播出，哪家媒体就有了该信息的独家专有权，就会带来可观的经济效益。可以说，传播内容的新闻性和及时性，是公共媒体生存之根本，竞争之焦点。为此，世界各大通讯社、电视台和报纸的记者遍及全球各个角落，他们为了争新闻、抢头条，敢于到最危险、最热门甚至最荒僻的地方去,加之现代通信技术高度发达,只要地球的任何地方有什么风吹草动,消息很快就会见诸报纸、广播、电视,传播的速度几乎达到了"同步"的程度。随着新技术的发展和广泛应用,新闻电讯将更加快捷,报刊发行速度将不断提高,而且具有较强的连续性,还会附以必要的背景材料,图书期刊的出版周期将进一步缩短,这些都将为及时地从公共传媒搜集情报创造更加有利的条件。

三、有效

公共媒体传播的内容非常丰富,涉及社会生活的各个领域,上及星际天文,远及千古历史,广及洋洋中外,下及风土人情,不论是"宇宙之大",也不论是"昆虫之微",凡是经济、政治、军事、文化、科技、文学、艺术等各方面新发生的事情,都是公共媒体关注的焦点。丰富的内容自然各有其用,其中更是蕴藏着大量对国防建设和军事斗争有价值的情报和信息。在此领域进行的情报活动,不仅为各情报机构增了光添了彩,而且为其所在国的军事机构和组织的决策及发展提供了强有力的支持和帮助。利用公共媒体搜集情报的有效性主要表现在以下几个方面:一是可以为国家和军队广泛地了解国际形势,正确地进行战略决策提供依据。国家和军队制定各项方针政策,都是建立在对客观形势进行科学分析研究基础上的。战略决策需要的政治、经济、军事、社会等多方面信息,很大部分是可以从公开资料中获得的,有些全面、系统、具体的材料有时还是其它情报来源不能获得或较难获得的。当然,进行战略决策还需要其它来源的情报和己方情况,但公开资料的作用是不可低估的。二是可以了解敌人战争准备和战场准备情况,系统研究敌情,为进行军事斗争做准备。军事斗争中所需要的敌方军事思想、战争潜力、兵要地志、军事行动等等,都可以从公开传媒中得到大量具体材料。三是可以深入了解全面情况和正确把握战略动态,对进行复杂的斗争大有帮助。国际斗争错综复杂,各种问题和事件层出不穷,有些是同国家根本利益密切相关的,而且不少与军事斗争有着直接的联系。从公开资料中可以获知事件和问题的来龙去脉及各方的立场、看法和态度，有利于善谋对策。四是对国家安全、国防建设和军队建设提供新的思路和借鉴。国际局势、社会经济状况和军事系统都在不断发展之中，新的事物不断产生，国家和军队必须认清这些变化，从中吸取有益的东西，决不能漠然视之。公开资料大量传播有关科学技术发展的信息，对国家和军队也是极其有用的。

四、公开

公共传媒面向的是公众，传播的信息是公开的，这为情报机构和人员搜集情报提供了公开、合法的途径。特别是在人们越来越认识到信息共享重要性的信息时代，公共传媒机构越来越多，为公共传媒提供信息者更加积极主动，很多过去的“内部刊物或信息”被摘去神秘的面纱，公开、透明成为时尚，使得公开搜集情报更加便利。据联合国教科文组织的统计，全世界共出版报纸 6 万种以上，每期发行量约 9 亿份，各种期刊近 7 万种，几乎每个行业都有其代表刊物。目前，世界上约有各种出版社 16 万余家。有世界出版业中心之称的美国，目前出版业的人数达 60 余万，共有各种出版机构 2.9 万余家，平均每年出版图书 5.6 万余册，各种期刊 1.15 万余种，约 3 亿册之多。在世界出版大国中，每年出版图书超过一万种的有 15 个国家，它们依次是美国、俄罗斯、德国、英国、日本、法国、西班牙、巴西、意大利、中国、荷兰、韩国、印度、波兰、南斯拉夫。1993 年，仅中国出版的图书就多达 4 亿余册，西方国家四大通讯社（美联、合众、法新、路透社）传播西方国家 80——90%的新闻，日发稿总量高达 3500 万字。毋庸置疑，如此数量庞大的报章杂志、图书文献和广播电视，确实是取之不尽用之不竭的情报资料来源，其中可供选择的余地是相当大的。

第二节　利用公共传媒搜集情报的基本途径

利用公共传媒搜集情报的基本途径与公共传媒的种类是相一致的，有什么样的公共传媒，也就为情报机构提供了什么样的情报搜集途径。随着现代公共传媒的发展，通过公共传媒搜集情报的途径正在逐步增多，如广播、电视、计算机国际互联网、公用通信网、刊物、图片等，它们各有其特点和优势，在情报搜集活动中都扮演着相互不可替代的重要作用。

一、广播

无线电广播，是依靠无线电波传递声音信号，供有接受装置的人们收听的一种媒体和宣传工具。自从1920年11月2日，世界上第一家广播电台在美国匹兹堡市开播以来，无线电广播事业发展极为迅猛。无线电台广播传播信息及时生动，影响广泛，不受时间、空间、自然条件和人为条件的制约，在现代新闻事业中已居于十分重要的地位。世界上许多国家的政府，都把广播作为重要的新闻传播媒介。特别是在欧美一些广播事业发达的国家，表现尤为突出。当今世界，可以说广播电台林立，遍布世界各地。到目前为止，就其发展规模而言，全世界160多个国家和地区兴办了广播事业，各种类型的广播电台数以万计，现在全世界晶体管和半导体收音机已多达16亿多台，在世界总人口中，平均每3个人1台。且每个国家都设立了对外广播，使用多达几十种语言。各国政府都利用无线电台广播发布新闻、传达政令、报道国内外大事。通过无线电台广播，每天都向空中发出大量的有关政治、经济、军事、商业等各方面的信息，使用一台收音机，就可以收听所需要的信息。在这浩瀚的信息海洋中，通过搜集、整理、分析和研究，可及时地筛选出有价值的情报，使之尽快地发挥作用。美国各主要情报机构都设有外国广播新闻处，在全世界范围内部署有4万多个无线电广播监听站，同时还发射了截收用的侦察卫星，负责接收外国的无线电广播信息。日本东京的电视公司有一个附属楼，楼顶装有五根电杆，架设着梯形天线。在楼房的第四层，有80名工作人员分别用15台接收机昼夜不停地监听着俄罗斯、中国、朝鲜、越南等国的无线电广播。监听中国广播的共有7人，他们收听中国二十九个省的广播，并将其中热门新闻即刻通知有关的报社和电视台。对于那些带有与会者名单的会议报道，他们更加注意，从不遗漏。一些国家的情报部门把收录我国广播作为搜集我国政治、经济、军事情报的重要渠道。他们在我国周边一些国家和地区设立专门收录我国广播的监测机构,把我国广播节目全部录下来分析研究,寻找对他们有用的东西。无线电广播是敌对国家搜集我有关情报的基本途径之一。因此,无线电广播的节目内容要严格选择、严格把关,对关系到军事、国防和国家安全等方面的内容要严格审查,要有很强的保密观念,尽可能做到不被敌对势力利用。

二、电视

电视事业是20世纪30年代兴起的一种大众传播工具。电视广播是在无线电广播的基础上发展而来的,它是无线电广播的延伸。但同广播相比,电视视听兼备、声图并茂,更符合人们认识事物和观察事物的规律,因而也更受人们的欢迎,是当今最具有社会影响力的公共传媒之一。虽然电视事业还较年轻,但其发展异常迅速,已被广泛应用于大众传媒、科研、经济、军事、教育等众多领域,其地位和作用日益显著。目前,世界上几乎所有的国家和地区都开办了电视台,电视机的数量已达6亿多台,在全世界总人口中,电视机平均每7.7人1台。在经济发达的国家, 电视机已成为人们日常生活中的必需品。作为一种传播工具,电视主要功能是通过生动、具体的画面来传播新闻,传递信息,传授知识,提供文化娱乐和社会服务。它不仅能向人们报道在什么时间、什么地点、发生了什么事情,而且能使人们通过画面亲眼看到新闻事件的场景,亲眼看到新闻人物的形象。电视通过画面把现场的形状、表面特征、颜色、动作过程以及现场的声音一一传到观众的眼里、耳中,使人仿佛身临其境。因而,电视新闻较其它形式的新闻具有更强的可信性。电视凭借电波传送内容,迅速及时,特别是利用通信卫星传送电视节目的出现,更使电视新闻的时效性大大增强。它能把一个国家发生的事件迅速传到另一个国家,甚至可以把新闻事件从地球的一端迅速传播到地球的另一端。正因为如此,电视已成为世界上许多国家情报机构用来搜集情报的重要工具。

三、因特网

因特网(Internet)的诞生,已有了20多个年头。其间,它走出实验室,步入社会,一举成为千百万人使用的工具。过去世界上第一个网络ARPANET,主要是供数千名计算机科学家籍以使用多台计算机设备、共享文件资源和发送电子邮件。而今天,它已发展成为遍布世界各地,拥有6000多万个用户,由全世界近千万台计算机和数以万计的各种计算机网络互连而成的全球网络。Internet互联网具有"百万吨"级的数字化信息资源,几乎能想得到的任何信息媒体——图形、软件、书籍、图书目录、公告栏、数据、声音、影象、期刊、新闻、报纸、杂志和档案,一应俱全。网上备有成千上万彼此独立的数据库和档案库,并可联机检索,它实际上已成了一个颇大的"临境图书馆"。广大的科学家、工程师、教师、学生、图书馆馆员、医生、企业家、乃至政府官员,都在依赖Internet互联网及其它网络,与其同事进行通信,收阅电子书刊,浏览公告栏目,登陆数据库以及使用远程计算机和其它设备。为加速国防建设,许多国家的军事机构也将国防计算机信息网络与Internet互联,将军事贸易信息、国防研究数据、军事建设规划、军事装备采购来源选择数据、军事人员健康记录、人事档案和武器系统维护记录等信息上网。由于Internet互联网具有全方位、大规模的信息资源及便捷的通信能力,所以已成为新的最理想的公开搜集情报的途径。同时,由于Internet互联网规则的自由化和防范的脆弱化,也使"非法分子"的秘密窃取情报大有市场。如1995年至1996年间,一名来自阿根廷的攻击者利用Internet访问了一所美国大学的计算机系统, 并从那里闯入海军研究实验室、美国航宇局、LosAlamos国家实验室等处的网络。这些单位的系统中有敏感的研究信息,如飞机设计、雷达技术、卫星工程等方面的信息。这些信息最终将用于武器和指挥控制系统。但是却不能确定哪些信息遭到了破坏,也无法估算此次事件造成的损失。

四、公用通信网

公用通信网是指面向公众的覆盖某个地区、全国乃至全球的固定通信与移动通信结合的通信网络。其信道主要有地缆、海缆、光纤、卫星、微波等通信线路组成。随着科学技术的发展和通信现代化、自动化水平的提高,公用通信网络互通能力越来越强,现在已不仅是地区与地区之间的联网,而且国家与国家之间通信网络互联已非常普遍,越来越多的诸如铱星通信系统等供全球使用的通信网络已经建成或在建设之中,可以说“千里眼顺风耳”已不能反映出现代公用通信网的功能,“全球眼世界耳”可能更加恰如其分。在纵横交织、铺天盖地的公用通信网上,每时每刻、每地每处都在不停地流动着千姿百态的信息,其中不乏具有重要价值的情报,它历来是各国情报机构搜集情报的重要途径。利用先进的设备和技术在公用通信网上获取军事、科技情报已不罕见。近年来,国外一些电脑专家利用电话线、微波通信等设施控制别国的军事、民用电脑,并窃取军事秘密的事件就屡见不鲜。1988 年,联邦德国的 7 名计算机专家利用太平洋上空的通信卫星,很方便地进入了美国的国防情报网,窃取了星球大战计划、隐形轰炸机及空军司令部的情报,然后卖给前苏联克格勃。1991 年上半年,荷兰的一批电脑专家利用当地的电话线,接上了美国国际电脑网,轻而易举地进入了美国肯尼迪太空中心、太平洋舰队司令部、劳伦斯尔摩国家实验室和斯坦福大学的电脑系统,时间长达 6 个月,窃取了大量秘密。另据有关资料报道,目前国外已研制出的手提箱式窃听设备可以同时窃听几十部电话,稍大一些的设备可以同时听上百路电话,自动跟踪速度已达几十个微秒的量级。利用国际电话线路,或以各种名义到别国对其有线电和无线电通信线(电)路进行窃听,搜集军事、科技和商业等情报的活动十分猖獗。

五、出版物

出版物,是一种以文字、图形、符号等手段记录和传播信息的媒体,有图书、报纸、期刊及特种文献等类型。长期以来,出版物一直是以印刷品的形式出现,近几年随着电子存储技术发展和在出版界的广泛应用,各类刊物的电子版开始纷纷涌现,出版业正在实现一场历史性的革命,使得出版物的目的性更强、信息量更大、传播更快、使用更便利,具有了比以往更加强大的社会影响力。据统计,全世界每年出版的图书有几十万种,期刊大约有13万种,发行的报纸有几万种,发表的科技报告70余万件。在如此浩瀚的公开出版物里有许多重要的资料,如果认真筛选,能发现很多实际上属于秘密的东西。如某省报在一篇通讯文章里,竟将该省一批国家战略储备点、警力配置等情况公诸于天下。有些关于科研工作者的人物报道中,将国家保密项目泄露出去。有个日本人从一贫如洗变为3500万美元的大富翁,全靠从前苏联报刊上的科技论文、科技成果报道中收集科技情报加以贩卖。第二次世界大战时期,一个瑞士人写了一本反映希特勒扩军备战的书,这本书落到希特勒手中后德国间谍机关欲查明这个瑞士人是怎样窃取到这些军事秘密的。后经查实,原来书中的材料全部来自德国各地的公开报刊。当今世界各国情报机构都十分重视收藏各类公开出版物并从中搜集情报,美国中央情报局和原苏联克格勃每年都花很多钱用于订购外国报刊及图书资料,并有大量专门人员对这些刊物、书籍进行分析研究。就连我国一位资深外交家在《世界知识》杂志上公开连载的"华沙会谈"长篇回忆录,也被美国中央情报局全文翻译印成单行本,供情报研究人员参考。日本自卫队编制有用于专门搜集公开出版物的"陆上自卫队资料队",下设第一科(俄罗斯、东欧)、第二科(亚洲)、第三科(美国、西欧、非洲、中近东)、第四科(国内),还有技术科、地志科、整理科等,搜集并翻译的世界主要报刊杂志有:原苏军机关报《红星报》、《军事通报》、美国《航空周报》、德国《士兵与技术》及我国的《人民日报》、《解放军报》等。

六、新闻图片

新闻图片具有真实、直观、生动、形象、便于搜集和存贮等特点,若配以文字说明,更具宣染力。世界上每个国家都有新闻图片出版物,在这些新闻图片中,包含着诸如政治、经济、国防、军事等方面的大量信息,而且这些图片大都是反映在各方面的最新动态,也说明了某一方面的时代背景。新闻图片也是各情报机关注意搜寻的对象,通过公开的新闻图片可搜集到许多所需的情报。如1934年美国《纽约时报》社,在德国柏林设立了一个办事处,办事处办了一个《世界新闻图片展览》,兼收售一些新闻图片。一个名叫葛兹的德国人,成为这个展览最热心的光顾者。他每天都要花上好几个钟头,小心翼翼地仔细端详着每一张新到的图片,并从几百张人物、风景图片中选购他所"需要"的图片。结果他从一张报道法国夏托鲁附近火车失事的新闻图片中,巧妙地得到了失事火车背后那个隧道的容积的情报;从一张以海滩为背景的布赖谷银行的照片中,搜集到了那个海滩的有关地形的情报;还有英国海军德林号军舰访问智利海港的新闻图片,以炮台为衬托的威斯特波莱特岛的美丽风景照片,都成了他搜集情报的绝好材料。他并不是一个普通人,而是德国高级情报机关的一名少将情报官。他从新闻图片中搜集的这些情报,对德国在第二次世界大战中的一些军事行动起了重要的作用。随着世界科技的高速发展,通过侦察卫星拍摄的图片已不再是什么机密,正在逐步公开化、商品化,许多图片在公共媒体上传播,并被各国情报部门广泛运用。1986 年底,美国一家报纸公开刊登了一幅间谍卫星照片,揭露了前苏联一个秘密航天基地。并附有一条广告说,拥有这颗间谍卫星的某公司宣布,任何人只要肯花 575 美元,就可以得到这一组卫星照片。在美国,这一类卫星照片已经常在电视新闻中出现。最近,美国的电视和新闻机构宣布,他们打算联合起来,发射一颗自己的卫星,以便使卫星图片成为每天的电视新闻的固定节目。

第三节　公共传媒对国防信息安全的主要影响

由于公共传媒的迅猛发展及其极大的渗透力和影响力,其对国防信息安全的威胁不容忽视。主要表现在以下几个方面:

一、公共传媒对军事领域的渗透加剧

自从有了现代意义的公共传媒以来,公共媒体一直对发生在军事领域的事情十分关注,大到战争,小至一种新装备,都没有摆脱过公共媒体的介入。随着人类社会的进步和生活水平的提高,人们对

和平的追求更加强烈，对国防建设和军事形势倍加关心。同时，军队建设需要开放，需要社会更有力的支持，从而会导致公共媒体对军事领域更加深入地渗透，这是历史的必然。

(一)军事问题越来越成为新闻媒介关注的焦点

军事力量的强弱，标志着一个国家的政治稳定、经济繁荣和国防稳固的程度，同时也代表着这个国家的科技发展水平。正因为如此，一些军事行动如军事演习、武器实验以及一些新的军事装备和军事技术等，都成了新闻媒介关注的焦点和记者追踪的热点。宣传和报道军事演习、武器实验、科技成就等，可振奋民族精神，鼓舞军队士气，对提高国际地位和声望具有重要意义。但如果报道把关不严，组织不好，就容易泄密。所以世界各国政府非常重视新闻报道中的保密工作，并把它和国家安全相提并论。墙垣虽厚，总有缝隙。随着科学技术的发展，通信手段日益现代化，新闻媒体的传播速度加快，且大多新闻媒体为提高自己的声望。把抢发独家新闻作为营销战略。如素以新闻“自由”立场著称的英国《卫报》，在英国议会辩论巡航导弹问题的前夕，把一位不愿透露姓名的人提供的《美国国防部长致英国首相关于部署巡航导弹的备忘录》影印件，全文刊登了出来，使美、英当局十分恼火。又如英国“铁腕人物”撒切尔夫人执政期间，英国广播公司电视部记者坎贝尔，制作了一套叫做“秘密社会”的专题节目，首次披露了“钻石”间谍卫星的秘密。坎贝尔又在《新政治家》杂志上发表披露政府计划发射间谍卫星内幕的文章，不仅使英国在国际间谍战中“亮相”，而且造成的经济损失起码有8亿美元。

局部战争以及国家之间的热点问题更是新闻媒介关注的焦点。战争成功之要素是保密，新闻业成功之要素是公开。新闻与情报的区别正是在于是否公开发布。在历次战争中，西方军界与新闻界的关系是疙疙瘩瘩，怨多恩少。对于一般公众而言，他们多半是倾向于新闻界的，因为现代战争所诱发的信息爆炸若被遏制，公众的“焦虑性饥渴”感将无法压抑，愈演愈烈。在海湾战争中，美英行政当局和军方设计的史无前例的新闻管制措施引起了抗议的轩然大波，难怪英军的有识之士说，在海湾战争中，第一个死难者不是士兵，而是战争的真相。海湾战争中，鉴于各大新闻媒界的大批记者云集中东的既成事实，美国国防部规定，所有从战地发出的电文、图片必须先经过军方的安全审核，报道中不能提及士气状况、部队集中地点、番号、武器型号和数量以及作战或后勤方面的弱点等。尽管管制如此之严，仍不乏有大胆的记者，采取各种手段，把战地实况发往世界各地，公诸于世。

(二)军队建设开放程度增大为传媒提供了便利条件

军队建设的开放化，主要表现之一是日益广泛的国际间军事交流与合作，此内容第六章已作过论述，在这里省略。另外，军队建设的开放化还表现在以下两个方面：

一是军事刊物的公开化。开办军事刊物，是世界各国军队现代化建设的共同特点之一。我军在加快现代化建设步伐的同时，也非常重视各类军事刊物的建设，以提高全军军政素质和科技文化水平。军委、总部、各大军区、各军兵种都创办了报纸和相应刊物，各科研单位和军兵种各院校也都有自己的刊物。在这些报纸和刊物中，大多是报道各军兵种、科研单位、院校的军事训练、教育、科研、学术研究等军事内容，在这些报纸、刊物很多都涉及我军事秘密，虽然有的带有密级、内部刊物等标志，但随着同地方有关单位的学术交流，也有些报纸、刊物面向社会，公开发行。这些都给敌情报机关提供了可乘之机，为其搜集我军事情报大开了方便之门。如国外情报人员常常把搜集我军内报刊，尤其是各大军区、各军兵种办的小报，作为获取我军事情报的重要渠道之一。他们通过仔细阅读、查找、分类、积累、综合，从中得到有关我部队的番号、驻地、军官姓名、人员素质、武器装备等重要情报。日本防卫厅研究所第三研究室负责人平松茂雄公开声称，要想了解中国问题动向，阅读公开资料就足够了，主要是要通过分析。他进而举例说："《世界军事力量对比》杂志曾经报道中国的军事支出近100亿美元，与日本大致相等。按此类推，军费仅占国民生产总值的4%，而其中用于人员的费用又占80%，这样算，中国的武器装备的研制购置仅 12 亿美元。”“我从分析的经济数字看，中国一定得裁军。”从而得到了我国将要进行大规模裁军的情报。从平松茂雄的一番话中，我们可以领悟到外国人是如何从中国的公开宣传报道中搜集和分析有关有军事价值的情报的。

二是军队保障社会化。军队是社会大系统的一个组成部分。社会是军队赖以生存和发展的强大依托。随着以价值规律为基础、以开放为本质特征的市场经济的不断发展，必然打破人财物等资源在地区之间、行业之间的分割和封闭，在较大的时间空间范围内实现资源流动配置，其触角必然延伸到包括军事在内的一切社会领域。军队保障社会化是历史发展的必然趋势，是军队建设的普遍规律。依托社会实施保障早已是许多国家军队的普遍做法，越是现代化的军队，军队保障的社会化程度越高。美、英、法、日等市场经济发达国家的军队，把民间力量看作是“第二条腿”，保障力量主要来源于市场，来源于社会。我军在保障社会化方面也有很长的历史，只不过是范围很小。随着我国经济体制由计划经济向社会主义市场经济转变，经济运行方式日趋社会化、市场化，军队保障的进一步社会化问题已经摆在我们面前，目前有许多单位已经开始了这方面的探索。可以相信，随着改革开放的不断深入，我军保障社会化程度将会逐步扩大。显然，社会化保障是公开的，军队的规模、行动等与保障需求是成正比的。只要对后者进行系统的分析，就能够对前者进行全面的掌握。因此，在实行军队社会化保障的同时，必须十分注意保密问题，通过对供求关系及方式、方法上的灵活处理，避免军队重要机密的泄露。

二、对公共传媒泄密的监控难度加大

随着我国的改革开放，各条战线呈现出一派欣欣向荣，蒸蒸日上的大好形势，新闻报道、广播电视、书刊出版等，都以各自的形式宣传我国政治、经济、军事、国防等方面的可喜成果，从而振奋民族精神，调动人民群众建设有中国特色社会主义的积极性，鼓舞三军士气，壮我国威、军威，提高我国的国际地位具有重要意义。但在新闻媒体的大量宣传报道之中，泄露国防涉密信息的事件也时有发生。例如，在改革的浪潮下，新闻媒体宣传的力度加大，一些单位在宣传报道中，对密与非密的界限掌握不好；有的印刷出版单位制度不健全，或只为经济效益，私自出版涉及国防秘密的书报、刊物；更有甚者，个别新闻工作者追求名利、效益，强调“新闻自由，文责自负”，发表一些涉及国家和军队秘密的新闻和书刊。

公共媒体在报道国内政治、经济、军事、国防、科研等方面的内容时，对于公开性和保密性的关系有时处理不好，另外新闻记者天天接触很多有密级的材料，久而久之，易产生“无密可保”的麻痹思想，写稿、发稿时无意中把本不应该公开报道的东西发出去了。在报道科研成就、国防成就、军队建设成就时，稍有不慎就容易把数字、地点、单位等涉密内容报道出去。这些从国外报道和有关资料中就可足以说明。日本《经济新闻》曾载文专门介绍外国人从中国的公开材料中搜集我情报的途径和方法，包括实地调查、建立关系、同中国政府官员交谈，同中国驻外办事机构人员交往，注意群众议论和小道消息，以及培养中国通等等，其中特别提到的一条重要途径是通过各种宣传媒介搜集情报。《日本经济新闻》编委冈田弘更直言不讳地说：“弄到高质量的中国情报的秘诀是：当你遇到重要的公开消息时，只要追溯一下过去的政治经济形势和领导人的动静，那么众多的现象的脉络犹如涂上隐显墨水一样就会呈现出来。人事变动有前兆，数字里面有文章，要注意完善无缺的报道有着相反的情报。”又如，应我国某工业大学之聘来华任教的一名美国“文教专家”在中国期间，通过各种关系订了 88 种报刊。1981 年回国时，一次就带走了 900 公斤的资料。1982 年再次来华，回国时又带走了 1100 多公斤的资料，他之所以要把这些资料不厌其赘地携至万里之外，正是由于这些资料中闪烁着情报的光点。

三、公共传媒泄密后损失加重

在现代社会，公共传媒的影响巨大。稍有不慎，就极易造成泄密。从以下数字中可以看出公共传媒泄密的程度。冷战时期，日本外务省对形势的分析和判断有 70%来自公开情报。前苏联情报机关克格勃也公开承认,它的情报 90%是从公开渠道获得的。一向以机敏著称的以色列情报机关"摩萨德",公开承认,从各种途径中获得的情报,其中 65%来自报刊、广播、电视和学术研究论文等公开途径,25%来自人造卫星、电传和电话等,5%来自大使馆,5%由代理人提供。一般说来,各国的新闻媒体都是为其政府服务的,是政府的舆论工具,是在无意之中泄露了秘密。但也有强调新闻自由,为追求报道的轰动效应,故意泄密的。。

公共传媒泄密的严重性在于,其造成的损失是无法挽回的。尤其是广播、电视、报纸发布的信息,人人可以收听、收看或阅读,一旦造成泄密,知悉范围广,影响面大。如果在报道国家的大政方针、重大军事行动、国内科技动态时,泄露了有价值的信息,而被敌方所利用,将会在国际斗争中处于不利地位。如本世纪 60 年代,前苏联为了进一步对抗美国,坐稳核垄断的第一把交椅,而决定单方面秘密恢复核试验。可就在恢复核试验的前几个小时,美国得到了这一至关重要的情报。因为莫斯科广播电台在恢复核试验之前,曾在国内的新闻节目中播发了这条消息,使美国在反苏宣传上掌握了最有价值的证据,使前苏联在外交上陷入了被动。

第三编
加强国防信息安全的基本对策

研究制定国防信息安全的对策措施,必须针对新时期国防信息安全面临的形势、任务和特点,既要立足现实,符合国情、军情,又要着眼发展,面对新技术应用对国防信息安全提出的新挑战,有新手段和新办法。大量事实说明,新形势下国防信息安全面临很多亟待解决的新问题,加之国防信息安全工作又是一项综合性比较强的系统工程,涉及到方方面面。因此,维护国防信息安全,必须依靠与国防建设有关的党、政、军各方面力量的共同努力,扎扎实实做好工作,认认真真确保落实。

第九章　全民动员,营造国防信息安全的有利环境

1996年召开的全国保密工作会议为国防信息安全工作指明了方向。国防信息是党和国家机密的核心,是影响国家安全的最重要的内容,要确保其安全,就必须认真落实保密工作会议精神,全面加强必要的硬件和软件建设,使国防信息安全系统做到工作机制健全,内部管理严格,监督检查经常,理论研究深入,安全教育普及,环境氛围有利。

第一节　建立健全国防信息安全工作机制

一、健全国防信息安全工作机构

从当今世界一些主要国家情况看，国防信息安全工作可分为多机构兼管与专门机构专管两种情况。必须看到，随着现代信息技术的迅速发展，国防信息的保密与反保密、搜集与反搜集、获取与反获取的斗争将日趋激烈，多机构兼管将难以适应新形势的需要，而建立健全国防信息安全专职机构实行统一管理则势在必行。

从国防信息的基本属性和相关性不难看出，一方面它主要是产生于军队及其国防系统内部的军事活动，另一方面，它又必然涉及到其它诸领域与之相关的各项活动。因此国防信息安全机构的建立必须坚持以军为主，军地结合的原则。

既要在军内逐级建立国防信息安全机构，又要在地方县以上政府机构中，将国防信息安全作为专项工作纳入相关部门正常业务工作之中，并逐级进行对口领导。

在各级国家安全、保密、档案和公、检、法以及通信、广电、新闻出版、国防科研、军工企业等国防信息重要涉密单位（部门），也要开设国防信息安全专项业务或编制专门机构。

二、理顺国防信息安全工作关系

首先，在行政隶属关系上，国防信息安全机构是本级编制中的重要组成部门，因此，必须在本级党委领导下开展工作。

其次，在业务上，国防信息安全机构又是上下贯通、职责明确、整体运转的独立系统，因此，在上下级相应机构之间存在着业务上的领导与被领导关系。

再次，由于国防信息安全工作与其它工作相比，有着保密性与时限性强，内外涉及面广，工作程序复杂等突出特点，因此，在行政与业务领导上保持双轨运行的同时，在工作开展特别是在具体任务的完成上也可按业务系统单轨运行。

最后,军地国防信息安全工作机构之间总体上应构成主次关系。一方面,前者应对后者进行经常性的业务指导,后者则应及时向前者通报有关情况;另一方面,两者又是密不可分的协同关系,一旦一方需要,另一方应全力协助其完成当前任务。

需要特别强调的是,党的各级保密委员会是负责保密工作的专门组织,其基本职能是代表各级党组织领导本地区、本部门的保密工作,研究和解决保密工作中的问题。因此,本级国防信息安全机构或相应工作,自然是其必须实施领导的重要对象或内容,相应地,国防信息安全机构在除必须单轨运行的情况下,也必须积极服从与接受本级保密委员会的领导和工作指导。

三、明确国防信息安全工作机构的职能

国防信息安全工作机构的职能,涉及其所担负的职责、任务和职权范围,是其开展工作的重要依据。主要包括:

1、制定国防信息安全工作计划和预算;

2、为本级党委(保密委员会)、主要领导和上级相应机构提出国防信息安全方面的报告和建议;

3、负责本级(或含下级)机构工作人员的选调、培训、调配、使用及组织建设。必要时可在机构之外发展国防信息安全工作的辅助力量和组织群众性安全防护;

4、负责国防信息安全的硬件建设;

5、根据需要介入或直接参与有关部门或单位的国防信息安全工作;

6、指导和监督、检查下级相应机构的工作;

7、搜集、掌握有关国家(地区)和集团情报机构、人员针对我国防信息进行侦察、窃取、破坏的目标、活动、手段、目的等方面的情况。并进行预测、分析、评估,制定应对方案,采取反制措施。单独或协同公安机关查处案件。

四、创造国防信息安全工作条件

现代条件下的国防信息安全工作,呈现出了许多新情况、新特点。一是国防建设与其它领域的相关性使信息源大大增加，国防信息安全工作的范围明显拓宽；二是随着科学技术的迅速发展，使国防信息载体和传输渠道越来越多，国防信息安全工作的技术特征越来越明显；三是用于侦察、窃取和破坏国防信息的手段多样，隐蔽性强，国防信息安全工作的难度明显加大。近几年来频繁出现的侵袭计算机网络的“黑客”案件就是充分的例证。据统计，美欧等国金融机构的入网计算机被入侵高达77%，而对美国国防系统的入侵成功率则高达65%，越来越多的证据表明，“黑客”的攻击对国家安全和利益已造成日益严重的威胁。比如，曾在1979年仅凭一台电脑和一部调制解调器，就闯入了美国北美空中防务指挥部计算机网络主机的15岁计算机黑客文·米特尼克就曾说：“巡游五角大楼，登录克里姆林宫，进出全球所有计算机系统，摧垮全球金融秩序和重建新的世界格局，谁也阻挡不了我们的进攻，我们才是未来世界的主宰”。而美国著名的微软公司总裁比尔.盖茨则深有感触地说：“最让我束手无策的商业对手便是那些隐藏在网络后面的黑客”。德国《快捷报》也曾载文惊呼：“在未来的时代里，只有黑客能改变这个世界的所有秩序，无论是经济秩序，还是军事秩序。”然而，不管他们讲的是否难免有言过其实之嫌，但高技术条件下的信息安全所面临的挑战确实由此可见一斑。因此，只有从多个方面为国防信息安全工作积极创造条件，才能使此项工作更好地适应当前形势的需要。

(一)权限条件

国防信息安全工作是隐蔽战线斗争的重要组成部分，其工作特性要求必须赋予相应的权限，使之能够顺利开展工作，防止因权限不清给其工作造成障碍或给国防安全造成不应有的损失。比如，美国为保护中央情报局的工作，1949年通过的《中央情报局法》就规定，任何法规不得要求中央情报局公布其“组织、职能、名称、正式称号、雇用人的薪水和人数”。1981年在位的美国总统里根颁布的“12333号总统行政命令”，也为其具体规定了一系列特权。因此可以说，中央情报局之所以能够掌握大量秘密情报，也是它拥有一定特权的结果。

（二）人才条件

国防信息安全工作的特殊性，要求其必须具有政治坚定、思想敏锐、文化程度高、沉稳干练、身体健康的高素质专业人才。因此，一是应为其广辟人才渠道，必要时可将部分大学（军校）指定为固定人才供应单位；二是应明确规定其优先录用人才的权利；三是应加强培训，除对新录用人员进行岗前培训外，还应根据工作需要进行新的或专门业务技能训练。为使培训能够落到实处并实现制度化、规范化、经常化，必要时可单独或在军队、公安、武警等相关院校中组建专门训练机构。

（三）技术条件

技术条件的基础是设备。俗话说，“魔高一尺，道高一丈”。在情报获取高科技化的今天，仅靠传统手段已无法保证国防信息安全的需要。在 1996 年召开的中央保密委员会第四次会议上，任建新同志特别提出要加强对新形势下保密工作遇到的新情况、新问题的调查研究。要加大投入，加快发展保密技术。要充分利用现代科技成果，对泄密隐患和泄密问题，不仅要能检查和及时发现，而且要能够有效地防范，这是加强保密工作的一个重要途径。在同年召开的全国保密工作会议上，他又提出了要初步建立起现代化的保密技术防范体系的问题。近几年来，保密技术发展工作已被提上议事日程，从而使国防信息安全工作的技术条件有了一个较好的基础。随着形势的发展，还应不断改善信息安全工作的技术条件，逐步实现国防信息安全工作现代化。

五、完善国防信息安全工作法规

马克思曾经指出：“法律是肯定的、明确的、普遍的规范，在这些规范中，自由的存在具有普遍的、理论的、不取决于个别人的任性的性质。”就是说，法律是一种稳定而明确的社会行为规范。因此，以法律手段来调整、管理保密工作，是当前世界各国的通行做法，国防信息安全工作也不例外。应该看到，我国的国防信息安全保密，在国家的根本大法《中华人民共和国宪法》乃至《刑法》、《保密法》和《中国人民解放军保密条例》、《中国人民解放军通信保密规则》等相关法规中都有不同程度的涉及，对国防信息安全工作起到了重要的规范作用。但同时又必须看到，我国至今还没有建立起一套专门且完整、系统的相关法规，无法可依，无章可循的现象仍然比较突出。致使一些单位和个人国防信息安全观念淡薄，对涉及国防涉密信息的问题不分场合、对象、时机随便谈论，在非保密的通信、电话、电报中轻易涉及，为片面追求宣传效果而公开发稿披露，为标新立异扩大影响而盲目输入计算机网络，甚至为牟取不义之财而出卖国防信息情报等等情况屡有发生，给国防信息乃至国家、军队的安全造成了严重威胁。因此，完善国防信息安全工作法规是十分必要的。

（一）制定国防信息安全法规的权限

国防信息安全法规的制定工作和其它法规一样，应是行政机关（政府）依据有关法律所作的一种抽象的行政行为，其权限由全国人民代表大会及其常务委员会规定在宪法和有关组织法中，或者进行专门授权，不是任何一级政府或政府（军事）部门都能够自行制定的。

（二）制定国防信息安全法规的依据

国防信息安全法规的制定与其它法规的制定一样，是一项十分严肃的工作。必须做到有理论支撑，有实践基础。其主要依据是：

1、国家宪法与相关法律法规

从法律体系构成的角度看，广义的国防信息安全法规有宪法、法律、行政规章和行政命令等多种表现形式；狭义的国防信息安全法规则应是以具体的相应行政法规、规章和命令等形式表现出来的。从我国法制建设现状的角度看，与之相关的《宪法》、《刑法》、《保密法》以及军队的有关法规已基本健全，从而为国防信息安全法规的制定奠定了基础。它们尽管多是从国家利益、保密和刑事处理的角度进行宏观上的原则性规定，不可能对国防信息安全做出具体的规范，但却是制定后者的基本依据。因此国防信息安全法规既要全面、具体，又必须与“母法”和相关法律法规在精神实质上保持一致。

2、上级指示与有关工作精神

在这方面,作为党的三代领导核心的毛泽东、邓小平、江泽民同志都作过许多重要论述,在党和国家的许多重要会议、文件中也都提出过许多具体要求。因此国防信息安全法规的制定必须认真地充分体现有关指示精神。

3、国防信息安全形势与目标

依据国防信息安全形势与目标制定相应法规,是理论联系实际的基本要求和具体体现。国防信息安全形势主要包括思想认识、领导力度、组织建设、技术水平以及所面临的宏观任务情况等。一般地说,目标也是由基本形势所决定的,因为它的确定不能脱离人们的思想认识和可能的物质、技术基础。相应地,只有在上述基础和前提条件下制定的国防信息安全法规,才能够在实践中起到应有的规范指导作用。

(三)国防信息安全法规应包括的内容

国防信息安全法规主要应包括以下内容:

1、制定法规的依据、指导思想及其适用范围等

2、国防信息的概念和范围

现代高技术条件下,随着国防相关领域和信息物质载体的不断增多,国防信息的外延也在不断扩展。因此必须对国防信息的范围及其所包括的内容加以界定。主要包括:

(1)国家对于国防建设的指导思想、方针政策、规划措施和实施等情况;

(2)军队、预备役部队的规模、编制、番号、部署、任务、调动、装备、作战能力和主要训练等情况;

(3)战场建设的规划、布局、内容、投入、进展等情况;

(4)武器装备发展规划、研制、引进、性能、列装等情况;

(5)重大军事科研项目的规划、研制及成果推广应用等情况;

(6)国防和军队建设的有线电通信系统构成、密语及无线电通信联络规定、无线电密语的密钥和信号代密、通信内容资料等情况;

(7)其它领域中产生的与国防、军队建设相关的秘密信息;

(8)国防信息安全工作的开展情况等。

3、国防涉密信息等级划分

国防信息定密是国防信息安全工作的重要依据,如果密与非密界定不严,密级划分不清,轻则会影响工作的开展,重则会造成国防信息的泄露,给国家和国防建设造成不应有的损失。通常可参照《保密法》的界定方法,将其分为绝密、机密、秘密三个等级或按一级、二级、三级进行区分。"一级"是最重要的国防信息,直接影响着国家、军队安全和利益,泄露则会遭受特别严重的威胁或损害;二级是重要的国防信息,泄露则会使国家、军队的安全和利益遭受重大的威胁或损害;三级是一般的国防信息,泄露会使国家、军队的安全和利益遭受损害。

为确保国防信息等级划分的准确性,一是要对各级国防信息的基本范围做出具体规定,并在有关单位(部门)中公布;二是对国防信息的分级权限要加以明确,规定不同信息的原始保密分级权;三是对国防信息分级的原则和标准做出规定,要防止似是而非和界限不清;四是具有国防信息分级权的单位(部门)必须在信息产生之前或产生的同时进行分级,必要时应报上一级相应部门备案。当对信息内容分级困难时,也应报上一级相应部门确定,批复下达之前,应按保密信息及其拟定等级,先行采取保密措施。必要时,还应对信息级别的调整、保密期限及销密权限等做出具体规定。

4、国防信息安全工作制度

国防信息安全工作制度,是规范相应机构内部工作,使之实现安全、保密、正规、高效的重要保证,是工作人员的行为准则。

(1)人事制度。国防信息安全机构工作的特殊性,要求必须建立严格的人事制度,实行人员进出和流动的程序化管理。要严格审批手续,建立完善的考核制度、政审制度,体检制度、培训制度、见习制度,确保内部成员政治合格、业务精通、作风优良、纪律严明、素质过硬。其次,要控制流向。对改行、调动、出国、退休等人员更应该严格程序、整体控制、妥善安置。一是对主要涉密人员要规定解(销)密期,在解(销)密期之内的人员不得调出或出国;二是要求调出、出国等人员,必须提出申请,并进行解(销)密期审核。领导干部的调动、出国等更要从严掌握,并事先征询上级领导部门同意和报批。三是对流动人员要进行必要的政治思想和国防安全教育,使其充分认识个人对国防信息安全应负的责任。

(2)专案制度。专案制度是限制涉案部门和人员数量的内部保密措施。现代高技术条件下国防信息安全工作的复杂性,往往需要一案多"家"参与。在此情况下,应将其尽可能压缩到最低限度,在确保工作正常顺利进行的情况下,尽量避免案案之间和部门、人员之间的交叉。

(3)保密制度。国防信息安全工作自身的特殊性,决定了其保守秘密的严肃性。因此,建立严格的保密制度是其特定的工作性质决定的。主要应包括:

① 对参与行动计划制定、实施或接触行动秘密人员的规定;

② 对不同安全级别的各类秘密载体的拟制、印刷、复制、承办、传递、归档、保管、借用、移交、销毁等全部产生、使用、处理过程的规定;

③ 对使用有、无线电和计算机网络传输与工作有关信息的保密措施规定;

④ 对工作场所、工作过程主要人员的安全保卫措施规定;

⑤ 对专用设施、设备、特别是大型和电子设施、设备使用保管和维护管理的规定;

⑥ 对国防信息安全机构内部情况和工作(行动)、案例等的新闻宣传、处理的规定;

⑦ 对失、泄密后的处理与补救措施的规定等。

5、国防信息安全工作职责

国防信息安全工作职责是指相应机构内部各级部门(单位)、领导和各类人员所应担负的责任。国防信息安全工作的性质要求其职责规定必须具体、明确、严格。不仅要明确工作责任，而且要明确因失职或玩忽职守等造成不应有的损失后所应承担的行政乃至法律责任。

六、制定国防信息安全评估标准

国防信息安全评估标准，既是业务部门(单位)开展工作、完成任务的基本目标，又是对其实施监督、检查的衡量尺度。其制定权限应与国防信息安全法规的制定权限相一致。其内容通常包括：

(一)信息源安全评估标准

一般地说，信息源主要是指产生信息的部门(单位)，具体地说，还应包括制作信息的设备、设施等。

1、人员政治上可靠，思想上成熟，诚实可信，爱岗敬业，具有高度的事业心、责任感；

2、设备、设施安全可靠，便于采取加密措施；

3、操作规程严格，工作秩序正规，有严格的防泄密措施，监督、检查经常及时；

4、环境安全，警戒严密，有完善的防范设施。

(二)信息内容安全评估标准

内容是指内部事物所含的实质或意义，因此信息内容安全是国防信息安全的核心。

1、不使用不该用的真实番号、名称、日期、地址、计划、数量、规模等表明信息；

2、表述准确，控制适度；

3、按规定采取了相应的加密措施；

4、确定的信息传递方式、范围适应工作需要，无明显泄密环节。

(三)信息存储安全评估标准

信息存储安全，一是指信息载体安全，如计算机硬盘、软盘、光盘，录音带、录像带，各种照片、胶片，传统的纸张、书报、文件等；二是指信息载体存储条件安全；三是指存储过程安全。

1、不同信息应采用相应的最佳载体；

2、信息载体应有专门地点存储，并配有完善的保管设备；

3、存储地点环境应安全保密，房舍应牢固，防火、防水、防潮、防盗等设施齐全，措施得力；

4、制度健全，交接认真，严格登记，统计详细、具体，检查及时到位。

(四)信息传输安全评估标准

现代高技术条件下，不仅要重视静态信息的安全，更重要的是要加强动态信息的安全，即信息传输安全，而信息传输安全的关键又是信道安全。由于不同信道有着不同的传输介质，所以也有着不同的评估内容和标准。

1、人工传输

(1)人员可靠；

(2)信息载体包装严密、加封；

(3)路线安全，有必要的应急措施；

(4)交接、登记手续齐全。

2、有线电通信传输

(1)只要条件允许应使用专用线路或地下通信线路；

(2)根据情况应采用保密机通信、密语通信或瞬间通信等不同方式；

(3)通信设备安全可靠，有完善的防窃听设备和措施。

3、无线电通信传输

(1)无线电话通信应使用密语或保密设备；

(2)无线电联络规定、无线电密语的密钥和信号代密要勤换多变；

(3)必要时应采取扩频通信、瞬间通信、定向发信和无线电佯动、控制发信、实行无线电静默等措施；

(4)严禁在无线电上使用模拟式或其他保密性能较差的有线电保密设备。

4、计算机网络传输

(1)应采取引入加密密钥,按照确定的加密变换方式将明文加密等确保软件安全的措施;

(2)应采取控制与抑制电子泄露的技术措施;

(3)应采取防止计算机磁带、磁盘等磁记录介质在降级使用和废弃时造成泄密的必要措施;

(4)能够利用各种入口控制系统、逻辑安全控制系统等防止窃密者通过端口进入网络或对信息存取进行控制;

(5)具有防止窃密者利用"陷井门"进入和"口令密码"被窃等措施。

第二节　强化国防信息安全管理

管理是一门科学。现代条件下,管理出质量、管理出效益,早已成为人们普遍的共识。因此,加强内部管理,无疑是营造国防信息安全环境的核心内容。

一、设施建设标准化

设施建设,主要是指硬件建设。一是种类要齐全。传统的、现代的,小型的、大型的,移动的、固定的,便携的、车载的,被动的、主动的样样俱备;二是功能要配套。加密的、破译的,监视的、窃听的,截收的、跟踪的,就便的、制式的一应俱全;三是使用要标准。齐全、配套是为了能够适应各种情况和任务的需要,但自身的保密特点又必须防止型号上的过滥和使用上的混乱。要根据不同级别、不同情况,统一标准,明确编制,制定使用规则,以求得便利与保密的统一。

二、档案资料规范化

严格、正规、有序的档案管理制度,是国防信息安全工作的重要内容。因此,凡是有涉密的内容和有保存、查阅价值的各种文字、图表、声像等文件、资料,均必须按照规定分类建档,并严格保管。一是规格要统一。值班登记、工作日志、工作表报、各类文件、专案资料等,都必须具有统一的规格,防止随意性;二是定期移交、封存或销毁。对不同资料、档案的移交、封存和销毁权限、期限、过程、要求等要做出具体规定。三是制度要严格。对涉密资料、档案,由形成、保管、使用直至销毁的全过程都必须规定严格的制度并认真落实。

三、管理手段现代化

管理手段现代化,是确保国防信息安全工作顺利开展的有效途径。当前,主要的是要把计算机普遍运用于管理过程之中,在保密的前提下,必要时可建立系统内部的局域网,实现管理工作自动化。一是用于编制管理,建立系统编制数据模型,明确相互关系,便于工作调度;二是用于人员管理,使人员动态一目了然,便于加强指挥、控制与协调;三是用于资料管理,使之做到分类清楚,统计具体,查阅迅速,便于保密;四是用于工作管理,使信息检索、文电处理、情报分析、案件预测、方案决策更加迅速、科学、准确;五是用于设备、设施管理,便于在维护、保管、区分、使用上实现统筹规划、科学合理。

值得注意的是,在管理自动化建设方面,必须正确处理工作需要与安全保密的关系。对建网、上网都必须作出严格规定。通常不得在广域网上开设专门网址,更不得将涉密信息随意上网。

四、落实制度经常化

制度是国防信息安全工作的重要保证。制度上稍有疏忽,轻则会出现工作秩序的失调,重则会造成不应有的损失。因此,不仅要制定出详细具体、切实可行的制度,更重要的是要采取有效措施,加强涉密人员的教育和管理,使制度在各个方面、各个环节上真正落到实处。

第三节　加强国防信息安全工作的监督检查

监督检查是确保国防信息万无一失的重要措施和关键环节。其意义一是确保各项计划、方案的落实和工作的正常顺利开展,二是确保执行人员的安全并能够随时对其提供支援帮助,三是确保内部人员不因思想、意志、利益等方面的原因出现不利于国防信息安全的问题。因此,必须加大力度,切实做好。

一、国防信息安全工作监督检查的内容

国防信息安全工作监督检查的内容主要包括:

1、国防信息安全工作机构建设情况;

2、工作人员选配、培训、晋升、调配、使用与调出、退休情况;

3、国防信息安全工作设施设备管理维护、使用消耗、更新情况;

4、国防信息安全工作计划、措施及其落实情况;

5、密码、密钥及其它国防信息载体产生、保管、使用、销毁情况;

6、国防信息传输安全情况;

7、各项国防信息安全工作制度、法规的执行情况等。

二、国防信息安全监督检查的机制

国防信息安全工作的保密性,要求监督检查必须有相对固定的执行部门和一套规范的机制。既要保证监督检查及时到位,又要防止随意性和过多过滥。通常应按照行政编制系统逐级或越级进行,可由各级保密委员会负责实施,必要时也可由党、政领导直接实施。在国防信息重点涉密单位(部门),必须强调监督检查的经常性,然而这种监督检查一般应限定在单位(部门)或业务系统内部实施,在主要单位(部门),可视情组建精干高效的专职机构负责监督检查工作。

三、国防信息安全监督检查的方法

国防信息安全监督检查,在方法上应坚持组织与群众相结合,内部与外部相结合,一般与重点相结合,人员与技术相结合。主要的有:

(一)会议汇报法

会议汇报法即以专题会议或个别听取汇报的方式,了解、掌握国防信息安全工作开展及法规制度落实等情况。通常前者适用于单位(部门)内部的监督检查,后者适用于对下级或有关单位(部门)的监督检查。

(二)派出调查法

派出调查法即上级对下级,或内部监督检查部门对有关单位(部

门)派出专门人员以临时或常驻方式进行监督检查。此种方法多在第二种情况下采用,通常针对性较强。

(三)定期考评法

定期考评法指按规定或计划对有关单位(部门)按月份、季度、半年或年终进行例行国防信息安全检查评审的方法。它是有关党政机关、保密委员会和国防信息安全部门的一项经常性工作。

(四)随机了解法

随机了解法指随时进行普查、抽查、专项调查或无明显针对性的正常考察了解,是国防信息安全监督的一种常用方式。

此外,对重大国防信息内容还可采取深入暗访、发展耳目、声像监控等多种方式方法,特别应重视运用现代高技术手段进行监督检查,以保证国防信息的绝对安全和补救措施的可靠。

四、国防信息安全监督检查的要求

在国防信息安全工作中,监督检查是一项重要、复杂、经常且难度较大的工作,因此必须符合以下要求:

(一)权威性

国防信息安全工作监督检查执行部门或派出机构、人员必须具有较高的权威性。对存在问题要能够及时发现并立即纠正,必要时应采取果断措施强行改正,防止事态发展。对不服从或对抗监督检查的单位(部门)或人员,特别是领导干部要能够按照规定并通过合法程序进行党纪、政纪处理直至追究刑事责任。

(二)全程性

要把监督检查贯穿于国防信息安全工作直至国防信息自产生至销毁、失效的全过程,切实把国防涉密信息泄露的可能性消灭在萌芽状态,防止一旦出现问题,酿成祸患。

(三)针对性

要加强监督检查的目的性、指向性,做到有的放失,特别是对重大国防信息和易发生信息泄密的单位(部门)、关键部位、薄弱环节,必须作为监督检查的重点。

(四)缜密性

实现国防信息安全监督检查的缜密性,一是要在组织上做到严密组织,周密计划;二是要在实施上做到全面具体,不留死角;三是要在形式上做到因情而用,灵活多样。不适当的形式不但不能起到有效的监督检查作用,反而会出现适得其反的结果。

(五)严肃性

江泽民同志强调指出:“要充分运用国家法律的权威性和约束力强化保密执法监督,加大执法力度”,“对失密泄密事件,必须从严查处,坚决依法打击,决不能徇情袒护、姑息养奸。”因此,严肃性是强化国防信息安全监督检查的权威性和约束力的要求决定的。既不能例行公事走过场,马马虎虎,粗枝大叶,也不能监督检查从严,问题处理从宽。而只有严密监督,严格检查,严厉执法,才能充分发挥监督检查的应有作用,保证国防信息安全工作正常运转和国防信息的绝对安全。

第四节　深入开展国防信息安全科学研究

在当前及今后相当长的时期内,国防信息安全斗争涉及的领域越来越广,情况越来越复杂,斗争越来越激烈,技术越来越先进,因此,加强国防信息安全科学研究,是该项工作的新特点、新形势的必然要求。

一、健全科研组织

国防信息安全工作的隐秘性,要求其科研方式也必须与其它领域或专业学科的科学研究有所区别。既要注重在一定范围内的群众性、广泛性、开放性,更要强调研究的专业性、实践性、保密性。前者通常可限定在与国防信息有关的单位(部门),后者则主要指国防信息安全机构的研究部门。因此,为便于研究工作的开展,应在较高层次的国防信息安全机构中成立专职研究部门,并由其负责对群众性研究的计划、组织、指导及成果推广应用工作。

二、加强组织领导

科学研究工作既要注重实际，做到理论研究与技术开发相结合，又要突出重点，讲求效果。因此必须加强组织领导，形成上下贯通的逐级指导与本级领导相结合的科研领导机制。

三、周密制定计划

制定计划的依据是国防信息安全工作的形势和需要。因此计划一定要做到符合实际，突出重点，着眼发展，周密具体。

符合实际。一是要符合国防信息安全工作现状的实际，二是要符合国防信息安全工作发展的实际，三是要符合当前科研水平、能力的实际，四是要符合人力、物力、时间、资金投入的实际。从而做到立足现实与着眼发展相结合，需要与可能相结合，防止计划落空，一旦制定，就要能够落实。

突出重点。科研工作的重点，因单位、任务、时间、地域不同而不同。必须坚持研用结合，首先解决理论指导和技术设备的急需急用。

第五节　积极营造有利于国防信息安全工作的良好氛围

良好的氛围是国防信息安全的基础和依托，因此，在加强国防信息安全机构建设的同时，努力营造有利于国防信息安全工作的良好氛围是至关重要的。

一、把国防信息安全工作作为各级行政工作的重要内容

之所以强调把国防信息安全工作作为各级行政工作的重要内容，是因为在现代条件下，除一些直接产生于国防领域的信息之外，许多信息都直接或间接地与国防安全密切相关，有的本身就包含有国防信息的成份或就是国防信息的重要内容，相互间区别与界定的难度越来越大，概念越来越模糊。因此，国防信息安全工作决不能只靠专门机构“孤军作战”。各级党委、领导必须高度重视，无论本单位(部门)的性质、任务如何，只要与国防信息相关，就应将其作为本级

的重要职责并切实加强领导，确保国防信息的安全。

二、加强对国防信息源的安全保卫

加强对国防信息源的安全保卫，主要是要采取必要的防范性措施，防止我国防信息被窃取。

国防信息源主要指国防建设领导机构、军队各级指挥机构、国防军工科研机构、国防信息安全机构、国防军工生产部门、国防建设重点项目及相应的场、库、馆等国防信息生成、集散部位。对上述相应机构和部门、场所，首先，要加强对内部人员的监督管理。近年来，随着社会主义市场经济的发展和改革开放的不断深化，个别涉密人员经不起各种利欲的诱惑，坚守自盗，出卖国家机密的现象时有发生，给党和国家的安全利益造成了不应有的损失。因此，除必须象国防信息安全机构那样，严格用人制度之外，还必须采取有力措施，防止内部人员的蜕化或被敌胁迫利诱、拉拢策反。一是要加强对直接接触国防信息人员的政治审查和日常思想教育，做好工作。对有不良政治倾向的人，应进行必要的岗位调整；二是要加强对直接接触重大国防信息人员的管理教育，并完善保密保卫措施。三是严格奖惩制度，做到赏罚分明，激励和调动工作人员的爱岗敬业精神和事业心、责任感。其次，要加强对国防信息工作场所、部位、环节的安全防护。一是加强设施隔离防护，防止外部人员的接近；二是加强警戒验证制度，加强值班、警卫、巡逻与证件检验。在这方面象我国一些重要部门、场所现行的多口划卡放行制度，象美国中央情报局的徽章全程佩带制度、武装警卫陪同清洁工作制度、就餐人员隔离制度等都是值得借鉴的有效措施；三是加强技术防护，严防外部人员以现代高技术手段侦察、监视、窃听、摄像或计算机间谍和黑客的网上侵入。

三、广泛深入地开展国防信息安全教育

国防信息安全教育，是国防教育的重要内容，应将其纳入国防教育系统，整体部署，统筹规划，加强领导，确保落实。然而，由于国防教育具有全民教育的性质，且在有关法律规定中政策不够具体，责任不够明确，因此，组织不力和上紧下松、效果不佳等问题比较突出。

有鉴于此,国防信息安全教育必须采取一系列切实可行的措施,加大力度,才能保证效果。

(一)明确职责

《中华人民共和国国防法》明确规定,“一切国家机关和武装力量、各政党和各社会团体,各企业事业单位都应当组织本地区、本部门、本单位开展国防教育。”然而上述规定仅是一般要求,而要使之真正落到实处,还必须明确职责,形成由各级行政机构、军事机关和党委(支部)组织领导,以各级保密委员会和国防信息安全机构为主,人武、宣传、教育、民政等部门分工明确、密切配合的国防信息安全教育体系。

行政机构、军事机关和党委(支部)的组织领导,就是要对该项教育统一规划部署,对有关单位(部门)统一领导,对工作开展情况统一检查评估;以保密委员会和国防信息安全机构为主,就是这两个机构应作为各级领导下的具体办事机构,对上它是执行部门,对下它是领率机关、牵头单位,负责具体的计划安排,内外协调,组织实施,检查落实;而人武、宣传、教育、民政等部门都是国防信息安全教育的重点部门,按照其工作性质,都应从不同侧面负责具体的组织实施工作,并在上级统一领导下,服从牵头单位的任务分工,检查指导,按照要求,组织落实。

(二)制定规划

国防信息安全教育应根据国际、国内政治形势、隐蔽战线斗争动向和国防信息安全面临的实际问题等,加强针对性、计划性。

加强针对性,一是在内容上,比如针对领导不够重视,国防信息安全工作不到位;群众思想麻痹,认为与己无关,无密可保;不了解国防信息的概念、范围和泄密渠道;不掌握保守国防信息秘密的方法、手段,在面对国防信息安全受到威胁的情况下无计可施等,都是教育的重点内容和应解决的问题。二是在单位、人员上,对单位而言,包括国防信息安全机构在内的国家党、政机关,国家安全与保密、档案部门,军事机关、部队与其它国防信息生产单位、相关部门等应作为教育的重点;对人员而言,上述单位(部门)的各级领导和与国防信息直接接触的工作人员应作为教育的重点。同时还必须注意,对不同对象进行不同内容的教育,对不同的对象和内容采取不同的教育形式,也是加强针对性的重要方面。

加强计划性,一定要长、短结合,分门别类地组织,循序渐进地实施。切忌盲目应付,为“教”而教,为完成“任务”而教。防止组织上不严密,人员上搞拼凑,内容上无重点,形式上不严谨,效果上不落实的现象。要按照领导、专业骨干教育与人民群众的普遍教育相结合,重点内容与一般内容相结合,以会议、集训、研讨等方式集中教育与以函授、新闻媒体宣传等分散教育相结合的多种方式、方法制定计划并组织实施。

四、注重国防信息安全工作的群众性

人民战争是我党、我军在历次革命战争中致胜的法宝,正象毛泽东同志所指出的那样:“只有动员群众,才能进行战争,只有依靠群众,才能进行战争。”国防信息安全工作亦是如此,如果离开了广大人民群众的必要参与和支持,就无法保证工作的顺利开展,也就不可能取得最佳的效果。

(一)充分发挥人民群众在国防信息安全工作中的重要作用

群众不仅有着强烈的爱国热情和革命觉悟,而且有着很强的警惕性和是非辨别能力,他们广泛分布于各行各业、各个工作岗位。特别是国防信息涉密单位(部门)的广大群众,任何工作上的薄弱环节或国防信息疏漏、泄密问题都难以逃过他们的眼睛。因此,只要充分信任并发动群众,就能够及时发现在组织领导和工作开展中的问题,并形成对敌对势力、人员的巨大威慑作用。

国防信息安全工作的顺利开展,本身就需要足够的信息支撑,如仅靠领导或国防信息机构自身的信息获取,势必造成视听闭塞,渠道不畅。因此,群众的信息反馈作用是至关重要的。群众分布广泛,信息涉猎面宽,经过必要的国防信息安全教育,就一定能够及时提供大量的有用信息,为国防信息安全斗争争取主动。

(二)建立群众性的国防信息安全防护体系

人民群众在国防信息安全斗争中的作用是十分重要的,但这种作用不能仅仅建立在群众自觉、自发的基础上,而只有有计划地加强培养、引导和组织,才能使其作用得到充分发挥,收到最佳效果。

1、培养骨干

有计划、有重点地培养利用骨干,是在国防信息安全斗争中充分发挥群众作用的重要方面。国防信息安全骨干通常可在国防信息涉密较多的单位中选拔政治可靠、思想进步、责任心强、反应敏锐并且有一定组织协调能力的业务骨干兼任。经过必要的培训,一是要使其了解国防信息的基本内容和国防信息安全工作的重大意义;二是要使其学会并熟练掌握一些国防信息安全防护的基本方法和技能;三是要使其在群众性防护工作中能够发挥较强的组织协调作用。国防信息安全部门应建立国防信息安全骨干人员档案,并直接或通过所在单位加强管理和考评,对其工作应进行经常性的检查指导,对成绩突出或有功人员应酌情进行必要的精神和物质奖励。

2、形成体系

群众性国防信息安全防护体系,应按照行政关系逐级建立,并按照隶属关系实施具体领导。从而形成与行政编制体制相一致,以国防信息涉密单位为主,重视骨干人员的主力作用,由广大群众普遍参与的整体系统。然而,国防信息安全斗争是隐蔽战线斗争的主要领域,因此,既要依靠群众打人民战争,又不能而且也不可能全民皆兵,人人参战。只有做到重点与一般相结合,针对性与广泛性相结合,才能保证国防信息的安全。

3、群专结合

国防信息安全斗争是一项十分复杂的系统工程,涉及诸多环节,特别在现代条件下,没有一支训练有素、战斗力极强的专业技术队伍,没有必要的高技术设备、设施和手段,就不可能在斗争过程中争取主动,立于不败之地。因此,必须坚持以专为主、以群为辅、专群结合的方针,既要充分依靠群众,以群众为基础、为依托,又要充分发挥专业队伍的作用,切实形成整体合力,真正实现群专结合。

第十章 反间防谍,加强反情报斗争中的国防信息保护

间谍,是指被敌人派遣或收买,从事搜集、刺探或收买军事情报、国家秘密或进行颠覆活动的人。无论是战争年代,还是和平时期,世界上间谍与反间谍的斗争从未间断过。仅以美国为例,冷战后它在海外的情报活动不但没有减少,反而更加猖獗。美国目前有中央情报局、国家安全局、陆海空情报委员会、国家保密署、国防情报局、国务院情报研究所、联邦调查局七大情报机构,在世界上 125 个国家设有情报站,雇用工作人员 10 万多名,每年耗资约 160 亿美元。因此,从某种意义上讲,反间谍已经成为国防信息防护的焦点,乃至影响到了国家的荣辱、兴衰和存亡。随着世界多极化局势的出现和我国有中国特色社会主义的蓬勃发展,西方一些仇视社会主义制度的敌对势力将会进一步加剧对我国的渗透、颠覆和分裂活动,通过大量地搜集我国防情报为其政治、经济和外交服务,对此,我们决不能掉以轻心。

第一节 堵塞间谍分子窃取国防信息的渠道

一、防诱惑窃密

我国改革开放的不断深入和社会主义市场经济体制的建立,一方面有效地促进了有中国特色社会主义经济的迅猛发展,但同时也应该看到,在引进西方国家先进的科学技术和管理经验的同时,西方资本主义腐朽的思想和生活方式也在不断侵蚀我们的社会主义肌体,一切“向钱看”的错误思想,使一些人的信念发生了动摇,拜金主义、享乐主义、极端个人主义思潮有所蔓延,有的人甚至为追求资产

阶级的腐朽生活方式铤而走险。这些无疑为敌特分子利用诱惑手段窃取我国防情报信息提供了更加便利的条件,使我国的国防信息保护工作面临更大的困难。

(一)防金钱收买

金钱,是敌特分子信奉的万物之灵,为了在政治上、外交上和战略上争取主动,敌人是不惜血本搜集我国防情报的,甚至明码标价,且价格之高足以对思想政治上的不坚定者产生诱惑力,稍不留神就可能滑入出卖秘密情报的深渊。据有关部门统计,近年来,因受金钱诱惑而出卖情报信息的犯罪逐年呈上升趋势。比如,有的人利用工作之便出卖秘密材料,有的人盗窃秘密材料卖给敌特分子,有的国防科技人员置国家和民族利益于不顾,擅自将研究成果出卖给外国。如北京某国家机关一名年轻的处长,利用工作之便向一家所谓的“信息公司”(被外国收买)提供种种情报资料100多份,从中捞取不义之财;福建省晋江县一名部队转业干部,将从部队带回的数本军事教材和数十份机密级军事地图卖给台湾特务分子;解放军某部一名青年军官以高价将我军新型导弹资料出卖;某部一名现役军人多次偷窃军队机密文件资料,通过其丈夫(已被日本情报机关收买)出卖,获赃款140多万日元及电话、录音机等。甚至对丈夫直言不讳地说:“只要给的钱多就可以干。”1996年5月,中央某部委一名年仅27岁的工作人员,置自己的美好前程而不顾,竟将一重要机密文件以4万5千元的价格卖给某国商社驻京机构的代表。可见,金钱对贪财之人的诱惑力。

防金钱收买,关键是要加强思想教育,帮助大家树立正确的世界观、人生观、价值观和金钱观,划清正当收入与不义之财的界限,自觉抵制资产阶级腐朽思想的侵蚀,学会堂堂正正做人,清清白白办事,做到不贪财,不捞取不义之财。当然,还要加强国格、人格、民族气节和国防安全教育,提高对保守国防秘密重要性的认识,摆正个人利益与国家安全利益的关系,确保不论在任何情况下都不得出卖党和国家的秘密。

(二)防色情引诱

利用色情引诱,也是敌特分子获取我国防情报信息的惯用手法之一。他(她)们往往是通过“第三者插足”或直接的色情手段,诱使对方陷入绵绵的情网之中不能自拔,心甘情愿地为其做事。由于色情引诱方式较容易达成目的。所以国外情报机关都十分重视以“性”取胜。

有些国家甚至还设有色情间谍学校,专门进行这类间谍的培训。前苏联克格勃除利用本身的间谍从事色情引诱的手法搜集情报外,还控制着“应招大队”(大量的妓女),为其窃取情报服务。在近年来我国所发生的失泄密案件中,这类案件也占了相当大的比例。如美国女间谍劳拉·沃尔克窃取我一高科技研究项目资料案、我东北某县政策研究室一研究员的间谍资敌案、北京某研究所一研究员的间谍案、解放军驻云南某部个别人员向台湾特务出卖军用地图和《战例选编》资料等,都是被敌人的色情引诱拉下水的。就连美国这样军事技术十分先进的国家,也没有放弃利用色情间谍去获取他国的军事情报。在 1990 年针对伊拉克的“沙漠盾牌”行动前,美国为了弄清伊军的作战部署,便起用了他们已培育多年的色情间谍史蒂芬。史蒂芬利用一次舞会的机会结识到了伊军机要保密局的奥里萨上校,并施展招数很快使奥里萨魂不守舍。8 月 11 日,正当伊拉克的战争气氛十分紧张的时候,史蒂芬相约奥里萨上校来到游人稀少的巴比伦古城旧址,事先等候在那里的史蒂芬的同伙,很快用带有消声器的手枪结果了奥里萨的性命。接着,他们利用奥里萨的证件和保险柜的钥匙,从伊军机要保密局盗走了大量的作战地图和文件,大大帮助了美军的作战行动。可见,虽然新形势下间谍窃密的手段有所变化,但“利用色情引诱”这一传统的招数丝毫也没有减弱。所以,我们在从事任何涉密工作时,都要提高警惕,谨防落入敌人“美女计”或“美男计”的圈套。

防色情引诱,首先是要保持良好的生活作风,同时保持高度的思想警惕性。俗话说,遇事要动脑筋,多分析;要擦亮眼睛,防止被一时的利欲冲昏了头脑。再就是要敢于和善于同敌特分子的色情引诱作斗争,特别是因一时的糊涂受到蒙骗以后,要理直气壮地与其作斗争,及时向上级组织和国家安全部门进行汇报,尽快采取补救措施,千万不能因为有点"把柄"在敌人手中就甘愿受治于人,那样就会陷入更深的泥潭而不能自拔。

(三)防拉拢腐蚀

选定有利用价值的"目标",通过认同学、攀老乡、拉战友等手段设法与之建立联系,然后投其所好,以小恩小惠、特殊关照、反动宣传等手段进行拉拢腐蚀,待目标放松思想警惕后再逐渐拉下水,使其走上泄露国家秘密的犯罪道路。这种方式具有较强的隐蔽性和潜伏性,所以也容易奏效。拉拢腐蚀的方法一是投其所好,即从兴趣、爱好上拉关系,套近乎,使对方把其当成无话不谈的"知已"朋友;二是施以小恩小惠进行感情投资,如请吃、送礼等,当嘴"软"手"短"之后,再提出要求,使其在难以驳开情面的情况下铤而走险;三是特殊关照,即当目标在工作或家庭生活上遇到困难时,以超出寻常的举动为之"排忧解难",这种"危难之中显身手"的举动,更易深深地打动对方,从而使其一举改变对他们的不良看法,甚至把其当成最知已、最要好、最会关心人的朋友,心甘情愿地为其卖力。比如,在北京某大机关的机要秘书,起初对母亲找了一个老劳改释放犯做自己的继父极为反感,并发誓永远不会改口叫他"爸爸"。但善于伪装的继父以送电视机、金项链,帮助买药看病等手段终于"俘虏"了她的心,后来她不但认贼作父,还把她所经手的所有文件都拿回家给这个伪装的特务看,最终以泄露国家秘密罪走进了女囚的行列。1997 年 5 月,南京破获的台湾军情局特务窃取军事情报案,牵扯到解放军某部一名处长、某科研单位一名干部、某报社两名记者,某研究院新闻中心一名主任等多人,都是采取了用小恩小惠拉拢腐蚀的办法。

防拉拢腐蚀,一是要加强世界观改造,克服私心杂念,不贪占别人的便宜,与朋友之间保持正常的友情关系,不搞吹吹拍拍、拉拉扯扯那一套。二是要正确把握"友情"与原则的关系;在任何时候、任何情况下都要坚持以党、国家和军队的利益为重,以国防军事秘密为重,决不能以“友情”代替原则,拿原则送人情,作交易。三是要始终保持高度的思想警惕性,并通过不断的学习和总结,提高明辩是非的能力。做到见微知著,洞察秋毫,拒腐蚀、永不沾,不给间谍和情报分子任何可乘之机。

二、防蒙骗窃密

以蒙蔽和欺骗的方式,制造假象,施障眼法,在“合法”旗号的掩护下窃取我国防情报信息,也是敌特分子的常用手法。由于当今世界总的形势是以和平与发展为主题,“对抗”正逐步被“对话”所取代,这就更容易使人放松警惕,增长和平麻痹思想。加之我国当前以经济建设为中心,全国人民的主要精力都集中在了建设有中国特色的社会主义事业上。在四化建设突飞猛进、蒸蒸日上,人民生活安居乐业的大好形势下,人们又往往容易忽视国防信息的保护工作,这就更容易使敌特分子的蒙骗诡计得逞。

(一)防利用合法身份蒙骗

冷战结束后,世界上的情报活动已逐步向民间化、合法化的方向发展,他们往往是以公开的身份出现,在各种各样“合法”活动的掩护下进行秘密的情报活动。比如,有利用外交身份的。他们利用大使、领事、武官、参赞、秘书等职衔所享受的外交豁免权,以举办各种名目的宴会、招待会、访问、交流等活动为掩护,广泛接触我方人员,建立“个人关系网”,伺机搜集、窃取情报。有利用记者身份的。记者具有接触面广、身份特殊的优势,往往与我政府官员、军界领导、新闻界同行等保持着密切的联系,他们除了通过社交活动和公开采访窃取我国秘密外,有的还拉拢我方人员加入他们的情报组织。有利用外商身份的。随着我国对外贸易的发展,某些国家的情报人员则以“从事经商活动”为名,来我国设办事处、开公司或办独资、合资企业,他们四处结交朋友,频频外出视察、调查,不断出境入境,不是指望企业赚钱,而是依靠情报赚钱。还有利用探亲访友、旅游观光、参观访问、文化交流等形式为掩护的。最近,某国一留学生就以旅游为名进入我军事禁区,拍摄了大量我国先进军事装备的照片被查获。国外一家报刊称:“美国发明了一种新式武器,它不是核武器,也不是洲际导弹,而是旅游者。”意思是说“旅游者”的作用比核武器更大。许许多多的事例告诉我们,窃密事件就发生在我们周围,发生在“友谊”、“鲜花”和“微笑”的背后,我们每一个人都可能成为别有用心之人“攻击”的目标。

(二)防通过假行侠义蒙骗

侠胆义气,是人们较为崇尚的;遇事能见义勇为,挺身相助,很容易赢得人们的信任和好感。假行侠义蒙骗,就是利用人们崇尚侠胆义气的心理,故作姿态,或自愿吃苦受累于人,或情愿慷慨解囊助人,在“助人为乐”幌子的掩护下,达到其别有用心的目的。例如,某报社一名记者就是这样的间谍分子。他在平时工作中伪装的非常积极、肯干,乐于助人。在1989年春夏之交的政治风波中,他在国外“积极”协助我大使馆人员做中国留学生的思想工作,其事迹还登了报;我江南某地发生水灾时,他一次捐款1000元,在一定的范围内引起了小小的轰动。他的所作所为尤其感动了一位在某涉外单位工作的女干部,对这位记者由敬佩到爱慕,不但以身相许,而且言听计从。当记者提出要她弄些“有用”的资料时,她竟毫无警觉地一口应允,很快将几本标有“机密”字样的刊物和文件送到了记者手中。后来,当她明白了这位记者的赈灾捐款、做留学生的思想工作等只不过是掩饰自已间谍面孔的虚伪行为时,自己也已经变成了泄露国家秘密的囚犯。因此,应学会多思善辨,不能被敌特分子的假义气、假慷慨迷住眼睛。遇事要多想想为什么,不能随意收受别人的“慷慨相助”,更不能得到“滴水之恩”,就来“涌泉相报”,轻易答应他人的要求,拿国家秘密去还“感情债”。此类教训很多,一定要引以为戒。

(三)防套听套问蒙骗

为了不暴露其间谍身份,敌特分子还经常采取套听套问的方法,使你在不知不觉中将秘密信息泄露于他。套听套问的方法主要有以下几种:一是诱骗法,即想方设法伪装成对什么都不感兴趣,对什么都不懂的样子，取得对方的好感和信任后，又以一个求知欲很强的面孔重新出现，诱骗对方毫无警惕地讲出“秘密”。二是激将法，即首先在人面前故意讲一些外行话，等对方觉得可笑并不耐烦时，便开始使用激将法引其上钩，使之在“还不如我懂得多”的心理支配下失掉心理防线，把不该讲的秘密泄露出去。三是“钓鱼”法，即以同行或者同情者的身份与人套近呼，在无微无至的“关怀”中把对方的“心里话”全掏出来。四是“摸瓜”法，即故意找一些有关的话题与你攀谈或辩论，或在别人谈话时故意插话，引诱对方谈论更深层次的问题，从中捞取情报。早在第二次世界大战期间，法国间谍夏尔·卢齐托就曾通过与德国士兵“聊天”，套出了德国正准备将新研制的毒气炮弹用于战场的秘密，结果不但使法国事先有了防毒面具，而且很快也制造出了毒气炮弹。1973 年春，在东京某饭店的一次庆典活动中，美国驻东京大使馆海军武官伴随着轻歌漫舞，轻而易举地从苏联驻日海军武官的口中“套”出了苏正在建造两艘航空母舰的秘密，给苏联的政治、外交活动造成了很大的被动。某国外交官曾直言不讳地说：“设法与政府高级官员、军队将领攀谈，就可得到重要情报；多次会见同一个人，可使他放松警惕。”因此，防套问蒙骗关键在于提高警惕。

三、防渗透窃密

渗透窃密，是指国外(境外)敌特分子通过种种手段，逐渐渗透到我国内部获取国防秘密的窃密形式。新形势下敌特分子在种种合法身份掩护下搜集我国防情报的活动还十分猖獗。为了能够获取有价值的国防情报，境外的敌特分子在亲自出马进行窃密活动的同时，还往往以各种手段在我国各行各业发展他们的“内线”，并以逐渐渗透的方式不断扩大间谍网络为其搜集情报提供方便。

(一)防宗教渗透

我国是一个多民族的国家，少数民族分布面积大，地区发展也不够平衡，民族特点各不相同，各具特色的宗教信仰成了敌特分子进行分裂和窃密活动的保护伞。近年来，西方敌对势力在我国新疆、西藏等少数民族地区和我国留学生身上大肆活动，进行了一系列的宗教渗透活动。一是利用广播和信件进行宗教宣传,诬蔑共产党的领导和社会主义制度,蛊惑人心,煽动人们对现实社会的不满情绪。二是以发“绿卡”、办移民、介绍工作、给奖学金等手段,诱使我国人员加入他们的教会,控制我在国外人员的活动。如美国堪萨斯基督教协会,针对我赴俄罗斯经贸、劳务人员较多的特点,就曾专门派出传教士到俄罗斯对我国人员进行宗教宣传,并大量发展教徒。三是派遣所谓的宗教人员,深入我国境内进行反华活动,他们以宗教身份作掩护,唆使宗教信徒搜集我政治、军事、经济情报,危害国家安全和利益。对此,我们一是要提高警惕,充分认识宗教渗透的危害性。二是要加强对出国人员和不发达地区的爱国主义教育,帮助他们认清国际敌对势力利用宗教渗透的真实目的。三是善于识破敌特分子利用宗教组织窃取我国防情报信息的种种伎俩,采取有效对策,戳穿其罪恶阴谋,使其不能得逞。

(二)防经商渗透

随着我国对外经济交流的逐渐增多,以经商为幌子窃取我情报信息的案件也与日俱增,其窃密手法主要有以下几种:一是借参观考察之机对我国防军工技术进行录相、拍照或套问,甚至顺手牵羊拿走技术资料或生产原料。二是以洽谈生意或代销产品为名,索要内部科技资料和样品,他们往往四处活动,俨然一付大老板的样子,但又不与任何单位签订正式购销合同,最多只签订一些合作意向书。三是招聘我党、政领导干部或重要涉密人员的家属子女,录用后付以高薪,施以小恩小惠,待他们有了感激之情时,再指使他们窃取我方秘密。四是以经商为诱饵,直接拉拢腐蚀我涉密人员。如台湾一特务为了获取我东南沿海某部的情报,就曾以合伙做“101 毛发再生精”生意为名拉拢该部队干部的妻子,并以高价买进低价售出的方式有意让这位“军嫂”赚了几笔钱,使其不胜感激。待混熟以后,他则以“这种生意不好做了,不如到部队弄份文件来钱快”相引诱,使这位干部妻子走上了为其提供军队秘密文件的犯罪道路。对此,我们应提高警惕,加强与外商人员接触时的保密教育,制定切实可行的管理措施，杜绝类似泄密案件的发生。

四、防讹诈窃密

间谍是最不讲信誉的，他们往往是先以各种手段进行引诱，而当目标一但跨上他的“贼船”后，他们就会赤裸裸地索取，以种种条件相要挟，使之一步步走向出卖国防秘密的深渊。所以用敲诈勒索来形容间谍的犯罪手段是最恰当不过的。

（一）防布设陷阱

以种种假象设下圈套，诱人上钩，一旦对方进入“伏击圈”后，就立即以赤裸裸的手段迫其就范，这是国外敌特分子招募间谍的惯用手法。比如，到西方某国留学的某小姐，一天傍晚在散步的时候，突然发现眼前路边上放着一个精致的皮箱。四周又没有一人。这位身在高消费国家而经济又十分拮据的小姐原以为是上帝的恩赐，便捡起皮箱来到一个偏僻之处，哆哆嗦嗦地将皮箱打开，见其中有一些“文件”和钞票。正当她将钞票装入自己的口袋之时，一束强光直射到她的脸上，几个人不由分说就把她带到了一个秘密之处，迫使她在“悔过书”上签了字，并以投入监狱或向本国邮寄《悔过书》相要挟，使其不得不加入间谍组织。最终，当她受指派回国偷窃我军部队布防的秘密情报时被抓获。原中国科学院某所情报研究室的一名主任，也是在出国探亲时陷入某国情报机关设下的陷阱之中的。近年来，随着国家改革开放的深入，出国留学、考察、经商、探亲访友的人越来越多，因此必须提高警惕，擦亮眼睛，防止误入歧途。

（二）防威逼利诱

威逼利诱，就是使用武力强迫和利益诱惑相结合的手法，达到使人屈服的目的。这种方法在古今中外间谍史上也最为常见，因为间谍活动是不择手段的。比如，70年代末期苏联克格勃获取新加坡的通信密码就是采取的这种手段。起初，他们先以一女特工自称是新加坡驻苏使馆一机要译电员寓所前任主人的朋友，与其逐渐靠近，除陪其喝酒、跳舞外，还主动以身相许，使身在异国他乡的该译电员得到了极大的“幸福和满足”。但新加坡的通信密码专家万万没有想到,“美人窝”乃是苏联特务布置的陷阱,克格勃早已在女特工的房间安装了照相机和摄影机。当他们把两人在一起厮混的照片弄到手后,立即由引诱变成威逼,要挟其交出新加坡与驻苏大使馆的通信密码,否则就将这些不堪入目的照片寄给他的妻子和新加坡政府。在克格勃的威逼下,他终于失去了理智,出卖了自己国家的核心机密,最终被新加坡政府判处10年徒刑。

先诱后逼,逼诱结合,是国外(境外)情报机关在我国发展“内线”的惯用手法,在近年来破获的间谍案件中,有相当一部分都是这样被拉下水的。防威逼利诱的关键是防利诱。俗话说,不做亏心事,不怕鬼叫门,只要行得正,站得直,不中敌特分子的“利诱”之计,使敌找不到威逼的条件,此计也就不攻自破了。

五、防盗窃秘密

盗窃秘密,即以窃贼偷东西的方式窃取秘密载体。近年来,虽然各级一再强调对秘密载体要严格管理,加强防范,但秘密文件、资料被盗案件仍屡有发生。

台湾一名特务,为了窃得我海军某部的军事教材和演习录相带,曾制造了用毒蛇咬伤该部场站长家属的事件。也有直接翻墙入室、砸门撬锁进行偷窃的,还有以会战友、老乡、同学或冒充内部人员偷窃的。象发生在海军某部的丢失高技术海战教材案,发生在某国家机关的绝密文件被盗案,以及云南某县犯罪分子偷盗秘密文件案等,都属于此类情况。

防盗窃国防秘密的法宝就是加强防范,包括思想方面的防范、制度方面的防范、设施方面的防范和组织方面的防范。思想方面的防范主要是加强教育,强化观念,提高防窃密的警惕性,防止麻痹大意。制度方面的防范就是要严格按照制度、规定办事,全面规范国防秘密的保管、传递、借阅、归档、收缴、消毁等具体工作,做到严格正规,一丝不苟。设施方面的防范就是要优化国防秘密保护的客观环境,建立和完善防盗设施,不给敌特分子可乘之机。组织方面的防范包括选配好涉密人员和查处窃密案件,确保涉案人员的纯洁性,严厉打击涉密犯罪。

六、防窃听窃照

窃听窃照,是敌特分子从事间谍活动最常用的手段,尤其是在电子技术、光学技术飞速发展的现代条件下,窃听窃照表现出的作用远比直接偷取情报突出的多,所以也更加受到敌特组织的青睐。前任美国总统布什在离任之前,曾特别到国家安全局对其提供的服务表示感谢,他说:“作为一个美国总统,我可以肯定地说,在我们国际决策程序中,监听是一个主要的因素。”难怪有人分析说世界上95%的国际电话都有可能被美国监听,也难怪在1998年9月召开的欧洲会议上,与会代表一致对美国情报部门的所作所为提出严正指控,甚至大家对使用美国的卫星通信、因特网都不放心。大到间谍卫星、地面监听站,小到房间墙壁、家具里的微型窃听器,可以说是无处不有窃听,无处不在窃听。据说,1983年苏联战斗机击落韩国国际航班客机一事,美国国家安全局和日本情报机构都收听到了苏联飞行员与地面指挥官的对话内容。当年德国某公司帮助利比亚建立可生产化学武器工厂的秘密,就是美国中央情报局的间谍在德国通过电话窃听到的。

(一)对传统窃听窃照手段的防护

传统的窃听方法主要有:直接窃听、利用微型录音机窃听、利用专线麦克风窃听、利用无线窃听器窃听等。直接窃听,即窃听者隐蔽身份,直接混到谈话者身边偷听秘密内容,这是惯用的窃听方式。我军《保密条例》规定“不在非保密场合谈论秘密”,就是针对敌特分子直接窃听的。利用微型录音机窃听,即将微型录音机预先放置在对方要员的活动场所(办公室、花园、宾馆房间或交通工具上等),利用声控开关控制录音机工作,获取信息后再借机取回。为此,各国保安部门对其要员活动的场所都很重视,通常都要事先组织清场。利用专线麦克风窃听,就是把窃听麦克风埋设在被窃听人办公或住宿房间的墙壁内,然后用一根长金属导线与窃听麦克风放大器相接,以此窃听该房间的谈话内容。这种方式尤其在驻外使馆、高级宾馆等场所采用较多。前苏联克格勃组织就曾在很多国家驻苏使馆的房间埋设过窃听麦克风,仅美国就曾先后几次从本国驻苏联大使馆内挖出麦克风窃听器达数百件。利用无线窃听器窃听,即把窃听的谈话信号,通过无线电波传送到接收机上。无线窃听器的体积可以做得很小,因此非常隐蔽,比如可以把它设计在烟灰盒、纪念章、钮扣、钢笔、日历台、皮鞋跟等之内,甚至可以在假牙里安装。50年代初,前苏联以友好为名曾经把一枚做工别致而在其中藏有无线窃听器的"美国国徽"当作礼物送给了美国驻苏使馆哈里曼大使。哈里曼大使对这枚象征着"友谊"和"尊严"的鹰形徽章非常喜欢,就把它挂在了自己办公室的墙上,结果,其办公室内几年间的谈话内容全部传到了苏联克格勃那里。1969年3月,前苏联为了获取美国驻苏使馆官员的工作信息,花钱收买了一位在美国驻苏大使馆中工作的女佣人,让其拿出大使的皮鞋去"修理",克格勃借机在大使的皮鞋跟里安装了无线窃听器,使美国反间谍组织防不胜防。

传统的窃照方式主要是人工照相,即以间谍人员混入重要场所或国防设施附近进行偷拍,然后通过判读和分析照片获得情报。如偷拍重要国防设施、先进武器装备、秘密资料等。当然,为了隐蔽其间谍活动,他们所使用的大都是经过精心设计的微型照相机,并把它伪装在手表、香烟盒、打火机、皮带扣、戒指、项链、发卡、钮扣等物品之中,具有很大的欺骗性。对传统窃听窃照的防护,首先是要提高警惕,从思想上绷紧信息安全这根弦,不给敌特分子可乘之机。其次是要严格按照《保密条例》和有关法规、制度去做,不乱交朋友,不带无关人员进入涉密场所,不在非保密场所谈论秘密。再就是要养成细致缜密的工作作风,处处留心,认真检查,预防万一。比如用肉眼细心检查墙壁上的裂缝、小孔、粗糙的斑点、色泽不协调的油漆面、新旧程度不一致的天花板、说不出由来的导线等。这是对付敌特分子设置"电耳朵"的最简单、最实用的办法。在70年代,我人民解放军战士从北部边疆的哨所、营房、边防检查站附近,就曾查出过不少伪装成枯枝、土块之类的有、无线麦克风。

(二)对高科技窃听窃照手段的防护

随着科学技术的飞速发展,敌特分子进行窃听窃照的手段也在不断改善,特别是西方一些发达的资本主义国家,更注重利用技术优势达到窃取情报的目的,因为这样情报不但来得快,而且还容易做到神不知、鬼不觉,不留下把柄。

高科技窃听窃照手段主要有远距离定向麦克风窃听、红外激光窃听器窃听、微波窃听器窃听、高空侦察飞机照相、间谍卫星照相等。比如,利用远距离定向麦克风窃听器窃听,可以有效地抑制噪声的干扰,增强窃听的方向性和灵敏度,使直接窃听距离达几百米至数公里;红外激光窃听器,则是利用了话音使物体表面产生轻微振动的原理,它可以隔着玻璃探听到对方的谈话内容;微波窃听器窃听,就是首先在谈话人附近选择一个既对声波有振动效应,又对无线电波有反射效应的物体,然后对着这个物体发射电磁波,再用收信设备接收该物体反射回来的电磁波,通过解调获得谈话信息。高空侦察照相是当前获取直观信息最常用、最有效的手段。在众所周知的海湾战争中,美国如此准确地获取伊拉克的国防信息(包括兵力部署、阵地配置、重要军事目标的位置等),主要依靠的就是几颗间谍卫星。当年从苏联解体到戈尔巴乔夫下台,美国对俄罗斯的政策调整掌握得如此之快且比较得体,也主要是依靠从卫星传来的照片上分析苏联的形势。目前,美国约有间谍卫星十余颗,如“锁眼”、“信使”、“导师”、“小号手”等,这些间谍卫星既可以照相,同时还可以监听世界上广大地区的卫星电话。据说美国国家安全局可以在很短的时间内把世界上使用100多种语言进行的通信翻译成英文。

对高科技窃听窃照手段的防护,最根本的就是要按照《中华人民共和国保守国家秘密法》和《中国人民解放军保密条例》办事,严格执行保密守则,时刻不忘敌特分子正在伸长触角,千方百计地搜集情报。其具体方法:一是要注重隐蔽。做到守口如瓶,不该说的秘密绝对不说,不在不利于保密的场所谈论秘密事项;二是要采取加密措施。实行密语通话或加密传输,使敌人即便听到了某些信号,也无法了解其中的含义;三是要善于伪装。军事上有句名言,叫作“兵不厌诈”,防止敌人窃听窃照也应如此,就是用带有假情报的对话、声音、电文、图象或立体伪装物来迷惑和欺骗敌人,使其真假难辩。从而掩盖我真实的行动意图。四是要加强防护。一方面是人员的防护,包括思想上的重视、加强戒备、严格内部管理措施等;另一方面是技术上的防护,如发展先进的通信技术、计算机技术、伪装技术等,给敌人窃听窃照设置障碍。五是要及时破获和揭露。破获是防止窃听最根本的办法,我们应加大这方面的投入,培养反窃听窃照的高级专家,成立专门的研究机构,研制先进的器材,尽可能地识破敌人窃听窃照的技术手段,捕获暗藏的间谍人员。同时,对于破获的窃听窃照案件,要运用新闻媒体进行揭露,争取政治上和外交上的主动,遏制敌特分子的窃听窃照行为。

(三)对“第三者”协助窃听窃照的防护

敌特分子的窃听窃照行动是不择手段的,他们除了将世界上最先进的电子、光学等技术用以间谍活动外,还别出心裁地利用昆虫、动物等“第三者”协助完成任务。早在60年代,前苏联就研制出了苍蝇窃听器。他们把一种小如针头的微型电子窃听装置粘在苍蝇背上,苍蝇通过房门上的钥匙孔或通风设施飞向目标。在施放苍蝇之前先让它吸一口神经性毒气,待其到达窃听的目标后毒发身死,跌落在某一角落执行窃听任务,并用这种方式成功地对美国大使馆进行了窃听。越南战争期间,美国也曾用带有微型窃听器的臭虫寻找越军。他们用飞机将这种臭虫撒落在北越藏有游击队的山林中,臭虫对人体的汗味特别敏感,当它嗅着汗味爬到越军官兵身上吸血时,背上的超微型发射器就发射信号,轰炸机就依此信号投掷炸弹。70年代初,美国情报机关为了提高微型发射器的功率,绞尽脑汁研制了由鸽子携带的窃听器,并通过训练使鸽子按照激光束指示的方向飞向目标,完成任务后还能很“听话”地返回。80年代中期,美国为了弄清前苏联两艘最新式核潜艇的技术资料,在多次派间谍人工窃取无效的情况下,花高薪从日本聘请训兽员训练海豚,靠海豚将探测仪粘在了停靠在符拉迪沃斯托克港口的新型核潜艇上，一周后便弄清了该新型潜艇的燃料、动力、航速、噪音等大部分资料。由此看出，保护国防信息安全，不但要加强对敌特分子和敌人高科技手段的防护，还必须研究敌人间谍活动的新特点、新手段，见微知著，全方位设防。

第二节 抓好国防信息保护工作的重点

一、狠抓领导机关中的信息安全

党、政、军领导机关与其他单位相比，具有接触秘密信息的时间早、数量多、范围大、等级高、人员广泛等特点，且又是产生、传递、使用、管理和贮存秘密信息较为集中的部门，因此，毫无疑问地成了国防信息保护的龙头单位。以美国为例，在有统计的每年60余起的泄密事件中，有四分之一是由国会泄露出去的，其余的也大都是由各级各类政府部门泄露的。同时，各级领导机关还担负着国防信息安全工作的领导和管理重任，这就更加加重了他们在国防信息安全工作中的地位和作用。从目前的情况看，一些领导机关的信息安全形势不容乐观。比如部分领导干部思想麻痹、盲目自信的问题，部分机关部门安排不周、指导不力、协调不够的问题，部分涉密人员思想麻痹、业务不精的问题，一些涉密场所防护不严、制度不全、管理不善的问题等等，都需要我们下大力加以解决。

（一）领导干部要“三个管住”

领导干部是决策者，接触秘密信息的机会自然就更多一些，等级更高一些，范围也更广一些。因此，各级领导干部，特别是高级领导和军队、国防科研等部门的领导干部，是国防信息安全工作的重中之重。近年来，随着保密法规的建立、保密制度的完善和保密教育的日益深入，各级领导干部的保密工作总体情况是好的，但也或多或少地存在着这样或那样的问题，有的甚至还比较严重。比如，思想麻痹，观念淡薄，不顾场合，信口开河者有之；自恃特殊，无视制度，盲目自信，满不在乎者有之；只讲情面，贪求虚荣，随便“通报情况”，在家属、子女、身边工作人员等“小圈子里”公开秘密信息的亦有之。这些问题值得我们重视。

领导干部一是要管住自己的“嘴巴”。不该说的秘密绝对不说。对工作中涉及的秘密事项,也要做到不在非保密场所谈论,不用普通电话传递。由于政府官员出言不慎导致泄密的现象颇多,所以世界各国对防止政府官员的泄密都十分重视。美国不但对政府官员的涉密范围有明确的限制,而且对泄密问题的查处力度也非常之大。据悉,当年美国驻黎巴嫩大使馆被炸时,美国派往中东的特使麦克法兰向美国政府提出了用飞机轰炸报复的建议,因为一名政府官员无意中将建议人的名子透露给了新闻界,由此引发出白宫大发雷霆,命令联邦调查局给予严厉的查处。二是要管住身边的工作人员。领导身边秘书、参谋、干事、司机、打字员等,是协助决策者和保障决策者,他们接触的秘密信息较一般工作人员要多得多,近年来发生在这些人身上的泄密案件为数不少。如某部一位高级领导干部的司机把在车上听到的话当成“新闻”,在一位书摊女老板前传播造成泄密。因此,应十分重视做好这部分人的保密工作。要加强教育,培养他们坚定的政治信念和高度的保密观念;要严格要求,使他们养成严守保密纪律的习惯和缜密的工作作风。特别是要引导他们对党忠诚,坚贞不渝,防止被敌特分子引诱利用。当然,领导干部注意控制知密范围,不把不该他们知悉的秘密告诉他们,也是非常重要的。三是要管住配偶和子女。邓小平同志在《领导干部要带头发扬党的优良传统》一文中曾经指出:“现在有些干部的子女可以随便看机密文件,出去随意扩散,个别的甚至向外国人卖情报、送情报。这是我们许多事情保不了密的一个重要原因。”并说“我们现行的有些做法非改不行。”管住配偶和子女,一方面领导干部要严格执行保密规定,不以任何形式向配偶、子女、亲友及其他无关人员泄露国防秘密;同时,还要教育家属子女,不该问的秘密不问,不该看的秘密不看,时刻做到界限清楚,公私分明,防止他(她)们利用自己特殊的身份,以公开秘密信息来炫耀自己,或拿党和国家和秘密做交易,送人情。另一方面,领导干部的知密范围也要严格贯彻“工作需要与秘密分隔相统一”的原则，科学划分和严格控制各级干部的知密范围，以最大程度地减少国防秘密被泄露的危险和概率。当前，尤其要解决在领导干部中存在的把知密当作“待遇”，把传密当作“本事”，把泄密当成“关心”，把保密视为“死板”等错误观念，坚决刹住任意扩大知密范围、随便进行横向交流、不分场合乱谈秘密、领导干部个人保管秘密文件等不良倾向，确保国防秘密信息的有效控制。

（二）主管部门要“三个到位”

各级领导机关中主管国防秘密的部门，对信息安全负有更直接、更重要的责任，其作用发挥的好与坏，直接关系到本单位、本系统乃至更大范围的国防信息安全，因此，应高度重视各级保密部门在国防信息安全中的重要作用。具体应做到三个到位：一是安排布置要到位。要科学规划本单位的信息安全工作，统筹协调保密与其他各项工作的关系，确实把信息安全贯彻到年度工作的全过程。要广泛宣传信息安全工作的重要意义，适时向本级领导和上级主管部门提出做好信息安全工作的建议，及时制定和下发本级信息安全工作的计划和措施，使之成为一项经常性的工作。二是督促指导要到位。要改变以往只发文件不检查落实、只当“裁判员”不当服务员的工作作风，善于深入基层了解情况，掌握信息安全工作的第一手资料，并针对存在的问题，提出具体意见，督促和指导下级的信息安全工作，使信息安全工作的学习、宣传、考核、会议、值班、管理等项制度在基层得到全面落实。三是检查讲评要到位。在督促指导的基础上，采取随机检查和定期检查相结合的方式，适时检查下级保密工作的落实情况，并定期召开信息安全工作会议，印发通报进行讲评。要善于发挥奖惩效应，表彰先进，鞭策后进。对因工作不利危及信息安全造成严重后果者，应报请组织依法追究责任；而对于在维护国防信息安全中成绩突出的单位和个人，要大张旗鼓地给予表彰和奖励，以弘扬正气，促进信息安全工作的开展。

(三)涉密人员要“三个可靠”

毛泽东同志在抗日战争时期就曾告诫全党:“保守机密,慎之又慎”。建国后又再次强调:“必须十分注意保守党的机密,九分半不行,九分九也不行,非十分不可。”可见保密工作之重要。新时期虽然客观条件发生了一定的变化,但保密工作作为关系到党和国家生死存亡的重要地位没有改变,隐蔽战线窃密与反窃密和斗争依然十分激烈。涉密人员,特别是工作在要害部门以及主管国防信息保密工作的人员,接触的机密多,知密范围广,涉密程度深,所以首当其冲地成了敌特分子拉拢腐蚀的重要目标,而一旦在这些人身上出现泄密,则会给党和国家或军队的事业造成难以挽回的损失。因此,应十分重视要害部门工作人员的选配。具体做到三个可靠:首先,政治上要可靠。拥护中国共产党的领导,坚定社会主义信念,无条件地执行党在新时期的路线、方针、政策,忠于自己的职责并为之尽心尽力,不惜牺牲个人利益乃至献出自己的生命,不论在任何时候和任何情况下,决不叛党变节。其次,业务上要可靠。要有精通、熟练的专业技能和严谨、细致的工作作风,使窃密分子无隙可钻,无机可乘。要有遵守纪律、严守秘密的思想观念和埋头苦干、任劳任怨的奉献精神,兢兢业业,勤奋工作,不图名利,甘当无名英雄。毛泽东同志早在延安时期就曾对红军的机要人员说:“你们的工作就是不能宣传,更不能登报,有了成绩只能在内部讲讲,不能对外宣传,只能当无名英雄。”并为机要人员题词:“埋头苦干”。刘伯承元帅也曾多次教育机要参谋人员要多做少说,当无名英雄。这些都是由涉密人员的工作性质和职业道德所要求的,也是我们的传家宝,我们应该进行全面继承,并发扬光大。第三,关键时刻要可靠。涉密人员由于工作性质特殊,岗位重要,所以面临的威胁也较多。在战争年代,无数先烈为保护党的机密英勇献身。和平时期,隐蔽战线的斗争仍然异常激烈,窃密与反窃密的较量依然是你死我活的,金钱收买、美色引诱、拉拢腐蚀等“糖衣炮弹”、“柔情炮弹”时刻在威胁着我们,涉密人员稍有不慎,就可能成为敌特分子的俘虏。当然,关键时刻的可靠主要来自平时严格的养成，涉密人员除了应具备坚定的政治觉悟和熟练的专业技能外，还要有意培养自己优良的生活作风，特别是在市场经济条件下，不被“酒绿灯红”和形形色色的引诱所迷惑，时刻保持高度警惕，做到“常在河边走，就是不湿鞋”。

为了确保涉密人员的可靠性，应有针对性地加强对他们的选拔、使用和管理。确实把政治坚定、思想稳定、工作积极、业务熟练、办事认真、纪律严明的人选调到涉密岗位上，保持队伍的纯洁性。对现职涉密人员要通过灵活多样的方式进行教育和培训，使人人都能熟悉有关制度和法规，不断提高保密观念和业务水平。主管领导要采取重点抽查、组织部门之间互查、结合任务专项检查等方式，经常检查国防信息涉密人员的工作情况，及时督促、教育和指导，确保万无一失。

(四)涉密场所要“三个管用”

涉密场所是指生产、加工、传递、存储、保管、处理国防信息的地方，亦包括重要的国防工程设施。涉密场所的安全是国防信息安全的重要组成部分，因此，它也是国防信息安全的重要内容。当前，由于和平麻痹思想的作怪和个别人员工作责任心的馈乏，一些涉密场所中设施不全、制度不严、管理不善的问题还比较突出，丢失、被盗、上当受骗的现象时有发生。比如，发生在解放军某部的秘密资料被盗案和发生在云南某县机要室的秘密文件被盗案，都是因为制度不严、管理不善、设施不全而造成的。涉密场所管理的目标是：场所建设标准化，表报资料规范化，管理手段现代化，落实制度经常化。具体应做到三个管用：一是防护设施要管用。要有完备齐全的防护设施，并经常检查其技术性能，确保完好率。二是管理制度要管用。要有一整套切合自身特点和工作实际的管理制度，从借阅传看、检查点验、登计统计、使用维护、交接手续等方方面面进行规范，严格认真、一丝不苟，形成套路，长期坚持，坚决克服摆架子、做样子、图形式、走过场、做表面文章等不良作风。三是消防器材要管用。要定期检查消防器材的性能，适时更换过时的灭火设施，熟练掌握各种消防器材的性能特点和操作使用方法，并了解水源、沙源的具体位置，有目的地组织灭火演练，确保万无一失。

(五)国防信息安全工作要“三个落实”

国防信息安全工作，贵在抓好落实。现实中不少单位的国防信息安全工作只是停留在口头上，缺乏有针对性的落实。如此发展下去，必然误党误国。当前，我国已进入了新的历史时期，新的机遇和挑战，也同样对信息安全工作提出了更高、更严的要求，我们只有转变工作作风，改进工作方法，狠抓信息安全工作的落实，才能适应新形势、新任务的需要。

首先，要从思想上抓落实。要确立与我国当前的改革开放政策和社会主义市场经济体制相适应的保密工作观念，做到越是改革开放，越是发展经济，越要加强国防信息安全工作，决不能被眼前的和平环境所迷惑。其次，要从组织上抓落实。各级均应建立相应的国防信息安全工作领导机构和群众性的信息反馈网络，规定任务、明确目标、落实责任，使这项工作逐步走向健康发展的道路。第三，要从工作上抓落实。要按照“分级管理、逐级负责”的原则，业务工作管到哪一级，国防信息安全工作也要管到哪一级。要按照“法制化、规范化、经常化”的原则依法办事，规范国防信息安全工作，促进国防信息安全工作的良性发展。

二、狠抓国防科研机构中的信息安全

国防科研机构，是产生国防核心机密的中心和基地。国防科研机构中的信息安全，是整个国家和军队信息安全的重要组织部分。所以世界各国无一不把国防科技领域里的角逐和竞争作为情报和反情报斗争的焦点。有资料表明，当前美国中央情报局已把获取军事科技情报列为最优先的目标，俄罗斯情报部门派出的科技间谍数以万计，日本政府也在极力庇护其情报机构在“大商社”掩护下的秘密活动。因此，我们应充分认识国防科技工作面临的严峻形势，下大力做好新形势下国防科研机构中的信息安全工作。

(一)严格内部保密制度

建立完善的内部保密制度并严格执行,是国防科研机构中信息保护的重要环节。国防科研中的计划、规划,反映着国防现代化的水平和发展方向,一旦泄露出去,就会使敌人掌握我国防科研的最新动向,暴露我国的尖端技术和军事装备实力,乃至给整个国家的军事发展战略和国际政治地位带来不利影响。因此,科研机构对所从事科研活动的全过程,包括发展战略、中长期规划、立项鉴定、试验方案、加工生产、论证报告、对外技术交流等,都应在严格的保密制度下进行。使科研机构的内部保密制度应对秘密事项的接触范围、审批权限、流动渠道、管理措施等都作出全面、具体的规定。

(二)严格技术资料的管理

国防科技领域里的技术资料,蕴藏着国防科技产品从设计、试验到加工生产各个环节的全部秘密,严防国防科技资料的丢失被盗,是做好国防信息保护工作的重中之重。严格科技资料的管理,首先是要从科技立项入手,对承担项目的单位和人员规定明确的保密责任,使项目计划和保密措施同步出台。其次是要认真做好科研、试验、生产等环节的技术资料收集、整理和归档工作,防止非正式资料(草图、个人笔记、计算数据、打印底稿、计算机设计软件等)落入敌特之手。特别是对于一些无法带走和不必要归档处理的非正式资料,应及时就地销毁,不得乱扔乱放或私自带离工作地点。在这方面,以往的教训是很多的。如某部科研所的一名技术员,出差时把记有核潜艇对地导弹发动机部分研制资料的保密手册,连同衣物放在一旅行袋中带走,途中又将旅行袋交于他人,造成重要秘密资料丢失,这一教训是非常深刻的。对于就地销毁的秘密资料,应按照规定程序办理,不得简单处理或草率行事,更不能随便找人代为销毁。再就是要加强对已归档科技资料的管理,严格按照制度、程序和批准权限办事,防止重要科技资料丢失被盗或经第三者流入敌特分子之手。要处理好科技资料的保密与借阅的关系,既要防止发生失泄密事故,又要为科学研究提供方便,二者不能偏废。

(三)严格试验过程中的保密

国防科技产品在试验过程中,其实际性能、主要技术参数都非常具体,得到了试验过程中的资料,也就等于掌握了该项产品的技术性能。试验过程与项目的研究、计划过程相比,接触的人更多一些,保密的难度也就更大一些。象技术资料的防扩散问题、试验样品的防拍录问题、鉴定会议的防窃听问题、试验过程的防“曝光”问题等,都是重要国防科技项目在试验阶段应注意保障的重点。特别是一些大型国防科技项目,密级高、协作单位多、目标大、工程周期长,必须根据工程项目的保密要求,建立专门的保密管理体制,制定专项的保密制度,研究解决保密难点的对策,把保密任务落实到具体人头。以确保重要国防科技项目在实验过程中的安全。

(四)严格对外科技交流管理

国防科技的发展与其他方面的科学技术发展一样,离不开与外界的相互学习和交流。通过交流,可以学人之长,补已之短,促进国防科技向更高、更尖的方向发展。但是,国防科技的交流又不同于一般的科技交流,它既要通过交流学习他人之长,又必须保守已方的“先进性”和“独有性”,否则,将造成泄密。国防科技交流包括本国与国外(境外)的交流,军队与地方的交流,同层次科研部门的交流等,既有公开的交流,也有秘密的交流。在交流活动中,我们既不能因保密而拒绝交流,也不能无限制地随便交流。正确的做法应当是该交流的交流,该保密的坚决保住。具体地说,如果一项科研成果交流出去能从对方换取更先进、更有价值的东西,对我国国防科技的发展利大于弊,就应当去交流;反之,不利于我国国防科技发展的交流,危及我国国防建设和军队安全的交流,眼前看似有利而对长远发展不利的交流,都必须坚决加以制止。严格对外科技交流管理,一是要严格区分国防科技秘密与一般商业秘密的关系。区别对待,分类管理,宽严适度,不得鱼目混杂。二是及时做好定密和解密工作。凡够上秘密载体的要尽快定密,使其“身份”明确,按秘密载体进行流通,当秘密载体达到规定的保密年限后,各级保密部门应及时组织研究,无保密价值的要解密。现实中这方面的工作做的不够,只重视定密,秘密一定终身的现象普通存在,这样既增大了保密部门的负担,也不利于国防科技的发展和对外交流,应引起各级保密部门的重视。三是严格国防科技交流的审批。对各类密级的科技资料规定明确的审批权限,健全审批制度,使国防科技的对外交流逐渐步入正规化、法制化、科学化的轨道。

(五)严格科研机构的人员管理

国防科技人员处在科技保密的第一线,是国防科技秘密信息的第一载体,他们掌握着国防科技秘密的第一手资料,因此,搞好科研机构的人员管理是确保国防科研机构中信息安全的根本和关键。市场经济条件下劳动力资源的市场优化配置和科技人才的流动,给国防科技的保密工作带来了一系列的新情况和新问题,比如:有的国防科技人员经不起利益的诱惑,被敌特分子收买和利用;有的国防科技人员为了个人所谓的前途和事业,而"另谋高就";也有的国防科技人员在办理工作调动时把所掌握的国防技术和研究成果当成到新单位报到的见面礼,以此提高自已的身价,等等。这些国防科技人员的非正常流动现象,造成了我国防科技的大量流失和被窃、被泄,应引起各级有关部门的高度注意。严格科研机构的人员管理,最根本的是加强思想教育,从根本上打牢国防科研人员献身国防事业的思想根基,使他们不为眼前的利益所动,立足本职岗位作贡献。其次是要完善国防科技人才流动的制约机制。从宏观上讲,国家应以法规形式严格规范科技人才流动管理,把科技人才的流动纳入法制化的管理轨道。从微观上讲,科研单位要加强对接触和知悉重要国防秘密的科技人员的管理教育,适时签订保密合同,防止密随人走。用人单位也要以国防大局为重,着眼长远和自身的声誉,不得挖国防科技单位的"墙角",更不能怂恿侵密行为。同时要强化国防科研人员的保密纪律,并严肃查处国防科研人员的泄密行为,力争把失泄密事故消灭在萌芽之中。

三、狠抓军事单位中的信息安全

军队是执行政治任务的武装集团,军事单位中的信息安全是国防信息安全的核心和重要组成部分。军事单位的特殊地位和作用,决定了他产生、传递和大量使用国防信息的必然性。在我军的各级机关和部门,特别是高级领导机关和重要部门,掌握着大量的国防秘密信息,比如作战、情报、通信、机要、战勤等部门所掌握的军队配置、作战部署、重要军事设施、先进武器的关键部件和数据、核心密码、国防计算机网络密钥等,都是国防信息中的核心机密,一旦被敌方获悉,将会给国家和军队造成特别严重的损失。因此,军事单位的核心秘密历来是敌方涉猎的重要目标。新形势下的军事信息安全工作面临的长期和平环境使官兵的保密观念淡化,先进的窃密技术增加了保密工作的难度,信息容量大和传输媒体多使泄密概率加大,面对敌人的高科技窃密手段,面对部队保密工作在新形势下暴露出来的问题,我们的信息安全工作还十分繁重。做好这些工作既是维护国家安全利益和对敌斗争的需要,也是保持军队的纯洁和稳定、顺利进行“三化”建设的需要。

(一)重视军事训练中的信息安全

军事训练是部队在和平时期的中心工作,也是一项经常性的实践活动。练兵就要动用人力和物力,练兵必然牵扯到编制装备。由于军事训练涉及面广,动用人员多,保障范围大,因此也容易造成泄密。一是容易暴露我军的作战方针。作战方针反映着我军对未来战争的基本设想和行动意图,是部队的核心机密。按照“仗怎么打,兵就怎么练”的原则,我军在军事训练的指导思想、内容、目的、要求和组织实施过程等方面,不能不体现作战方针的基本思想。而且,随着作战方针的发展变化,其训练的指导、内容、方法、目的等也在不断发展变化,如果被敌人从中发现端倪并拿出对策,则可能使我军在未来战争中处于被动。二是容易暴露我军战术思想的发展变化。部队战役战术思想是随着武器装备的发展和客观条件的变化而发展变化的,而一种新型战役战术思想的孕育和成熟又主要是在训练场上完成的，如果不采取必要的保密措施，也可能造成泄密。三是容易暴露部队的编制装备和行动企图。编制装备是部队战斗力的基础，直接反映着部队的组织系统、机构设置、人员数量、武器装备的性能等情况。由于训练的需要，部队的编制装备将出现在训练过程中的不同场合或载体上，稍有疏忽就有可能造成泄密。其危害性是不言而喻的。

做好军事训练中的信息安全工作，首先是要结合军事训练工作的实际，进行保密教育。保密教育是做好军事训练中信息安全工作的重要环节。由于军事训练参与人员多，涉及面广，仅靠一般的保密检查是不行的，必须通过教育从根本上解决每个参训人员的保密观念问题。要紧密结合训练对象的实际搞教育，使不同层次、不同专业、不同职务的人员都从中受到启发，增强针对性。要紧密结合训练内容的实际搞教育，对部队换装训练、临战训练、适应性训练或日常训练提出不同的保密要求，增强有效性。要紧密结合训练时机的实际搞教育，针对不同时机可能出现的新情况、新问题加以指导，增强及时性。要紧密结合训练环境的实际搞教育，使部队能够在不同的敌情、社情、地形等多种情况下做好保密工作，增强适应性。

其次，要加强军事训练组织过程中的保密。组织军事训练，包括确定军事训练的指导思想、训练内容、训练目的和要求，制定军事训练计划，组织备课和试讲示教，分析训练情况，评估训练质量，实施训练奖惩等，这些情况大多以文件、电报或计算机等秘密载体进行传递或存放，如果没有保密监督和统一的管理，就有可能发生在训练会议上泄密、在训练文件中泄密、在通信传递或计算机网络上泄密等问题。因此，应注意抓好组织军事训练过程中各个环节的保密，确保万无一失。

第三，要抓好训练场地和新式武器装备的保密。训练场地是部队军事训练的空间条件，是各种新式武器装备登台亮相的场所，也是敌特分子窃取我军事秘密的重要目标。对于有经验的情报人员来说，通过窥测敌方的训练并加以分析，就可掌握其武器装备的性能、兵力部署特点、战役战术方法等军事秘密。第一次世界大战期间，法国间谍夏尔．卢齐托通过窥探德军的训练，掌握了德军拟将毒气用于战场的重大秘密，不但使法军和英军很快装备上了防毒面具，而且在德军大量储存毒剂武器之前，也制造出了自己的毒剂武器与其抗衡。由此可见，加强训练场地的保密是十分重要的。其具体措施：一是要隐蔽训练条件，特别是高技术兵器的训练条件要力求隐蔽，必要时加强防护。二是要采取伪装措施。三是选择好训练时机，特别是使用保密度较高的新型武器训练时，应尽量选择合适的天候气象条件进行，给敌人的侦察增加困难。四是要加强警戒和场地管理，必要时发动地方公安干警或民兵协助警戒，不给敌特分子可乘之机。

（二）严防军事出版物泄密

军事出版物包括军队的报纸、杂志、学术专著、教材、论文、想定材料、作战（管理）条令、地图等，无论是哪一类科目或任何形式的军事出版物，都载有我军的秘密信息，都不能忽视保密工作。现实中因编写（出版）不慎造成泄密的例子很多。比如，有的作者缺乏保密观念，把部队的编制、装备等情况在公开出版物上发表；有的出版社把关不严，公开刊登我军新型武器装备的照片和战斗性能；有的单位对军事出版物管理不善，有乱发、乱传、乱借等现象。由于军事出版物上反映出的军事秘密比较直观、准确，所以它一直是敌特分子涉猎的重要目标，加之我军目前出版物存在着数量多、管理乱的弊端，极容易被敌特分子所利用，不能不引起我们的高度重视。

做好军事出版物的保密工作，一是要注意编写时的保密。编写人员应认真学习保密条例，熟悉军事秘密的保守范围，对哪些内容需要保密、哪些内容可以公开、哪些内容可以在什么样的信息载体上公开等，都要做到心中有数，不能盲目引用。当需要将编制装备或尖端技术机密资料引入教材或军内发行的内部资料时，应按规定报请上级或本级保密部门的批准，绝密资料不得编入教材，更不得公开发表；编写想定材料时，一般不应以作战预案为背景，并尽量避开预设的主要作战方向和作战地区。数人合作编写的专著、教材、学术论文等，主编人员必须对全部内容进行审查把关，严格执行主编负责制。编写人员对是否涉密把握不准的作品，在作品定稿后应送交上级业务主管部门或保密部门审查把关，待批准后方可送稿出版。

二是要注意出版时的保密。拟公开刊载的作品，责任编辑在审查其文字内容时要兼顾保密检查，本着既有利于发挥载体的作用，又确保不泄密的原则，合理取舍编写内容，对不宜公开发表的秘密信息必须毫不留情地予以删除，需保留秘密信息的载体，应按规定确定并核明秘密等级和发放范围，防止以作品的“轰动效应”取代保密。

三是要注意印刷时的保密。各类军事出版物(不含向社会公开发行的报纸)，必须在有保密保障的印刷单位印制，不得随意将带有秘密信息的军事作品送地方工厂印刷。军事出版物的印刷企业，应严格执行保密制度，认真履行印刷手续，尽可能地控制范围，使用可靠人员，不得以“经济效益”冲击保密，更不得超越职权擅自编发或翻印军事出版物。

四是要注意发放时的保密。军事出版物的发放应严格按照上级规定的印发范围和数量执行，并认真履行发放登记、签字手续，不得擅自将军事出版物发给无关单位和个人，更不得感情用事，拿军事出版物“送人情”、“作交易”。标有密级的军事出版物，在发放时应统一编号、登记，并列入移交。

五是要注意回收时的保密。只发不收是当前军事出版物管理混乱的根源之一，导致军事出版物的乱扔乱卖，难免造成泄密。对军用教材、想定，特别是标有密级的军事资料，发放部门应及时予以回收，并按规定履行销毁手续。尤其是离退休干部和复员、转业的干部战士，在离开岗位之前，应将“列入移交”的军事资料全部交回有关部门，标有密级的军事资料必须上交；军校学员毕业或工作调动的干部，对已批准带走的军事出版物，要按规定履行登记、签字手续。严禁将军事出版物当“破烂”出售。

(三)保证重大军事活动中的信息安全

部队组织军事演习或遂行戒严、抢险救灾等急、难、险、重任务时，由于情况突然，行动紧急，加之本身又具有一定的实战性，容易暴露部队的编制体制、武器装备和指挥、保障关系。特别是一些带有实战背景的军事演习，是军事作战思想、战略战术和高技术兵器登台亮相的主要时机和场所，如果缺乏严密的保密措施，则会对新时期战略方针的落实和军队现代化建设造成不利影响。从近年来我军组织演习或执行重大任务的情况看，都引起了国外(境外)一些情报机关的特别关注，他们极力搜集我军事活动的情报，并从政治上、军事上或经济上采取了遏制对策，对我军的行动造成了一定的负面影响。由此可见，和平时期重大军事活动的保密是国防信息安全工作一个极其重要的环节。

在组织军事演习或参加戒严、抢险救灾等重大军事活动时，一是要防止资料丢失。重大军事活动资料，诸如各种秘密文件、演习文书、计算机软盘、录音录像资料等，记载着军队活动的指导方针、战术思想、行动企图等实际内容，是部队重要的秘密载体，应严格加以保管。然而，部队组织军事演习或执行重大任务时，通常又都带有一定的应急性和战术背景，时间紧迫，行动仓促，情况多变，转移频繁，加之野战条件下文电、资料的处理、传递、保存等方面的条件较之在营房要差一些，机关办事人员的工作分工也可能因一些意外情况的出现而被打乱，这些情况又都从客观上给文电资料的管理造成了一定的困难，稍有不慎，就可能发生丢失文件、资料的现象。因此，当部队参加军事演习或其他重大活动时，应当格外重视文电资料的管理工作，做到思想重视，工作落实，分工具体，责任明确，事先有要求，事中有检查，事后有讲评。特别是要注意做好完成任务以后对文电资料的清理归档或销毁工作，以防流失和扩散。二是要防止通信泄密。通信是保障军事指挥的手段，重大军事活动离不开通信联络，但通信联络如果组织不好也容易造成泄密。比如，使用无线电台进行明语通话，从地方邮局拍发明码电报，使用地方邮电系统的“手机”指挥军事行动，等等，都会暴露部队的行动，为敌特分子窃取我军事情报提供了方便，这些做法严重违背了军事通信的基本原则和保密要求，是绝对不允许的。三是要防止被敌窥探和高空侦察。重大军事活动是部队摆兵布阵施展“武艺”的舞台,其指挥、保障关系和武器装备较之平时要“暴露”一些,所以敌人往往抓住时机对我进行窥探和高空侦察。因此,部队在行动之前要进行必要的敌情、社情调查,有重点地做好防范工作;要教育官兵克服和平麻痹思想,严格保密措施;要加强警戒,严格控制无关人员进入演习场地或新式兵器配置地域;要对首长、机关和部(分)队规定代号和行动信号,隐蔽指挥关系和行动企图;还要对兵力兵器的集结、机动、配置特别是高技术兵器采取伪装、遮蔽、迷惑措施,以削弱敌方侦察设备对我探测的准确性。四是要防止宣传报道和在地方打印、复印文件资料时泄密。部队执行演习、戒严、抢险救灾等重大任务时,新闻媒体进行必要的宣传报道是正常的,但如果把关不严,也可能会造成泄密。要对媒体人员进行保密知识教育,防止只图军事活动的“轰动效应”而忽视保密工作;组织军事活动的指挥机关应针对该项活动的具体情况,统一宣传报道的口径,规定报道的时间和内容,明确报道的范围;要严格执行稿件送审制度,分工有关或主管部门严格把关,防止泄密。另外,部队在野战条件下处理文件时,应立足现有条件,以迅速、准确、实用为原则,不要只为追求文书的正规就随意到地方单位打印、复印文件资料。确需到地方单位处理文书时,应安排专人监督完成,事后采取删除、销毁措施。

(四)确保军事涉外活动中的信息安全

随着国家改革开放的不断深入,我军与国外的交流与合作也日益增多。做好这项工作,既有利于我军借鉴国外治军的成功经验,加快现代化建设的步伐,也有利于我军在国际上树立“威武之师”的光辉形象,增强威慑力。但是,军队涉外活动的增多也不可避免地对军队系统的信息安全工作带来了影响,同时也加大了保密工作的难度,涉外人员中有的受生活环境的影响而蜕化变质。某军校的一名留学日本的助教,就由于经不起酒绿灯红的诱惑和敌特分子的拉拢腐蚀,在与台湾女特务鬼混中出卖我重要军事机密。

面对军队涉外活动的新情况，既要注重加强思想教育，也要制定周密、完善的规章，靠制度管人。具体应从以下四个方面做好预防工作：一是要防止涉外人员违反保密纪律造成泄密。要强化涉外单位和涉外人员的保密意识，防止麻痹泄密。同时还要针对不同的涉外活动特意明确保密规定，具体规范军队人员与国外（境外）交往（接触、谈话、参观访问、旅游考察、提供物资或学术活动等）、通信（书信联系、电话联系、电报联系等）、科技交流（互派技术人员、提供技术资料、提供物资或资料帮助）等方面的活动，防止意外泄密。并要维护涉外保密规定的严肃性和权威性，加大执法力度，从重查处违规事件，坚决杜绝有法不依的现象。二是要防止军队对外科技交流不慎造成泄密。要加强军队对外科技交流中的检查与审查，严格规范科技交流活动的范围、内容和时机，防止未经批准的私人交流，杜绝随意向国外（境外）提供科技资料的现象。三是要防止接待来访使者不当造成泄密。担负涉外任务的部（分）队，要严格按照国家和军队的迎外规定执行，做到既要以礼相待，又要严密防范；既应对得体，又不泄露国家和军队的秘密。禁止超范围介绍情况或擅自带领外来人员进入军事禁区活动。如果对方有失礼节，提出额外要求，则应做到有理、有利、有节，确保国防信息安全。四是要防止进行军品贸易不善造成泄密。由于军品贸易是一种特殊的商品贸易，因此，必须强化军品贸易中的保密制度，严格控制知密范围，确保万无一失。

四、狠抓"特殊涉密人员"的信息安全。

所谓"特殊涉密人员"，是指与国防秘密有着直接联系或特殊关系的人员，如秘密场所的警卫人员、秘密载体的传递人员、涉密单位的勤务保障人员，以及工作在首长身边的秘书、司机、警卫、打字员等等。由于这部分人有其"特殊"的身份，往往是上级管不着、下级管不了，而本级领导又因为与他们特殊的工作关系和感情而忽视管理。因此，发生在这部分人身上的窃密、泄密事件较多。又由于这部分人具有知密范围广、涉及内容深、情况（场所）熟悉的特点，一旦发生问题又都危害较大，所以不能不引起我们的高度重视。

抓“特殊涉密人员”的信息安全，首先是要提高对这部分人泄密危害的认识，以高标准去要求和管理他们，使他们克服优越感，自觉按保密制度办事。其次是要根据他们的涉密特点，制定切实可行的管理措施，如经常性的保密教育、定期的会议制度、随机保密检查等，使他们象一般涉密人员一样接受保密管理。甚至比一般涉密人员接受更多的保密教育和管理，不能使其成为信息安全工作的“漏洞”、“死角”。三是要当心曾经在涉密单位工作过的工勤人员离开岗位后又返回进行窃密作案的行为。近年来我国曾先后发生过退伍军人返回部队偷窃秘密武器资料和破坏国防设施、工勤人员返回原单位偷窃秘密文件等问题，因此，应注意加强这方面的防范和管理。四是要管住涉密人员在工作调动时乱带秘密文件、资料的行为。近年来，此类事件时有发生。值得重视。

第三节　做好反间防谍工作的措施

一、未雨绸缪，积极防范

尽管我国当前处在和平时期，但仍要想到还有敌特分子在挖空心思地搜集我国的国防情报。我国《保密法》第四条规定：“保守国家秘密工作，实行积极防范、突出重点、既确保国家秘密又便利各项工作的方法。”这里的核心是积极防范。

首先，在思想上要保持高度警惕。和平麻痹思想是国防信息安全工作的大敌。要看到，虽然和平与发展是当今世界的两大主题，世界总的形势是趋向缓和，但世界并不太平。特别是自东欧剧变、苏联解体之后，我国成了西方敌对势力攻击和颠覆的主要目标。他们无时无刻地不在对我进行“分化”、“西化”、“渗透”、“颠覆”的阴谋活动。同时，还应看到，国内也确有一些仇视社会主义制度的敌对分子，他们蠢蠢欲动，伺机作案，遇有机会就可能向国外出卖我国防情报。

其次，要克服无密可保，有密难保的错误思想。不可否认，现代科学技术的发展给保密工作增加了一定的困难，特别是西方敌对国家在遥感探测、信号截收、密码破译、网络攻击等方面的优势对我国的国防信息安全构成了较大的威胁,但技术绝对不是万能的,只要做好工作,是完全可以达到保护国防秘密要求的,这一点从最具现代特色的海湾战争、科索沃战争中都可以得到证实。近年来,朝鲜神秘的发射了导弹,印度和巴基斯坦竞相进行核试验,我国也巧妙的在东南沿海进行了导弹演习。这些活动,都成功的躲过了美国的侦察卫星,使美国中央情报局不得不为此而反省。可见,只要严格组织保密工作,是完全可以对付敌人高技术手段的。

二、防反结合,力争主动

防反结合是反间防谍、做好国防信息安全工作的一条重要原则,也是世界各国对付情报间谍的基本做法。由于间谍活动是十分诡秘的阴谋活动,又往往是利用我国内部的某些矛盾、政策空子或法规制度上的不完善,在合法身份的掩护下秘密进行,所以仅靠单纯的防护往往难以达到预期的效果,而应把严密的防护与积极的反击结合起来,双管齐下,通过舆论遣责、媒体揭露、分裂瓦解、套捕人员等多种方法,打击敌人的情报活动,在国内情报保护和国际情报斗争中争取主动。主要方法包括:

(一)利用国际舆论,谴责间谍情报活动

利用间谍搜集、刺探或收买他国情报的活动,是一种不得人心的阴谋活动,必将受到世界上主持正义的国家的强烈谴责。虽然各国都有自己的情报机关,但任何国家都害怕将他们针对别国的间谍活动公布于世。基于这一点,我们应充分利用国际舆论的作用,针对国外(境外)敌对势力的间谍窃密活动予以反击。一是可以利用联合国大会和其他国际性会议痛斥间谍情报活动,揭露敌对势力对我进行间谍情报活动的阴谋和行径,唤起世界上一切友好国家、爱好和平国家、主持正义国家的同情、理解和支持,打击敌对势力的嚣张气焰,树立我国的国际威信和政治地位。二是可以通过报刊杂志、广播电视、计算机国际互联网等大众媒体,揭露、声讨敌对势力的间谍情报活动,使其在一片遣责声中为了顾及面子而不得不收敛。三是可以针

对敌对势力的某一个间谍窃密事件，以外交照会、致信警告等方式与其斗争，用铁的事实驳斥其诡辩，为国际外交和政治、经济活动争取主动。近年来，我国就曾多次利用外交照会的方法与西方敌对国家的间谍活动作斗争，并充分利用联合国大会等国际性场合揭露其阴谋活动，做到了有理、有力、有节，树立了我国良好的国际形象，巩固了社会主义的人民民主专政，保护了国防信息安全。

（二）依靠多种力量，瓦解间谍情报组织。

反间防谍的一个重要任务就是要瓦解敌人的情报组织。因为间谍活动是一种有组织、有计划、有预谋的活动，瓦解其组织则可从根本上断掉其情报来源。新形势下的间谍组织往往是打着“考察”、“经商”、“旅游”等各种旗号，或以正当活动为掩护，具有很大的隐蔽性和欺骗性，所以反间防谍工作的难度很大。应注重发挥好多种力量的作用。除国家安全机关外应注意发挥边防、海关的作用。边防和海关人员守卫着祖国的门户，工作岗位十分重要。国外（境外）向国内渗透或将弄到手的信息载体送到国外，大都是采取秘密越境或在种种“合法身份”的掩护下“闯关“的方法。据不完全统计，改革开放以来，国外（境外）人员每年利用“闯关”的方式进入我国进行不正当活动的就达数百起，非法越境人员就更多。因此，边防、海关人员的责任非常重大，必须提高警惕，以灵活多样的手段与敌人的间谍情报活动作斗争，当好“国门卫士”。此外军队、武警、公安和各级安全保卫部门边是反间防谍的重要力量。军队的活动和武警守护的目标，通常是敌特分子进行情报活动的重点；各级保卫部门特别是国防科技和军工单位的保卫部门，也都担负着重要的反间防谍任务，所以应充分依靠军队、武警、公安及有关保卫部门的力量，加强对国防工程设施、武器装备、国家重要目标及科研、军工机构的防范。

三、严打重罚，惩治犯罪

严厉打击情报犯罪，也是确保国防信息安全的重要环节。虽然这是一种被动的防御措施，但却是有效和不可缺少的。

（一）严惩非法获取国防秘密罪

非法获取国防秘密罪，是指国外（境外）人员（含已加入国外情报组织的国内人员）以窃取、刺探、收买等非法手段获取我国防秘密的行为。包括窃取有关国防安全的文件、资料、战备器材，刺探国防设施和军队行动的情报，对国防工程和武器装备的录像、照相，对国防通信的截获、窃听，收买秘密文件、资料、地形图、国防工程图、军事教材（资料）等等，非法获取国防秘密罪与非法获取一般性的国家秘密有所不同，在量刑上应适当加重。对国外（境外）人员的窃密行为，通常采取外交手段予以解决；对国内人员或国内叛逃到国外（境外）人员回国窃密的行为，根据情况的不同，处以有期徒刑、无期徒刑直至死刑。战时状态下应适当加重。

（二）严惩间谍咨敌罪

间谍咨敌罪是指国内人员参加了境外情报组织并为其提供情报服务的犯罪。历史事实充分证明，“保垒最容易从内部攻破。”如果我们的涉密人员被敌特分子拉下水而窃密咨敌，那后果是可想而知的。第二次世界大战中，奥地利没开一枪一炮就被德国法西斯一口吞掉，瑞士的国防情报毫无保留的被前苏联掌握等，都是因为内部出了问题。因此，世界各国对间谍咨敌都采取了比较严厉的措施。如美国刑法规定对间谍咨敌处以有期徒刑至死刑；韩国规定处以无期徒刑至死刑；法国、罗马尼亚规定处以死刑；日本规定5年以上有期徒刑至死刑。我国新刑法第110条规定：对危害国家安全的间谍活动，处10年以上有期徒刑或者无期徒刑；情节较轻的，处3年以上10年以下有期徒刑。当然，战时以军事情报咨敌的，应加重惩处。

（三）严惩泄露国防秘密罪

泄露国防秘密罪是指国家工作人员、部队官兵、公安干警以及其他涉密人员，违犯国家或军队的保密规定，有意或无意造成国防秘密泄露的行为。包括口头泄密、通信泄密、宣传媒体泄密等。例如：以口头或书面告知他人国防信息的内容，为他人提供阅览、复制、摘抄国防秘密信息的机会，向他人直接提供国防秘密的原件或原件复制品，在书籍、报刊、音像等大众转播媒体披露国防信息等。在收发、保管、传递或者外出时携带国防秘密，未按有关规定采取保护措施导致泄密的，亦属于泄露国防秘密罪的范畴。

对泄露国防(军事)秘密罪的惩治，美国规定处5年以上至20年以下有期徒刑；英国规定处20年以下有期徒刑；法国规定处一年以上至20年以下有期徒刑；日本规定处一年以上至10年以下有期徒刑。我国新刑法第398条对泄露国家秘密罪的法定刑则是："处以3年以下有期徒刑或者拘役；情节特别严重的，处以3年以上7年以下有期徒刑"。可见，我国的量刑幅度是偏低的。

第十一章　严密防护，确保国防通信系统的安全

国防通信是国防信息系统的重要支撑，国防通信系统防护是防止敌人干扰破坏、保证信息安全的重要措施，做好国防通信系统的防护工作是确保国防信息安全的重要环节。国防通信系统防护，主要包括国防通信信息的反侦察、反干扰、反窃听、反冒充，国防通信设施的防火力摧毁、防磁力打击、防敌特破坏等。当然，防止敌人利用计算机病毒攻击和利用计算机"黑客"扰乱，也是现代条件下确保国防通信系统安全的重要内容。

第一节　新时期国防通信系统防护的基本思路和要求

一、新时期国防通信系统防护的基本思路

当今世界，随着高技术在世界范围内的蓬勃兴起和在军事领域的广泛运用，使国防通信系统防护发生了根本性的变化，面对飞速发

展的微电子技术、精确制导技术和日益复杂的电磁环境、战场环境，传统的国防通信系统防护思路已远远不能适应客观形势发展的需要，应着重从以下四个方面转变工作思路：

(一)既要防止文电丢失、口头泄密，更要防止电磁辐射泄密

近年来，随着电信技术的发展、改革开放的深入和我国政府对地方邮电和军事通信事业投资的增多，地方党政机关和军队的通信设施、装备得到了较大的改善，这对于减少经费开支、提高工作效率、做好新形势下的军事斗争准备，无疑起到了巨大的推动作用。但是，这里有一个严重的问题不容忽视，那就是这些先进的通信设备在工作时的电磁辐射问题。诸如传真机、复印机、微型计算机、长途电话、移动通信设备等在工作过程中都有较强的电磁辐射，非常容易被敌特人员或国内情报分子加以接收利用或非法侵入，进行窃取、扰乱或篡改，甚至造成某一局域网络或作战指挥系统的暂时瘫痪。近年来，我国已经连续发现多起敌特分子、国内情报分子或电脑“黑客”利用通信电磁泄漏进行窃密或捣乱的事件。同文件丢失或口头泄密相比，电磁辐射泄密具有速度快、范围广、不易察觉等特点，所造成的危害更大。因此，新形势下的国防通信防护工作，仅仅停留在传统的防文电丢失、被盗或口头泄密上是远远不够的，而必须把注意力放在防止电磁信号辐射而造成的泄密上。

(二)既要防止内部泄密，更要防止敌人技术侦察窃密

从目前的情况看，我国主要的情报对手都有比较先进的预警探测、电子侦察、遥测遥感、航空航天等军事技术，且随时都能利用高空照相或地面、空中、海上的电子侦察设备对我国防通信设施进行侦察、测向和定位，其窃密手段已由过去的人工偷听、偷看、偷拍、偷录转向了依靠技术手段进行侦察窃取。目前，在宇宙空间运行的近 4 千颗人造卫星中，军事卫星占 70% 以上，这些间谍卫星大都是用于电子和图像侦察的。电子侦察飞机更是多种多样，俄罗斯的“图－－95D”电子侦察飞机不需空中加油就能飞行 8000 海里。还有用民航飞机进行摄影和通信侦听的，据说前苏联击落韩国的民航飞机就有可靠的证据证明它是窃密飞机。海上侦察船的作用也不能小视，据说美国专门用于海上侦听的侦察船就达20多艘，前苏联60多艘，其他不少测量船、海洋调查船、补给船等也兼有情报收集任务。另外，地面侦察站遍及全球，美国有300多处，其中针对中国的有20多处。据日本权威人士透露，“世界上的任何角落里的任何微弱或短暂的通信都不能躲过其追踪。”由此可见，未来条件下的国防通信信息保密单靠我内部人员的“守口如瓶”是不够的，而应在做好内部防范的同时，加强对敌人电子技术侦察手段的防护。

（三）既要防止敌特人员破坏和炮火袭击，更要防止敌精确制导武器打击和电磁摧毁

随着高技术兵器的投入使用，传统的“地毯式”轰炸方式已被“外科手术式”的精确打击所取代，而国防通信毫无疑问地成了敌人火力打击的首选目标。在几年前的海湾战争中，以美国为首的多国部队把首枚精确制导炸弹的目标指向了位于巴格达市中心的伊拉克电报电话大楼，并依此作为“沙漠风暴”行动的序幕。随后，在电子干扰的配合下，很快就瘫痪了伊拉克的国防通信系统。从最近北约组织对南斯拉夫联盟的空袭情况看，北约的精确制导武器也都把南联盟的军事通信设施确定为重要的攻击目标进行打击。另外，从前车臣领导人杜达耶夫之死可以看出，反辐射炸弹已初露锋芒，作战的一方可以利用从空中寻找到的无线电信号控制炸弹飞向目标。还有，强劲的非核电磁脉冲武器也已在少数国家研制成功，它可以利用施放的瞬时高压电磁波将对方通信设备中的元器件击穿或烧毁。因此，在未来条件下，国防通信系统防止敌人精确制导武器打击和电磁摧毁问题十分重要。

（四）既要注重被动防护，更要注重主动适应

在以往的常规战争中，国防通信作为作战保障的一个方面一直处于从属地位，其防护也一直处于被动应付状态。而在未来的信息化战争中，通信系统及设施不仅是信息系统的重要基础和重要组成部分，而且是信息化武器系统的传导神经。通信已经由过去“保障作战指挥的手段”上升为“决定战争胜负的重要支撑”。因此，对国防通信的防护要从根本上转变认识，提高重视程度，采取得力措施。具体应做到四个结合：一是要把国防通信系统的防护与电子进攻相结合。既要搞好通信人员内部的防范、通信电子信号的防泄露和通信台站设施的伪装保护，又要以积极的攻势行动与敌人进行电子斗争，包括以电子干扰器材压制敌人的电子侦察、以电磁反辐射兵器打击敌人电子设备、以施放假信号等手段迷惑敌人电子行动等。必要时，采取火力、兵力行动摧毁敌电子战武器和作战平台。二是要把隐真和示假相结合。既要加强对国防通信设施的隐蔽伪装，加强通信信号的保密处理，又要以各种假目标、假信号、假行动去欺骗和迷惑敌人，达到扰乱敌人、保护己方通信系统的目的。三是要把传统的保密方法与现代的防护技术相结合。既要充分发扬通信保密的光荣传统，做到心细如发、守口如瓶，又要积极学习现代保密技术，筑牢新形势下国防通信安全的“防火墙”，确保万无一失。四是要把平时准备与做好战时的防护工作紧密结合。既要重视适应未来信息化战争的特点，研究高技术条件下国防通信防护的对策措施，又要克服平、战脱节的现象，把功夫下在平时的国防通信建设上。只有扎扎实实地搞好平时的国防通信建设和训练，才能在未来的高技术局部战争中立于不败之地。

二、国防通信系统防护的基本要求

1、提高警惕，积极防范

当今世界，虽然冷战已经结束，但冷战思维依然存在，局部战争不断。从国际上看，虽然总的趋势是和平与发展，但战争的因素在增长，隐蔽战线的斗争异常激烈。在国内，一些不满共产党领导、破坏社会主义制度和建设的人，与境外敌对势力相互勾结，蓄意破坏通信设施或出卖国防情报。随着科学技术的发展，国防通信领域的窃密与反窃密、侦察与反侦察、干扰与反干扰、摧毁与反摧毁的斗争更是激烈复杂。比如在海湾战争中，以美国为首的多国部队首先通过34颗侦察卫星、260架电子侦察飞机、40多架预警飞机、21个电子侦察营和39个地面无线电侦听站，截获了伊军大量的无线电信号，储备了数万条信息。随后，他们以电子设备和高技术兵器对伊军实施软杀伤和硬摧毁，使伊军通信中断、指挥瘫痪、雷达失灵、武器系统失控，充分显示了电子战武器的强大威力。由于现代通信装备的增多和通信信号辐射范围的扩大，给敌人的侦听、窃听、截收、破译提供了更多的方便。当前，我军通信装备与主要作战对手相比并无明显优势，因此更应从思想上高度重视，以灵活多样的战术技术措施与之抗衡，决不能因麻痹大意，因防护不善造成不应有的损失。

2、突出重点，确保安全

我国的国防通信分布广、层次多，信息秘密程度也不一样，如果不分轻重缓急按照一个标准进行防护，势必顾此失彼、因小失大，影响防护效果。因此，应根据不同情况采取不同的防护措施。比如，从国防通信的全局上讲，应加强军事通信的防护；从军事通信上讲，应加强战略和战役通信网的防护；从地理环境上讲，应加强焦点、热点、敏感地区通信设施的防护；从军事秘密等级上讲，应加强核心秘密的防护；从作战部署上讲，应加强主要方向、重点部位和执行特殊作战任务部(分)队的信息的防护；从通信联络本身讲，应加强对密码、密钥、联络文件的防护。确保安全，就是要确保国防通信核心秘密的安全，象我军作战部署、尖端武器、重要工程设施、核心密码等方面的信息都属于保护的重点，必须做到万无一失。当然，还要加强大型通信枢纽、重要通信台站、通信保密设备等方面的防护，这是确保国防通信信息安全的重要基础。

3、坚持制度，从严管理

在长期的斗争和实践中，我国的国防通信系统已经建立起了一整套较为完善的制度，从大型台站的实体防护到专业人员的保密教育，从机器设备的抢修代通到文件、密码和表报资料的管理，从硬件设备的防摧毁到软件程序的反扰乱等，都有相应的规定和制度。这些规定和制度基本反映了国防通信的特点、规律和要求，是确保国防通信系统安全的重要保证。因此，全国、全军及各级通信部门都要严格按照法规制度管理国防通信，做到工作扎实、制度落实、管理严格。要落实安全形势分析制度，适应国防通信安全面临的新特点、新情况，及时发现新问题；要落实保密教育和检查制度，不断强化国防通信人员的保密观念，完善防护措施；要落实设备维护和文电管理制度，确保机械设备的技术性能和文电资料的规范；要落实值班和请示报告制度，及时、正确地处理危及国防通信安全的各种情况。还要落实领导干部安全责任制，做到谁主管谁负责，业务范围管到那里，安全工作也管到那里，防止出现漏洞和死角。

4、经常教育，适时检查

经常进行保密教育，适时检查国防通信系统的安全情况，是做好国防通信安全工作的重要环节。长期的和平环境，容易助长人们的和平麻痹思想，无密可保、有密难保等错误思想在一部分人头脑中还客观存在，因不按法规办事、不按条例办事、不按制度办事而导致危及国防通信安全的事件也时有发生。因此，应进一步提高对国防通信系统安全工作的认识，加大教育和检查力度。一是要明确教育和检查的原则，做到方向正确，重点突出，联系实际紧密。二是要规范教育和检查的内容，着眼提高国防通信人员的政治素质和保密观念，狠抓教育和检查的落实。三是要优化教育和检查的形式，坚持宣传和教育相结合、发现问题和纠正问题相结合。并力求做到喜闻乐见，形式多样，效果突出。

5、通密一体，防反结合

通密一体，就是国防通信和保密工作一体化。传统的国防通信，由于手段相对简单，时效较低，通信和保密是相对分离的。通常情况下，通信部门只管传递信息，而由机要部门负责加密和解密。随着武器装备的发展和作战节奏的加快，军队指挥对通信联络时效的要求越来越高了，通信信息保密的方式也由原来分离式的人工保密转向设备本身的技术保密。比如，当甲方向乙方发信时，先由甲方将经过机器本身加密的信号传送出去，乙方接到加密后的信号后，再使用相同制式的保密设备还原成原来的信息，这样就保证了信息在传输过程中的安全。它是解决国防通信保密问题的一条根本出路。防反结合,就是把严密的防护与积极的打击行动有机结合起来。采取加装保密设备、变换工作种类和工作特征、单方发信或一点多控、多点互控的发信方式,组织无线电静默和佯动,正确选择台站位置,合理使用天线,控制发信时机和方向,经常变换工作频率和密钥,构筑工事,严密伪装,加强警戒和防卫,安装反侦察设备,采取电磁屏蔽,严格灯火管制等制度措施与敌人的电子侦察、干扰、破坏、摧毁作积极的斗争。同时,还要以积极有效的电子进攻和武器打击行动来配合国防通信防护。如:以电子进攻手段扰乱敌方通信和破坏敌人的侦察、截收和侦听,向敌方辖区投掷干扰器材,使用反辐射导弹或精确制导武器摧毁敌方电子设施,以敌后特工破坏敌人的电子行动等,使之与己方的通信防护密切配合,最大可能地取得防护效果。

第二节　国防通信系统的信息防护

一、国防通信信息的反侦察

国防通信信息的反侦察,是为防止敌方通过电子侦察手段获取情报,进而干扰、压制或破坏我国防通信而采取的防护措施。做好国防通信信息的反侦察工作,意义十分重大。一是能够有效地防止敌人截获、破译我方通信内容,隐蔽国防战略和军队战役、战术意图;二是可以减少敌人对我方通信实施干扰的可能性,保证国防通信效果;三是能够防止敌人利用通信信号寻迹我国防通信设施,保障通信台站和指挥机关的安全;四是可以起到迷惑和扰乱敌人的作用,为我方的战略部署和军事行动创造有力条件。比如,通过实施通信欺骗和佯动,可以牵制敌人的电子战行动,分散敌指挥机关的精力,以至于造成错误的判断和决策,为我方的通信顺畅和作战行动争得主动。

国防通信信息反侦察的措施主要包括保密措施、伪装措施、欺骗措施和技术措施。保密措施主要有密化通信内容、传输信道加密、控制无线电发信、缩短发信时间、降低发射功率、正确配置台站、灵活选用天线等;伪装措施主要有隐蔽呼号、伪装报头、实施无线电静默、组织无线电遥控和转信、实施单方发信、经常和不规律地更换联络规定、设置无线电通信屏障等;欺骗措施主要有组织无线电佯动、设置假的联络对象、进行假通话(报)、模拟敌方电台工作、控制无线电通信工作量等;技术措施主要有采用猝发通信技术、采用扩频通信技术、采用数字通信技术、发展微波和激光通信技术等。

二、国防通信信息的反干扰

国防通信信息的反干扰,就是为保证国防通信设备效能的正常发挥,而针对敌方实施的电子干扰或其它方面的干扰所采取的对抗行动。它是国防通信信息安全的重要组成部分。当前我国(我军)国防通信的反干扰应主要把握以下四点:一是在思想上要立足现有装备,树立信心,做到在战略上藐视敌人,在战术上重视敌人。二是在方法上要把人与设备、技术与战术、硬抗与巧抗有机结合起来,做到技术熟练,战法灵活,措施得当,防止死板教条。三是在组织上要坚持以抗敌人通信干扰为主,并重视防止己方通信系统的相互干扰,做到突出重点、兼顾一般,防止顾此失彼。四是要正确处理通信干扰与通信反干扰的关系。在实施通信干扰时,既要确保对敌方通信的干扰效果,又要防止干扰己方的通信联络;在组织通信反干扰工作中,既要最大限度地削弱或消除敌方的干扰效果,又要考虑己方干扰设备的工作,做到统一计划,周密组织,科学划分频率和工作时间,严格管理制度,力求攻防兼备、相得益彰。

国防通信信息反干扰的措施包括战术措施和技术措施。战术措施是指采用一定的方法和手段与敌人的电子干扰作斗争,主要包括建立专用的反干扰通信网(如无线电台隐蔽网、复式网、备用网、勤务网、值班网等)、组织实施转信、组织实施无线电遥控、正确选择通信台站的配置位置、合理选用和架设天线等;技术措施是指运用反干扰性能较好的技术设备,主要包括使用跳频通讯设备、使用直接序列扩频通信设备、使用线性调频通信设备、使用跳时通信设备、使用自适应通信设备、使用快速通信设备、加装反干扰电路、采用抗干扰性能好的天线等。另外，采用快速沟通、灵活改频、简化联络手续、变换联络特征等巧抗手段，以及提高发信机发射功率、升高或更换通信天线、坚持硬抗收信等，也都是通信反干扰的重要内容。

三、国防通信信息的反窃听、反冒充

（一）国防通信信息的反窃听

1、充分认识国防通信反窃听的重要性和复杂性。

窃听，包括对语言的直接窃听、对无线电报（话）和对有线电话（报）的窃听等，其中关于防对语言的直接窃听和对无线电信号的窃听（侦听）等内容，已在前边作过叙述，为了避免重复和交叉，下面仅就有线电通信反窃听加以简要介绍。

电话窃听与反窃听，历来是国防信息安全斗争中的重要内容，它伴随着电话通信的产生而产生。无论是平时还是战时，从使用简陋的器材到今天的高技术手段可以说是无处不有，无处不在。在1998年的欧洲国家会议上，与会国提出了一个严正指控——他们的绝大部分通信内容都被美国窃听。一时搞的沸沸扬扬，并由此引发了法国《新观察家》周刊记者樊尚·若韦尔的调查。1998年4月，新西兰人尼基·黑格的《秘密权力》一书在欧洲国家引起激烈争论，它在书中描述了美国国家安全局是怎样利用他们在英联邦国家中的基地来窃听国际通信卫星电话的。他说，所有来自欧洲和发往欧洲的电话、电子邮件、文件等都被美国“过滤”了一遍。另据媒体透露，1998年10月，克林顿总统要求国会为美国情报部门增加大量的财政预算，他希望他的继任者在21世纪能继续通过情报部门来监视全世界。可见，窃听与反窃听的斗争还将长期持久地进行下去。我国面临着复杂的国际环境，一些敌对国家针对我国的窃听活动十分猖獗，从近年来发现的某国大使馆人员利用专用设备窃听我国长途电话事件、某国在我国长途通信线路上设置传感器事件、某国在我边防通信线路上搭线窃听等事件中可以看出，我国国防通信反窃听的斗争十分复杂。

2、准确把握敌特人员电话窃听的方法和特点

从近年来的反窃听实践看，敌特人员对我进行电话窃听的方法

主要有以下几种：

一是利用自动控制的现代化设备集中窃听。随着通信技术的发展和自动化程度的提高，实施电话窃听也比以前更加方便。比如，当需要窃听某一个电话时，就可以利用其中具有程序控制功能的微型计算机和打印机把该电话的通信内容全部打印。另外，微机中的语音识别系统还可以识别某一人的语言，不管你走到那里，使用什么样的电话，它都能将你的通话识别、打印出来。它不仅能把日期、时间、电话内容等全部记录和录音，而且还可以倒查出打电话人所使用的电话号码，自动化程度非常之高。以上提到的美国国家安全局窃听欧洲国家电话的情况，就是使用的这种集中窃听的方法。我国的驻外使馆、国防长途电话、国内卫星电话，以及出国人员到国外(境外)后居住宾馆、旅店的电话等，都要防备这种形式的窃听。

二是在电话机上安装无线发射装置窃听。有的是把无线发射装置安装在电话机内部，也有的是把无线电窃听装置做成与电话机手柄中的送话器一样的东西且不影响该电话机的工作性能，尔后择机把拟听电话上的送话器换成特制的窃听装置，所以一般很难被人发现。这种无线发射装置利用电话线做天线，利用电话机的电源做电源，所以能够长期潜伏，甚至一劳永逸。当有人拿起手机打电话时，随着电源的接通，这种无线发射装置便开始工作，它能够清晰地把双方的通话内容传递给设在数百米外的窃听接收机，敌特分子再利用窃听接收机进行录音或记录，达到窃听电话的目的。而当双方通话结束时，电话机中的无线发射装置便自动停止工作。据说，曾经轰动一时，最终导致尼克松总统下台的美国“水门事件”，就是一个在电话机上安装窃听器的事件。安装这种伪装成“电话送话器”的无线发射装置非常简单，只需要十几秒钟就能完成。因此，高级领导干部的办公室、重要国防单位(军队)的值班室、作战室、机要室，以及其它用于传递国防信息的电话室，应严格控制无关人员进入，预防他(她)们在电话机上作手脚。并坚持定期的检查制度，及时发现和清除电话窃听隐患。

三是利用电话录音机或普通电话搭线窃听。目前,国外窃听机构都有经过窃听专家巧妙设计而成的特殊电话窃听录音机。它由电话窃听头和录音机两部分组成。这种窃听装置安装和使用都十分方便。只要找到电话线的位置,把电话窃听头上的两根带细针的导线分别插入到两根电话线上即可进行窃听。为了窃听安全,敌特分子通常把录音机部分单独隐藏在远离电话线的地方。由于电话窃听头和录音机上的电源都是由电话线上的电源供给的,故也可以长时间工作。当有人打电话时,电话窃听头和录音机都随着电话的接通而工作,并把通话的内容录制下来。电话完毕后,它也自动停止工作。这种装置如果再加上解调器,还可以在长途线路上窃听载波电话。当然,对于普通音频电话而言,使用普通的电话机就可进行搭线窃听。对付敌特分子的搭线窃听不太容易,但只要认真细致地检查线路,还是能够发现“狐狸尾巴”的。另外,经常利用仪表测量线路上衰减电平的变化,用心观察、研究规律,也可以查出其中的问题。

四是利用电话线路上的串音窃听。电话串音,是一种电磁转化的物理现象,人们只能采取措施尽量减少电话串音,但至今尚未找到根除串音的措施。这种因通话电流在线路上流动而产生的感应电动势,使用普通接收设备可能收听不到,但利用串音放大器收听电话串音,就能够十分清楚地听到通话的内容。70年代初期,我国的战备工作还十分紧张,警觉的公安人员发现某国大使馆的一台小轿车,连续很长时间都停留在我一重要的国防通信线路下方活动,并见车里的人头戴耳机忙碌着。为了弄清事情的真相,他们设计了一起人为的“车祸”,破获了敌人利用串音放大器窃听我国防通信内容的案件。随着微电子技术的发展,敌特分子的窃听技术也有了新的提高。现在,许多国家的间谍机构都有了灵敏度极高的感应窃听装置,他们不仅能够对架设在天空中的明线线路进行串音窃听,而且对埋地电缆、海底电缆都可以进行串音窃听。所以,我们千万不能认为我国的国防通信线路已经地缆化、光缆化了就高枕无忧、不加警惕,而应针对科学技术的发展和敌人窃听手段的变化不断研究新的对策措施,以确保国防通信信息的安全。

五是利用遥感技术进行窃听。利用遥感技术进行窃听,就象军队作战时向对方内部派出侦察兵一样,秘密地将特制的、伪装成隔电子或其它电子器件的信号发射机安装到敌方通信线路的电杆上,而在离开通信线路的隐蔽之处放置接收机和大型发射机。当放置在电线杆上的小型发射机将通信内容传给放置在隐蔽之处的接收机后,经过放大和变频处理,由大型发射机再将信息传输到更远的地方(己方阵地或国内)。这种窃听方式既隐蔽又省力,也是国外敌对势力窃听我国防通信信息的常用方法,尤其在新疆、西藏、内蒙等边远地区更为常见。有一次,我边防某部人员在巡逻时,所携带的无线电搜索机突然发现了一个可疑的信号,经过长时间的搜索,发现这里有一块长方形的电池板,上面写着"高空气象实验站",电池板的接线与电话线上的两个隔电子相连。拆下隔电子,便看到里面藏有电子感应器、无线电发射机、镍镉电池、对称振子天线和电阻、电容等器件。可见,敌人是十分狡猾的。

六是利用感应线圈远距离窃听。物理实验表明,感应电动势的大小与感应线圈的大小、多少成正比。利用这一原理,间谍机关又玩起了利用超大型的感应线圈对我国边防通信进行远距离窃听的花招。这种方式避免了近距离串音窃听的麻烦和危险,可以把窃听线圈放在离开被窃听线路很远的地方,甚至可以直接在本国的领土上窃听他国的边防通信。我国之所以规定靠近前沿的通信线路应避免与敌方前沿平行,其道理就在这里。

3、以行之有效的措施与敌人的电子窃听作斗争

电话反窃听的措施也是多种多样的,归纳起来可分为两种方式:即被动反窃听,和主动反窃听。被动反窃听就是发动人民群众或依靠专职人员与敌人的窃听行为作斗争。一是使用特制的仪器查找窃听装置。当敌特分子在电话里或电话线路上安装了窃听装置以后,必然会引起一定分流,这种分流虽然很小,人的耳朵可能觉察不到,但使用精密的仪表测量电路参数的变化,是完全可以发现其中"奥

妙”的。只要善于观察分析，深入研究，把握规律，再秘密的窃听装置也能够被发现。二是发动线路维护人员查找窃听线圈或搭线接头。利用电话串音进行窃听的原理告诉我们，敌人要想达到窃听目的，就需要在我通信线路附近(电线杆上或线路下方)放置感应线圈或搭接线头，只要我线路维护人员加强警戒和线路巡查，善于发现通信线路、设施和线路附近的蛛丝蚂迹，也是能够识破敌人窃听花招的。三是及时破获电话窃听案件。采取蹲坑守点、定期寻线等措施，及时清除设在线路(电话)上的窃听装置，抓捕窃听分子，并通过媒体“暴光”和法律手段予以揭露和严惩，打击和震撼敌特分子。目前，各国的安全机关都配有专门用于反窃听的探测器，利用频谱分析或场强测量的方法，可以探测出窃听发射机发出的电磁波，进而判断出窃听器的位置。

电话反窃听的主动措施：一是广泛动员人民群众参与反窃听斗争。群众的眼光是雪亮的，只要人人都提高警惕，个个关心国防通信系统的安全，敢于大胆举报、揭发窃听行为，敌特分子就无机可乘、无处藏身。二是改进通信线路，减小信号辐射。辐射窃听所依赖的是电话线路上的电磁波辐射，没有辐射或辐射的强度不够，他们就无法窃听。因此，只要我们采取合理的防辐射措施，比如增加屏蔽层，把架空明线改成地下电缆或光缆，调整线路走向、避免与敌方前沿平行等，是能够有效防止敌人窃听的。三是采用“明讲密传”措施。采用明讲密传措施就是使用保密电话。保密电话就是在普通电话机上附加一个话音保密器。当通话时，话音信号首先通过保密器进行加密，再将加密后的混合信号传给对方。对方收到混合的加密信号后，先经过与发信方相同制式的调制解调器进行还原，再送入电话机的听筒。这样，用户虽然讲的是明话，但在线路传递的却是加了密的混合信号，从而达到了防窃听目的。

(二)国防通信信息的反冒充

国防通信信息的反冒充，包括无线电通信的反冒充和有线电通信的反冒充。而其中的有线电通信反冒充比较简单，只要在通话中加强语音识别,或通过第三方进行核实验证即可做到。无线电通信反冒充则相对复杂一些,因为通信双方的"会话"不是自然语言,而是一种无线电信号,需要运用特殊的法则加以思考、分析才能验证。现实中(特别是战时)冒充欺骗成功的也大都是无线电通信手段,象第一次世界大战时德军第八集团军司令以俄军第一军军长的身份向俄军发布撤退命令,使其兵败东普鲁士;第二次世界大战时的西西里岛战役中,德军对美军假传"圣旨"而招致美军自己发生陆、空混战;越南战争中,越南人的"电子伏击法"令美军的B—52轰炸机连连中计;中东战争中,以色列的一份"绝密电报"使埃及人草木皆兵等等。下面就无线电通信的反冒充作一简要介绍。

1、认真研究敌人实施无线电冒充的方法和时机

敌人为了扰乱我方的通信联络,总会千方百计地寻找和利用我方通信中的薄弱环节,模仿我方通信人员的口音、手法、联络方法和工作特点等,在干扰台的配合下,运用抢先插入、插叫、诱骗、抢先应答等方式方法,对我方的通信电台进行冒充。冒充的时机通常是:战斗进行到白热化状态,情况紧急,某一步行动可能决定胜负全局时;有特急电报(电话)或无线电信号急于发出时;干扰严重、通信不畅或长时间联络不上时;积压多份电报(密语话)因种种原因发不出去时;与上级电台失去联络难以恢复时;因改变频率、机器、天线、工作方式而使信号特征和手法特点发生变化时等。另外,新入网的用户,联络手法不熟练的用户,机上工作能力较弱的用户,更易被敌台冒充。

2、准确把握敌人实施无线电冒充的特点和征侯

敌人对我实施无线电冒充,总想用种种假象进行欺骗,但又由于不可能完全掌握我方的联络方法和特点,往往是以试探性插入、应答较多,并根据我方的反应不断变化花招。表现出来的特点:一是"抢"。抢先呼叫,抢先问暗令。二是"急"。急于应答,急于使我方相信。三是"乱"。乱呼叫,乱应答,甚至用两种以上的呼号或暗令作应答。四是"变"。当一种方式失败后,立即变换联络方式或应答内容,继续纠缠。其一般征侯是:信号特征和手法特征不同,即信号大小、

音调高低、口音词语、速度快慢等与我方人员有区别;联络特点不同,主要表现在使用暗令反常,经常抢先问暗令,多问暗令,让其回答暗令时拖延不答或反问暗令,急于要求我方发报(话),故意拖延时间,迟滞我方行动等。当然,在干扰台的掩护和配合下进行冒充,也是一个重要的特点和征侯。

3、采取科学有效的反冒充措施

国防通信反冒充措施主要有以下五个方面:一是加强思想教育,使广大国防通信人员克服麻痹思想,增强敌情观念和电磁斗争的观念,保持高度的警惕性。二是熟悉联络规律,掌握本网各台的联络特点、信号特征和工作习惯,做到心中有数。三是沉着、冷静、细致、耐心地工作,克服急躁情绪。四是善于识别真伪,特别是当联络困难或报(话)积压突然恢复联络后,更要注意使用暗令识别真伪。对于新的联络对象初次联络时必须问暗令,工作中发现对方异常现象随时问暗令,第一个暗令对方未回答时不问第二个暗令,对方不回答暗令而是反问暗令时不回答暗令,并要做到勤变多换、灵活使用暗令,避免形成规律。五是当确定出敌台冒充后,应立即改频甩掉敌台或停止与其联络,并立即向上级或通信主管部门报告。也可根据上级或通信主管部门的指示,将计就计,与敌台开展电子欺骗斗争。如继续与敌台联络拖住敌人、发假电报误导敌人等。在可能的情况下,还应将敌台冒充的情况通报其他有关电台,以预有准备,做好防范工作。

第三节 国防通信系统的实体防护

随着精确制导武器和高能量电磁武器在军事上的广泛运用,现代战争的破坏性空前增大,国防通信系统作为未来信息化战争的重要支撑,首当其冲地成了交战双方相互打击的重要目标。在举世瞩目的海湾战争中,美国将首枚激光制导炸弹指向了伊拉克位于巴格达市中心的电话电报大楼。从最近发生在科索沃地区的冲突看,北约国家的飞机也在极力寻找南联盟的国防通信系统进行轰炸。可以想象，在未来的以空袭战、导弹战、电子战为主要作战方式的高技术局部战争中，我国的国防通信系统将经受空前严峻的挑战。因此，搞好国防通信系统的实体防护，是新形势下确保国防信息安全的重要内容。

一、国防通信系统防火力打击

现代战争的基本形态是高技术侦察、高精度空袭、高密度轰炸和高强度摧毁，它要求国防通信系统必须具有很强的抗侦抗毁能力。从世界上近年来所发生的几场局部战争看，虽然高技术兵器对国防通信设施构成了较大的威胁，但高技术兵器也不是万能的，只要我们采取切实可行的防护措施，是完全可以避免或减小国防通信系统遭受损坏的。防火力打击的措施主要有：

（一）以“藏”防火力打击

“藏”就是通过构筑工事和伪装，把国防通信设施藏于地下或隐蔽起来，使敌人发现不了或难以发现，达到以“藏”抗毁的目的。由于现代高技术兵器的命中精度较高，被发现就意味着被摧毁，因此，做好“藏”的工作非常重要。而从美、伊海湾战争的摧毁与反摧毁的战争实践看，伊拉克的“以藏抗侦”战术也是十分有效的。伊拉克是个多沙漠国家，不仅国土狭小，而且视野开阔，隐蔽和防护条件极其有限。即便是在这样的条件下，他们隐蔽在沙漠里的国防设施也给多国部队的打击行动增加了很大困难。我国地大物博、山高林多、沟谷遍布，具有良好的隐蔽条件，加上经过前些年的战备建设，已经基本形成了隐蔽疏散、打藏结合的作战体系，只要进行合理改造利用，是完全可以对付敌人高技术侦察和打击的。再说，虽然敌人的侦察技术比较先进，但再先进的技术设备也有局限性。据报道，美国的“锁眼”式侦察卫星可以拍摄到地面上 10 厘米大小的物体，但他无论如何也无法发现深藏于地下的目标，同时这些设备易受气象条件的影响和活动周期的限制，这一点从最近朝鲜发射弹道导弹、印度进行核试验等事件，美国事先都没有察觉的事实中可以得到证实。

国防通信系统的“藏”主要包括：一是合理部署各种通信枢纽和

通信台站。做到重点突出，分布合理，军民一体，野固结合，利于成网，便于协作。并合理利用地形地物作掩护，使其具有较好的防侦抗毁能力。二是大型固定通信设施地下化。在六、七十年代国防工程建设的基础上，有重点地进行挖潜改造和合理利用，使战略、战役级的大型通信设施全部转入地下，做到藏得深，藏得牢，抗打击能力强。三是长途国防通信线路全部地缆化。长途国防通信线路是国防信息的重要支撑，一旦遭到破坏就可能导致整个国防通信系统的瘫痪，乃至兵败国危，而地缆化则是目前确保国防通信安全稳定的重要措施之一。经过近年来的建设，我国已初步形成了有纵有横的地缆通信网，通过进一步的完善和配套，是完全有能力抗击敌人较大规模火力打击的。四是加强野战通信台站的构工和伪装。野战通信装备主要是指编制或加强到野战部队中的通信设备和自动化设备，由于这些设备要伴随野战部队执行灵活机动的通信任务，故不可能也没有必要完全转入地下，但为了最大限度地减小敌空、炮火力的打击破坏，进行灵活的构工、伪装是非常必要的，主要包括：构筑通信车辆工事、构筑便携式通信台站工事、构筑通信人员掩体，以及对通信工事进行伪装、对通信车辆进行伪装、对通信人员进行伪装、对通信天线进行伪装、对油机发电机进行伪装等。

(二)以“骗”防火力打击

“骗”，即施诈(隐真示假)，就是以各种手段迷惑和引诱敌人，使其真假难辨，找不到或找错我通信台站的位置。从现代局部战争特点、特别是海湾战争的实践看，高技术侦察手段虽然能够发现一些目标，但是难以看清目标和辨明目标，伊拉克的“以假抗侦”就很有效。伊拉克在隐蔽军事目标的同时，于战前用塑料、木板等材料制作了大量的飞机、坦克、导弹、通信设备等假目标，战中又设计充气坦克、大炮等模型，使多国部队连续上当。战后统计表明，在开战初期的10天中，多国部队所轰炸的目标80%是假的。我国幅员辽阔，物产丰富，拥有雄厚的隐藏条件，又有人民战争的光荣传统，只要组织得好，“以骗抗毁”是完全能够实现的。

（三）以“变”防火力打击

“变”，就是灵活机动，通过不断变换台站工作位置、通信方式、联络规律等手段与敌人的火力打击作斗争。在高精度轰炸的现代战场上，对于一个目标而言，如长期不变或多次重复使用，则很难保证不暴露，而一旦暴露，则又很难逃避打击。反之，如果经常不断地进行变化，使敌人无规律可循，则又能较好地逃避敌人的跟踪轰炸。

国防通信系统的“变”，一是要采取多址快速交替发信的方法与敌人的电子侦察打游击，使其不易对目标进行侦察、跟踪、测向和定位。二是要不断变换野战通信台站的位置，使其经常位于敌人高技术精确打击兵器的圈外，提高安全系数。三是要经常地、无规律地变换无线电通信的各种诸元，使敌人摸不清我方通信的规律，失去电子进攻的目标。

二、国防通信系统防电磁摧毁

微电子技术的发展使电磁武器开始登上战争舞台。据悉，目前某些军事强国已经研制出了电磁脉冲武器，这种武器可以通过发射极高能量的电磁波击穿乃至烧毁对方的通信设备。据报道，在最近发生的以美国为首的北约对南联盟的空袭中，美国就曾使用了小型微波炸弹，爆炸产生的电磁脉冲使方圆数十公里的电话、电视、收信机、电台、雷达等电子设施全部损坏。另外，核爆炸实验表明，核武器爆炸时除了产生冲击波、光辐射、早期核辐射、放射性沾染四大杀伤作用之外，还有第五种破坏效应——核电磁脉冲。核电磁脉冲是核爆炸时产生的伽马射线、爱克斯射线和高能中子与空气分子相互作用的结果。这种具有很高能量的伽马射线与周围的空气分子相碰撞，使气体中的自由电子获得能量，并以光速飞离爆心，而那些气体中的正离子，由于质量比电子重，动能小，仍然堆积在爆心周围，从而出现正负电荷急剧分离的强烈电磁场，向外射出高能量电磁脉冲。60 年代，当苏联在新地岛进行 5000 万吨级 80 公里高空核爆炸实验时，阿拉斯加及格陵兰的预警雷达和 4000 公里范围内的通信设备竟在一天之内全部失灵。此后不久，美国在太平洋的约翰斯登进行

140 万吨级 400 公里高空爆炸实验时,在远离爆心 1400 公里的檀香山的数百个报警器,突然同时发出了报警声,后经科学家们的潜心研究,终于发现了核电磁脉冲的破坏作用。

目前,核武器在国际上早已声名狼藉,谁也不会轻易地使用,为此,一些核大国开始研制非核电磁脉冲武器(又称第三代核武器),如微波炸弹释放出的强大电磁脉冲能摧毁特定区域内的电子器件和电路,而不杀敌人员。另一种具有强大破坏作用的电磁脉冲武器称作强力干扰机,其发射出强大微波来照射电子目标,产生强大的感应电流,轻者使系统过载停机,重者使系统硬件烧毁。

(一)强电磁脉冲对通信联络的破坏作用

强电磁脉冲对通信联络的破坏作用主要表现在两个方面:一是干扰通信信号。对于正常工作的通信设备而言,强电磁脉冲相当于一个附加信号进入设备,使电子设备上的某些元器件的工作状态发生改变,导致工作上的紊乱,操作控制失灵。比如,当强电磁脉冲以高电场附加到通信设备内部的电路中时,就会使某些元器件上的电压或电流超过它所能承受的额定值,从而使电路的工作状态发生变化,造成信号中断或发生各式各样的噪音。二是破坏通信设备的功能。当高强度的电磁脉冲突然进入通信设备时,通信设备中各种元器件所承受的电压、电流值将会严重超标,从而导致某个元器件或大规模集成电路的击穿或烧毁,失掉功能作用。据报道,目前国外研制的强电磁脉冲武器,能够在半径数千公里的范围内,使多方电子设备失灵或失效。

(二)对强电磁脉冲防护的主要措施

防止强电磁脉冲对通信联络干扰、破坏的措施主要有以下五个方面:一是采取屏蔽措施。采用铜、铅等高导电率的金属材料,做成薄型的固本外壳,对其中的敏感元器件或整个集成电路板进行屏蔽(封装),使其不受或少受电磁脉冲的攻击。并把备用的通信元、器件放入具有屏蔽作用的库、室、柜内,预防受到攻击。在构筑大型通信台站的永备工事时,使用相连接的加固钢条作外壳,或制作专门的金属外罩，以屏蔽或衰减电磁脉冲信号。二是安装良好的地线。一方面，将通信设备的机壳与深埋的地线牢固相接，利用大地放电原理减少电磁脉冲的冲击。同时还要注意使机器内部电路中同电位的各点连接在一起，使电路有良好的回路，降低电磁脉冲的破坏。三是加装保护装置。强电磁脉冲一般都是通过天线、电力线、传输线、控制线以及暴露在外面的其它导体，耦合到通信设备内部电路中才造成破坏的。因此，对暴露在外面的天线、传输线缆等采取加装保护装置的办法，是可以起到阻止或衰减电磁脉冲信号作用的。比如，安装放电管、火花隙、滤波器、限幅器、回避电路等，都对防止瞬时高压击穿、减少电磁脉冲的破坏，具有一定防护作用。四是疏散地配置通信台站，减少电磁脉冲武器的大面积杀伤。并尽量把通信设备开设在防护性能良好的永备工事、坑道或地面建筑物内，以增强防护性，提高生存能力。五是对于各种备用的通信设施，以及开设隐蔽网或组建预备队的通信装备，在尚未正式投入使用阶段，应将其天线馈线、信号线和电源线与机器设备断开，以防因强电磁脉冲的冲击而造成不必要的损失。

三、国防通信系统防敌特破坏

国防通信系统是敌特分子破坏的重要目标。特别是在当前，国外一些敌对势力勾结国内不坚定分子，伺机进行破坏活动。近年来已发生过多起国防通信设施遭破坏的事件。可以想象，一旦进入战争状态，国防通信设施遭受的危害将会更大。因此，做好国防通信设施的防破坏工作，对于国防信息安全具有重要的作用和意义。

国防通信设施防破坏主要是加强警戒和防卫。其中大型固定通信台站的警戒与防卫，应列入全国或全军重要军事目标的警戒（防卫）计划，由中国人民解放军总参谋部或武装警察部队统一组织实施；军队集团军以下野战通信枢纽的警戒与防卫，应列入各级指挥所的警戒、防卫计划，由警卫分队负责实施；军队各个野战通信台站的警戒与防卫，有各级通信指挥员组织各台站自行实施；对于远离指挥机关，分散或单独执行任务的通信台站，可在当地民兵或人民群众的配合下实施。必要时可请示上级派遣警卫人员。

第四节　国防通信系统防护的综合措施

国防通信系统的防护是一个综合性的系统工程,其内容的涵盖面很宽,其中有的防护措施已经在前面的章节涉及到,下面仅就发展高新通信技术和装备、建立稳定可靠的通信网络、采取灵活多样的对抗措施三个方面的问题作一介绍。

一、发展高新通信技术和装备

发展高新通信技术和装备是现代条件下确保国防通信系统安全的重要途径。因为传统的通信技术和装备,不但通信时效低,难以担当起在未来复杂的战场和电磁环境条件下实施“不间断”通信的任务。而一些通信频普宽、覆盖范围大、自适应能力强的高新技术装备则有较好的抗毁抗扰效果。因此,应把发展高新通信技术和装备作为确保国防通信系统安全的重要措施。

一是发展卫星通信系统,利用设在高空中的人造地球卫星进行信号转发。这种通信系统由通信卫星、跟踪遥测指令站、卫星通信地球站及地面传输线路组成,具有通信距离远、覆盖范围广、可用频带宽,通信容量大、机动灵活、稳定可靠、质量较高等特点。它的电波传播比较稳定,几乎不受天候、季节变化的影响,就是在发生磁爆和核爆炸的情况下,线路仍能畅通无阻。这对于适应复杂的电磁环境、解决偏远地区的国防通信和三军协同通信问题,应付突发事件和战时的作战指挥,都具有较好的作用。

目前,我国的战略通信卫星系统已初具规模,战术通信卫星也有了一定的基础,今后的工作主要是继续加强抗毁、抗扰、保密和机动灵活方面的研究。比如,将多颗卫星置于不同轨道或同一轨道的不同位置上,使敌人难以全部发现和摧毁;在卫星上安装报警器、防卫武器、机动飞行设备以及使用能吸收电磁波的材料制作卫星外壳等,提高抗毁能力;使用受核爆炸影响小的电源和姿态控制设备,采用天线零点控制技术，最大限度地减少外界干扰的影响；采用扩频、星上信号处理、卫星用户及信息整体加密等技术；地球站向小型化、灵活化的方向发展，以便于机动和隐蔽等。

二是发展光纤通信系统。光纤通信是利用光携带信息在光导纤维上进行传输的通信方式。它由光发送机、光纤、光中继器、光接收机和电发送机、电接收机等部分组成，具有通信容量大（一对光纤可同时通数万路电话，是目前容量最大的通信方式）、中继距离长（中继距离为数百至上千公里，远远大于电缆系统的中继距离）、抗电磁干扰（不受电磁、核电磁和外界光的干扰，可以在任何环境中应用）、无串音（相互不干扰、不串音、保密性好），以及使用寿命长、重量轻、节省金属能源和不产生电火花等优点，它不仅适用于战略国防通信，而对于军队的战术通信也很实用。比如，光纤通信体积小、重量轻、损耗低、中继距离长，有利于提高机动通信能力；光纤通信传输频带非常宽，有利于实现大容量传输；光纤通信无电磁泄漏，敌人难以窃听，有利于提高通信的保密性；光纤通信隐蔽性好，适宜于特种武器应用；光纤通信适应性强，能够在复杂的电磁环境中完成国防通信任务。

我国自 80 年代初开始兴建光纤通信以来，发展速度非常之快，目前已在建立长途骨干通信线路、局域通信网连接、传输数据信号、引接卫星（微波）地面信号、保障军队指挥等方面得到了广泛的应用，基本覆盖到了县（团）以上单位，成了地面国防通信的重要支撑。尔后的任务主要是：加强波分复用技术的研究，适应系统扩容的需要；推广相干光通信技术，使光纤通信向更大容量、更高的速度、更长的距离发展；开发超长波长光纤材料，研制掺铒光纤放大器，进一步延长光纤通信的中继距离；研究光集成及全光通信，实现高速度、高可靠、高功能、小型化的目标；研制开发携带式光端设备，使光纤通信进一步适应国防通信机动化、野战化、简便化的要求。

三是发展移动通信系统。移动通信系统是指通信的一方或多方在运动中进行信息交换的系统，包括移动体与固定点之间或移动体之间的通信。移动通信具有信息传递及时快捷,建设周期短、见效快,具有良好的机动性和灵活性,运用了多种先进的通信技术等特点,它是国防通信网的重要组成部分,是提高国防通信机动能力、快速反应能力、野战生存能力、抗毁抗扰能力的有效手段。国防通信对移动通信的互通性、生存性、安全性、可靠性、机动性等都有更高的要求,故在民用移动通信的基础上,产生了用于军队指挥和协同的军用移动通信系统。军用移动通信系统通过采用车载基站代替固定基站、无中心分布式组网代替有中心分布式组网等方法,提高了机动灵活性;通过采用全时分数字传输方式和扩频式数字传输方式,提高了抗毁、抗扰和保密能力;通过增设多种接口单元,增强了与军用无线电台、卫星、接力等多种通信手段的互通能力。所以,它是更加复杂、可靠和有效的国防移动通信系统。

我军的移动通信系统起步较晚,但近年来发展较快,目前已经列装或即将列装的各种移动通信系统,能够基本适应维护社会治安、抢险救灾、军事演习等大型活动的需要。当然,为适应未来高技术局部战争通信保障的需要,还应从提高总体性能和综合效益等方面加以研究和改进。要采取新的技术措施开拓更高的频段;运用频道窄带、宽带多址、数据传输和频率复用等技术提高频率的利用率;采用数字化与新体制,增强系统的隐蔽性、保密性和抗干扰性能;改进系统结构和兼容性能,进一步扩大业务范围;加强系统智能化、小型化和野战化研究,适应国防通信机动灵活的要求。

四是发展通信电子对抗装备。未来高技术局部战争的一个重要特征就是电磁领域的斗争日益尖锐和复杂,而国防通信的对抗是电磁斗争的核心内容,谁能有效地控制频谱,谁能保持不间断的通信联络,谁能掌握制信息权,谁就将赢得未来战争的胜利。

我军的通信对抗能力与发达国家的军队相比存在一定的“技术差”,因此,应加紧研制具有反侦察、抗干扰性能的通信装备,采用跳频、扩频、猝发和数字通信技术,提高新装备的抗干扰、防窃听能力。要加强无线电通信设备保密终端的研制和配备,使大型无线电台、微波接力、卫星通信等都能做到“明讲密传”;要逐步加强野战有线电通信中单机、交接设备和通信加密技术的研究,提高有线电通信的反窃听能力;要对现有的通信装备进行挖潜改造,采取加装快速改频、快速沟通、快速规避等措施,改善通信设备的抗干扰性能。在对抗战术的配合下,从整体上提高国防通信的电子对抗能力。

五是发展动态图像通信和多媒体通信。随着信息时代的到来和信息化战争的出现,国防通信的业务类型越来越多,单纯的电话、电报和传真业务已不能满足未来条件下高技术局部战争的需要,特别是虚拟现实技术的出现和数字化部队的诞生,要求国防通信必须能够实现声音、文字、数据、图像的有机聚合。

动态图像通信是传输各种动态图像信息的通信方式,具有通信效率高、直观性强、确切性好、适应多种业务等特点,象我们日常见到的广播、会议电视、可视电话等都属于动态图像通信。运用图像通信方式,可以把传统的逐级辐射式作战指挥、协同和保障的落后方式,变成同步的、面对面的、一竿子插到底的快速方式,从而减少层次,压缩环节,节省时间,大大提高作战指挥、协同和保障的效率。目前,我军战略作战指挥图像传输系统已建成并投入使用,尔后的任务主要是:扩大图像通信网络范围,向战役、战术级发展;设备野战化,适应国防通信灵活机动的要求;传输交换数字化,以利于加密和抗干扰;终端设备智能化,以增加业务范围,提高自动化程度。

多媒体通信是依靠电子计算机和通信网,将数据、文本、语言、图形、音响、图像和影像等多种媒体合为一体,实现存储、远距离传输、显示和重现的高技术通信方式。它具有和计算机之间关系的交互性、通信终端在地理空间上的分布性、接收端复现画面的真实性等特点。象当前世界上已出现的 PC 机可视电话系统、美国的以太电话系统(ETHERPHONE)、日本的分布式多媒体会议系统、苏格兰的核电站通信系统等,都是多媒体通信的雏形。随着通信技术的进步,智能化的宽带综合业务数字网将逐渐成为现实,以此为依托建立适应未来高技术局部战争需要的现代化国防通信网,是 21 世纪我国国防建设的一项重要而紧迫的任务。

二、建立稳定可靠的通信网络

建立稳定可靠的通信网络，是确保国防通信系统安全的重要内容。经过几十年努力，我国的国防通信系统已经有了较大的发展，基本上形成了以大型有、无线电固定通信台站为依托，以地下电缆、光缆为骨干，军队、武警、公安及地方邮电相结合，地面、地下和空中通信设施相结合，战略、战役、战术通信手段相结合，平战一致，相互兼容，纵横贯通的国防通信网络，较好地保障了军事演习、抢险救灾、战备建设、应付突发事件等任务的完成。但就适应未来复杂的电磁环境和战场生存而言，还需要从以下方面加以发展和完善。

一是完善自动电话网。我国的自动电话网已初具规模，但现有的自动电话网从总体上看还比较落后，无论是覆盖范围、网络功能，还是适应能力，都不能满足现代条件下国防建设和作战指挥的需要。改进的方面主要包括：采用并网和延伸线路等方法，进一步扩大自动电话网的辐射范围；通过改进机型或附加自动化设备等方法，进一步扩大自动电话网的业务范围；增加长途直拨、热线电话、会议电话、优先等级电话等功能，开辟数据、用户电报、图像传输等业务；加强与卫星、微波接力、散射等通信方式的连接，增加迂回电路并实现自动选择，避免通信中断或干线过载，提高工作效率和抗毁性；逐步缩小交换中心的等级差，并尽量使各个交换中心远离繁华的工业区和重要的军事目标；加强工程防护，提高抗火力打击的能力；增加保密设备和保密用户，实现自动加(解)密，为国家重要机关部门和军队提供更多的保密电话服务。

二是发展宽带综合业务数字网。以数字信号的形式来传输信息的方式叫数字通信，采用数字传输与数字交换综合而成的电话网称为数字综合网，能够把各种信息形式(电话、电报、传真、数据、图像等)综合在一起进行运送和处理的数字综合网叫综合业务数字网。宽带综合业务数字网则是为了解决未来条件下信息形式多、信息量大而把宽带数字传输与宽带数字交换相综合的数字通信网，它的最大特点就是能够把包括电话会议至高清晰度电视等宽带业务在内的各种速率的通信业务综合处理和传输，被誉为“信息高速公路”的基础。国防通信采用宽带综合业务数字网，不仅传送内容宽、效率高，实现多媒体通信，而且传输体制规范，网络转换灵活，抗干扰和自动恢复能力强。所以，它是国防通信研究和发展的重要方向。

三是发展野战地域通信网。野战地域通信网，是根据现代战役、战斗的特点和要求，运用微电子技术、信息处理技术、抗电子干扰技术和软件工程等先进技术，综合多种通信手段、装备和业务而形成野战化的、多功能和多信道的通信网络。它以分布节点的方式代替了以往战役、战斗通信联络的逐级辐射模式，与双工无线电台、单工无线电台、卫星通信相结合，可大大提高战役、战斗的通信能力。它的优势主要表现在：迂回路由多，能够做到此断彼通，生存能力强；通信容量大，自动化程度高，具有自动寻找路由功能，可大大提高通信时效；将有线与无线、单工与双工、数字与模拟、移动与固定紧密结合，形成了交换、传输、接口终端、保密和控制管理的有机整体，是对各种通信手段、各种业务方式的综合使用，整体效能好，互通程度高；设备小型化、车载化（机载化、舰载化），开设、撤收、转移和用户临时入网都十分方便，机动灵活；主要采用微波接力作为传输信道，并采取了群路加密措施，具有较好的反侦察、抗干扰和保密性能；组织方式灵活多样，可满足执行不同任务和不同条件下执行任务的需要，具有广泛的适应性。由此可见，野战地域式通信网非常适应国防通信机动灵活、抗毁抗扰和保密的要求，适用于部队的军事演习、抢险救灾、应付突发事件和战时的战役战斗通信保障。目前，我军已在少数部队装备了野战地域式通信设备，但总体技术与发达国家相比还有一定差距，应以此为基础，加强试验、改进，力争尽快装备部队。

四是发展全球个人通信网。全球个人通信网，是指能够为任何人，在任何地点、任何时间与任何其它地点的任何个人，提供任何业务通信的网络。全球个人通信虽然离我们还比较遥远，但它作为21世纪全球通信发展的重点和目标，理应为我们的国防通信所追求。

在北约对南联盟的空袭中，前后两名因飞机被击中而跳伞落入南斯拉夫的美国飞行员，能够在南斯拉夫坚持数日，躲过南联盟的搜捕而获救，主要得益于他们身上的个人通信系统。由此可以看出全球个人通信在作战和国防建设中的重要作用。全球个人通信网的主要特点是：使通信适应个人的机动性；综合多种、多个通信网络为一体，形成覆盖全球广大地区的“无缝”之网；高度智能化，识别功能强，能提供多种通信服务。我国发展全球个人通信网需要做的工作包括：建立类似于美国“铱星系统”那样低轨道的、能够覆盖全球的卫星移动通信系统，作为全球个人通信的支撑；在数字交换的基础上，建立智能数据库和智能管理系统，实现快速高效的加密、识别和处理；发展数字蜂窝移动通信和数字无绳电话系统，并能与卫星移动通信系统有机连接，以满足个人通信大网“无缝”覆盖的要求；发展微小型的个人终端设备，适应随身携带的要求。

五是建立国防通信系统专用网。为了确保国防通信系统的安全，以迅速、准确、保密、稳定的通信联络服务于国防建设和军事指挥，在现有国防通信网络的基础上，还应突出重点，建立国防通信系统的专用网络。主要包括警报网、指挥网、自动电话(电视)会议系统和应急电报自动传输系统。警报网：就是连接最高作战指挥中心至全军团以上单位和地方大、中城市人民防空办公室的通信网络，主要用于紧急传递防空袭、防化学、防原子、防生物等警报信号。此网应有、无线并举，没有中间转递环节。当国家转入战时体制时，应做到全时守侯，随叫随应，保持良好的战备状态。指挥网：就是连接部队各级作战部门和地方武装部门的专用作战指挥网络，主要用于应急情况下上级作战指挥员对下级作战指挥员在应急状态下的指挥。此网应以有线电保密电话为主，平时主要用于军事演习、抢险救灾、应付突发事件的指挥，战时用于传递作战命令和指示。其中最高指挥机构至各大军区，以及各军级作战值班室的指挥线路，应做到全时畅通，随叫随应。自动电话(电视)会议系统：此会议系统可分为总部和战区两个层次，其中总部的自动电话(电视)会议系统应自最高作战指挥中心连接到集团军和省军区以上单位；各大军区的自动电话（电视）会议系统连接到全区师和军分区以上单位。此系统可由上级单位控制，需要时由上级利用电路优先等级功能调通，主要用于召开应急性电话（电视）会议。应急电报自动传输系统：该系统应以有线电和无线电两种方式连通最高作战指挥中心至全军军级以上单位的作战部门，主要用于发送紧急行动的秘密电报。其工作方式可以是无线电密码电报，也可以是有线电移频数字电报或传真报，或有、无线电同时工作。必要时，支援警报网的工作，或与警报网结合建立。

三、采取灵活多样的对抗措施

与敌人进行通信斗争，除技术装备之外，取胜的“法宝”主要还得靠灵活的组织和巧妙的运用。

（一）以“多”求通

以“多”求通，就是在毛泽东人民战争思想的指导下，集中优势通信装备器材，把多种手段、多种方法、多种措施有机结合起来，做到多管齐下、多法并用、有备有用、此断彼通。一是多手段。要贯彻以无线电通信为主、多种通信手段相结合的原则，综合运用无线电通信、有线电通信、光通信、运动通信、简易信号通信等多种通信手段，发挥各种通信手段的优长，确保在任何时候、任何情况下都能有其一、二种手段保障畅通。二是多器材。要充分发挥无线电台、无线电接力、卫星、散射、有线电话、有线电报、有线电传真、运动和简易信号工具等多种通信装备器材的作用，并注意与既设通信设施、野战地域通信设备相结合。对于某一种通信手段或某一个网（专）而言，也应以同类型的装备器材作备用，以便能够及时顶替或代换，适应现代战争破坏性大的特点。三是多网路。多网组合，双重组网。既要有工作网，也要有隐蔽网；既要有指挥网，也要有协同网；既有要直达网，又要有迂回网，确保万无一失。四是多方法。要以多种多样的方法与敌人的电子侦察、电子干扰和火力摧毁作斗争，如欺骗迷惑、隐匿规避、频率变换、佯动牵制、示假引诱等，并紧密结合战场实际，灵活应变。五是多措施。要运用多种组织措施、技术措施和战术措施与敌人进行通信对抗,如采用多频、多网、多信道、多主台、多呼号、多址设台、多点配置、多方式转信、多种程式电台、多种工作方式等,从最复杂的情况着眼,从最困难的条件入手,设计多种预案,进行多手准备,适应多种变化,千方百计地保证通信联络稳定。当然,对"以多求通"不能盲目地贪"多",而要周密地计划和演练,做到合理,可行。

(二)以"合"保稳

以"合"保稳,就是要把不同单位、不同级别、不同类型的通信设施(装备)有机结合起来,发挥通信保障的整体效能,以整体的功能弥补单一技术手段的不足,确保通信联络的稳定。一是军地结合。即把军队的通信设施(装备)与地方民用通信设施结合起来,做到以军队的通信设施(装备)为主,并充分发挥民用通信设施的补充作用。特别是地方邮电部门的有线电网络和公安部门的无线电系统,因其性能较好,有很大的利用价值,均应纳入国防通信的范畴。要确立国防第一的观念,积极为国防通信提供服务和保障;要用法律规范战时征用民用通信设施的方法和程序,克服盲目性和随意性;要制定周密的预案,并适时组织演练,确保能够用得上,通得好。二是野固结合。即把部队的野战通信装备、野战通信系统与部队和地方既设的大型固定通信站结合起来,充分利用既设通信台站通信容量大、距离远、质量高和防护性好的特点,增加通信信道,延长通信距离,扩大覆盖范围,增加迂回路由,提高抗毁性能。三是平战结合。即把平时的通信建设和保障与完成作战通信保障任务结合起来,平时为战时服务。要用战略头脑筹划平时的通信建设,在台站位置、线路路由、设备性能、防护条件、施工质量等方面都要符合抗毁抗扰和保密的要求,防止急功近利,短期行为。

(三)以"活"避扰

以"活"避扰,就是采取灵活多样的方式方法与敌人的电子干扰作斗争。反干扰没有固定的、一成不变的模式,关键是要针对客观实际采取灵活的方法。一是活用装备。不同制式、不同型号的国防通信装备(设备)的抗干扰性能是不同的,根据使用时机、场合和电磁环境的不同,灵活运用不同的通信装备(设备),能够收到较好的反干扰效果。比如:使用跳频电台组织协同网和隐蔽网,可以利用其载波频率随机跳变的方式避敌干扰;使用宽频段电台组织协同网和战斗保障网,可以利用其短波与超短波工作方式的转换功能避敌干扰;使用野战汉字猝发终端进行传真通信,可以利用其传输快和遇扰即停、无扰自发的功能避敌干扰;使用微波数字接力机建立通信干线,可以利用其扩频特性和传输的方向性避敌干扰;使用卫星、散射、小微波建立通信网(专),可以利用其工作频率较高这一优长避敌干扰。二是活用频率。灵活地实施快速改频,快改、快通、快传,利用敌人侦察与干扰行动的"时间差"完成通信,也是避敌干扰的方法之一。比如,可以突然改用备频工作,摆脱敌人干扰信号;可以按预先约定的时间和频率自行工作,加大敌人跟踪干扰的难度;可以将工作频率设在敌干扰信号频率的边缘工作;可以利用波段的高端、低端(寻找敌人干扰的盲区)工作;可以以波段改频的方法甩开敌人干扰等。三是活用组网方式和工作方法。采用灵活多样的组网方式和工作方法,用其所长,避其所短,也是避敌干扰的有效方法。主要包括:多频段复式组网。即使用不同频率范围和不同程式的电台重复组网,如短波电台与超短波电台、调频电台与调幅电台、单边带电台与双边带电台重复组网等。多网路复式工作。即在复式通信中,根据需要采取重复工作、交替工作或选择受敌干扰小的网路工作等方法,各网密切配合、交替掩护、择机工作、快速完成任务。多手段复式使用。即使用两种以上的通信手段同时传输同一信息,或在复式网通信中,既传完整的信息内容,又使用快速终端设备传递浓缩了的信息,与敌人的干扰进行周璇。多信道复式传输。即采取一键数控的方式,以不同程式的电台同时发送同一信息,使敌人的干扰顾此失彼,使己方的通信此断彼通。四是灵活捷变。即采取快速变换电台程式、快速变换工作网路、快速改变工作方式等措施摆脱敌人,使其无规律可循,增加干扰的困难。

(四)以"攻"助抗

以"攻"助抗,就是按照毛泽东同志积极防御的战略思想,把战略上的防御与战术的进攻相结合,通信防御与电子进攻相结合,在电子对抗部(分)队的配合下完成通信任务。一是要相互熟悉设备性能。各自都要熟悉对方设备的发射功率、频率范围、作用距离、工作特性等情况,打牢相互配合的基础。二是相互掌握行动计划。通过协同和交流,双方都要掌握对方完成任务的行动方案,包括兵力(兵器)编成、保障(干扰)的重点、工作时机、频率范围、当前和尔后的任务、特殊情况的处置办法等,增强工作的针对性,避免相互影响。三是相互了解工作情况。工作中双方要加强联系,互通情况,密切配合,积极为对方排忧解难,携手完成任务。

第十二章　突出重点,确保国防计算机系统的安全

人类社会进入信息时代的重要标志之一,是全球计算机网络环境的形成。随着计算机技术在军事领域的应用由单机向联网方向发展,计算机网络系统已逐步成为国防作战系统的核心,因而敌对双方围绕计算机系统的对抗将成为危及国防信息安全的重要领域。可以肯定,未来的信息战中,在硬杀伤将继续发挥作用的同时,国防计算机网络将成为信息战的主要战场,交战双方在计算机领域的斗争将像过去战争中争夺"制空权"那样激烈。因此,必须高度重视国防计算机系统的安全。

第一节　发展信息加密技术

信息加密技术是确保计算机系统安全的重要技术措施之一,一般包括文件加密、数据库加密和存储介质加密等三个方面的内容。

一、文件加密技术

对文件进行加密,目的是为了防止他人非法窃取或调用。对文件加密的方法大体上可分为两种,一种是对文件的代码或数据本身进行加密;另一种是对文件名进行加密。

(一)文件加密

文件的加密是采用加密算法,把文件的明文变为密文,然后存储下来或在信道上传送。其安全保密性的好坏取决于算法和密钥的长度和多重。目前的加密大体上有两种作法,一种是利用加密软件,对文件单独进行加密和解密;另一种是把加密系统妥善地嵌入到文件访问机制中,并尽量减少加密和解密所需要的时间。在文件存储时,系统自动加密;运行前,则是自动解密。

就目前的加密技术水平而言,其安全保密性能还有一定的局限性。例如,密文一般只能用以存储或传输,不能直接用于运行;密钥的换新也很麻烦,需用旧钥解密后,再用新钥进行加密。象数据库系统的密码,它特别难以经受选择明文问题的攻击。最为简单的办法就是,把选定的利于破译的明文,送入具有加密功能的数据库中去,读出相应的密文,对照破译,往往十拿九稳。但在实际运用过程中,由于运行程序的实时性要求,使得运行前的解密不允许用很长的时间,由此采用的密码算法,其安全保密度,就不可能很强,于是往往运用技巧性的办法。但却难保没有隐患,不被泄漏或猜中。

(二)文件名加密

对文件名进行加密,主要是针对一般的用户,防止非法读写。

所谓文件名加密,只是利用文件名的屏幕显示形式,变换一些花样,使得实际注册的文件名,与显示的不相符,或者根本不显示,难以读写。

文件的目录通常由 32 个字节组成,文件名占 8 个字节,扩展名为 3 个字节,共 11 个字节,这是所能加密的最多内容,其加密强度显然是很低的。

在西文 ASCII 编码方式下,有效字符仅 126 个,最高位的码值皆为0,超过这些码值的,则显示空白或键盘上所没有的符号。而汉字码值的最高位值恰恰不为0,以区别西文码。于是,最简单的“加密”文件名的办法,是输入半个汉字。即在汉字全码状态下,先键入一个汉字或西文字母,再删去半个即可。

用来对文件名“加密”的方法是很多的。例如,在一般情况下,文件名中空格后的字符是无效的,但在BASIC状态下,空格后的字符则有效。对这样的文件名,在一般的西文状态下,是难以进行读、写、删等操作的。另外,我们所见到的一些软件工具,也是非常有用的。例如,可用以加密,可以置为只读,也可以把文件隐含起来,等等。

二、数据库加密技术

数据库中的信息有着许多独具的特点,例如,记录的长度一般较短,数据的生命期一般较长,有的是几年甚至几十年;密钥的保存时间也相应较长。原始数据如果以可读的形式存储于数据库中,则系统后备的存储器上的信息,就成了窃取或篡改数据的方便之处。因此,数据库系统必须有其独特的加密方法和密钥管理办法,实施周到有效的安全保护。

(一)数据库加密的基本要求

1、其信息保存时间长,加密的方法和效果,应能达到实际不可破译的程度。而不能象通信那样,采用一次一密的方法。

2、数据加密后,存储空间不应明显增大。

3、加密和解密的速度要足够快,尤其是解密速度要快,使用户感觉不到加密和解密带来的系统性能的变化。

4、加密系统要有尽可能灵活的授权机制。数据库系统在多用户环境中使用时,每个用户只使用其中一小部分数据。因此,加密系统应有很强的访问控制机制,并辅以很灵活的授权机制,这样既能增加系统的安全又能方便用户的使用。

5、加密系统应提供一套安全的、灵活的密钥管理机构。

6、对数据库的加密,不应影响系统的原有功能,而应保持对数据库操作的灵活性和简便性。例如,查询、检索、修改、更新等。

7、加密后的数据库，仍能允许用户在不同细致程度上的访问。

(二)数据库的加密方式

在数据库中，信息存放的主要形式，是一个个的记录。往往还按记录的类型等划分为不同的域。对于记录，经常还可再划分出某些元素。数据是操作系统以存储块的形式送进数据库内来的。这些数据，最终要按一定的方式，存入物理存储器中。

需要加密的对象，是加密者认为具有意义的数据信息。

1、按加密工具的不同，可分为软件加密和硬件加密。

软件加密是用加密软件实现的，例如文件加密。硬件加密，往往是在数据存入物理存储器之前，依靠插入其间的硬件加密装置完成的。

2、从系统的宏观区域着眼，可分为库外加密和库内加密。

库外加密是由操作系统完成的，例如，采用文件加密的方法，把数据形成存储块，送入数据库。操作系统与 DBMS 的接口方式一般有三种，可直接利用操作系统的文件系统功能；也可利用操作系统的 I/O 模块；还可利用操作系统的存储管理模块来完成。

对操作系统送来的数据块，DBMS 只是把它作为存储块，建立索引，确定块存储参数，保证它的完整性和保密性，并不理会块内容有无意义。

库内加密，可分为记录加密、域(属性)加密以及数据元素加密三种方式。

数据元素加密，是把每个数据元素当作一个文件来加/解密，每个被加密的元素，都有一个加密密钥与之对应。这种加密方法，加密的粒度最小，具有较好的灵活性，但加/解密效率低，元素的加密密钥的生成与管理较为复杂。

域加密是对数据库的列(属性)进行加密。在数据库系统中，有时记录的某些属性是敏感数据，必须予以保护。域加密方法对此提供了一种灵活方便的保护手段。

如果只允许一个用户访问数据库中的少数记录，那么采用记录加密方式较好。记录加密是对数据库的行进行的加密。不论是行加密还是列加密(域加密),都是把数据库的行或列当作一个文件进行加/解密。因此,每行或每列必须有一密钥与之相配,需要对每行或每列生成不同的密钥并对其进行管理。这种开销虽然比数据元素加密要小,但也是相当复杂的。

(三)数据库加密方法

1、常见的加密方法

DES分组加密类型的算法,是数据库中加密数据的常用方法。对于数据元素加密,多采用分组密码的密本方式;对于记录、关系等较长数据的加密,多采用分组密码块链方式。

所谓密本方式,是对定长的明文,在固定长度的密钥的控制下加密后,得出密文的长度同原明文一样。所谓密码块链方式,则是把每次加密的输出反馈到输入,作用到下次要加密的明文上。于是每次的加密输出,不仅依赖于本次加密输入的明文,还与所有原先输入的明文有关。

2、子密钥数据库加密的秘密同态技术

中国剩余定理(又称孙子定理)是子密钥数据库加密技术的数学基础。它是按记录对数据加密,按数据项(对关系数据库而言)进行解密。需要某记录的某数据项时,就用该数据项的子密钥解密。于是,可以保障对数据项的访问,遵从最小授权原则,而不致泄露与授权无关的信息。利用读/写子密钥,还能较为方便地修改、更新数据库记录中的指定数据项,而无需把整个记录全部解密、修改后再重新加密。所谓秘密同态技术,是对已加密的数据库无需解密就直接进行操作。这能避免大量繁琐的加密/解密操作,提高数据库的运行效率。但是,构造数据库的秘密同态是十分困难的,这种技术有无生命力,仍有待实践证明。

(四)数据库系统的密钥管理

对数据库而言,生存周期长的数据信息大量存在,密钥也有多级。例如,用户级密钥、数据库级密钥、记录级密钥以及数据项级密

钥等。这种多级密钥的形式,及其生命周期相对较长的特点,要求数据库系统的密钥产生、更新和管理保护,应当适应上述特点。

1、为抵御密钥穷举搜索的攻击和已知明文的攻击,产生重复密钥的概率要尽可能低。

2、在计算上,谨防能从一个数据项的密钥推导出另一个数据项的密钥。这样,即使破译了某些数据项的密钥,也不会威胁到其它数据项的安全。

3、在计算上,还得防止在已知部分明文或明文值的统计分布的情况下,从密文中破译为明文。

完善数据库密钥的管理,例如集中密钥管理法,以及子密钥数据库加密的密钥管理法等,是国内外专家学者正在致力研究的课题。

三、存储介质加密技术

存储介质加密的主要目的在于防止非法拷贝,和通信中的信息加密相比,在环境条件方面有着很大的不同。存储介质本身的某些特点,决定了它加密的某种局限性;而且,这类加密所针对的通常是一般的用户,加密要求并不很高;当其有较高的安全保密要求时,往往主要依靠严格的安全管理。

这类加密,原理很简单。把某些"指纹"性质的特征信息写入磁盘,作为密钥嵌入程序里的软件,可以查验它的存在和正确,使用普通磁盘驱动器,能够读出程序并运行,但不能写。当复制该盘时,指纹信息会被丢失,于是被查验为非法复制件;同时,密钥既已丢失,当然无法运行。

(一)存储介质加密的特点

1、存储空间限制

一般的磁盘其存储空间极其有限,加密之后的文件长度,通常不宜增加太多。这在某种程序上,将影响良好的算法的选择。

2、运行实时性限制

加密算法的选择,必须顾忌到运行前的解密,不能费时太长;否则,将大幅度地减低对磁盘的读写速度,系统的运行效率就会发生问题。

3、密钥更换限制

存储空间的限制，注定了难以象专门的加密系统那样自动生成，适时、频繁地更换密钥。在这种情况下，密钥的换新就很麻烦，先得用旧的密钥解密，再用新的密钥进行加密。在有大量磁盘和文件的情况下，若是经常换新，势必成为重负。另外，对于商品软件之类的磁盘，一旦卖出去，就难以收回。

(二)硬件加密

1、固化部分程序

通常的做法是，增加或变换某些存储器芯片，把相应的程序、数据、密钥及标志等信息固化在其中。相应的硬件、接口等多半需要作相应的增加或调整。这将给复制带来一定的麻烦，若不熟悉上述芯片的内容，就难以形成完整的复制信息。这对于一些专用的系统，不失为有用的办法。例如，不少的防病毒卡、加密卡，采用的就是这种方法。

2、激光穿孔加密

激光光束极为细微，能量高，用以打孔，小得人眼无法看到。用它破坏磁盘上特定扇区的磁介质，则将出现坏字节区，当读到该处时，CRC 检验值出错，软件以此作为识别原盘的标志。若用激光串破坏不同扇区的某几个字节时，于是就形成了该磁盘独有的标志。因为，各个磁盘的标志极难做到完全一样，于是又被称为“指纹”，而且，软盘上的这一物理“指纹”标志是无法拷贝的。在这样的磁盘上，再配以相应的工作软件，例如美国的 FILELOK 或 PROLOK，就形成了一张工作盘。

若想对某个程序加密时，只需用 FILELOK.EXE 对该程序操作一次，该程序就被加上了“指纹”。由于物理“指纹”是拷不下来的，而且也难以复制，因此，这样的程序即使被非法拷贝到别的地方，但因无原配工作盘的物理激光指纹，肯定是无法执行的。这种方法，对于日常的一般使用，反拷贝效果相当不错。

3、掩膜加密

这种方法同激光穿孔加密的原理一样,不同的只是设置标志的方法不一样。它是用半导体工艺的掩膜办法,"遮掉"相应的数据作为标记。由于掩膜标记是普通磁盘所没有的,也是无法拷贝的,因此,包括某些高级拷贝程序在内,对此也无法识别。这也是一种有前途的加密方法。

4、实现硬加密的 KEPROM 芯片

INTEL 公司 80 年代推出的 KEPROM27916,它是加锁的 LSI 芯片,是与 27128 兼容的 EPROM,容量为 16KB;可对软件实现永久性的加密。27916KEPROM 的锁钥密码,存放在 64 位长的"只写"存储器内;锁钥密码一般在出厂时写入,一旦对 27916 配置完成,它将对写入的信息保密,成为具有独立加、解密功能的芯片;其中的密码内容,就不能再行读出;其密码锁钥,在出厂时可多个复制,但却无法复写,复写的芯片也没有用。

对具体用户而言,仅仅是"买来就用",开机就可以运行使用,不用解密译码,无需记住密钥。因为它是只认芯片,不认人的。

凡是进入 KEPROM 系统的用户,其终端设备内,必须具有相同的 KEPROM,即其中的锁钥密码,需与系统的相一致。在开机运行时,系统将自动地由 KEPROM 进行类似双向鉴别的信息交换,若与预先设定的密码相符,终端上的用户方能使用系统;否则,就会拒绝使用。很显然,"只认芯片不认人"和"自动、透明"是它的突出优点,能适应一般的广大用户。

(三)磁盘信息加密

前面提到的文件加密,就是一种信息加密。但对于使用而言,其加密、解密和运行是明显地相互分开的。因此,对于不掌握密钥的用户而言,则是难以读写和运行的。然而,对于拥有众多用户的知识产权保护者而言,就需要保证广大用户无需知道密钥,就能正常读写和运行,也就是买来就能用,防止的仅仅是非法拷贝。这就是磁盘加密所要解决的问题。关于磁盘加密,方法有如下几种。

1、算法加密

(1)换位

换位就是把高位字节和低位字节交换位置。例如,交换高4位与低4位的位置。至于解密,反向换位即可。

(2)移位

移位就是把字符的二进制代码左移或右移,即成密文。以8484的二至十进制代码后移三位为例(若是ASCII码等,效果一样,见下表):

	二——十进制代码	十进制数
明文(移位前)	1000010010000100100…	8484……
密文(后移三位)	0010010000100100…	2424……

(3)运算

运算就是以某一数值,例如激光孔位置的值(也可叫"指纹"值),与明文算术相加或逻辑相加等。这个值是其他磁盘所难以具有的。

(4)错位

错位就是可按一定规律交错。

(四)磁盘参数的利用

一般地,磁盘两面按规范由外向内建立规定数量的磁道,例如40道;每道划分一定数量的扇区,例如9个;再把各道、各扇区按规定编定顺序,赋于一定用途,例如分为伺服区、信息区、坏扇区等,并予以标识;磁头、磁盘则按磁盘基表规定的速度等依序写入、读用有关信息。

为确保信息安全地存储和使用,各磁道和扇区之间都留有保险性的间隙。间隙的大小,很难做到完全相同;在磁道的主区还有多余的空闲磁道,例如多余8道,作为磁头不工作时停放的位置,以免震动时磁头伤损磁盘的信息区域。这是计算机关机前,需要SHUTDOWN的主要原因之一,而扇区好坏的标志可人为设置,等等。这样一来,针对上述磁盘参数的特性,我们便可以采用适当的办法,

予以改变、添加、设置或利用。而正常的DOS或驱动,则无法涉足。事实已经证明,这些都是可行的,而且并不复杂。例如:

1.额外区域的利用

这类区域是在正常的格式化时就存在的,正常DOS对它不进行管理。例如磁道高区的富余道,扇区间的空隙等。

(1)扇区间隙的利用

通常,各道的首、尾扇区的空隙最大;另外,盘内各间隙的数值之间,以及与其它盘的数值之间,一般各有不同。这些特点,都是可以利用的。例如:存放重要的精短信息,把长度值作为“指纹”信息等等。

(2)空闲的高磁道

空闲的高磁道容量较大,假设每道有9个扇区,如果每道容量4.5KB字节的信息,两道的容量则为9KB。需要注意的是,正因为这些磁道原本不是被使用的,且又在高端,其质量不一定有保证,使用前应当测试一下。

(3)“坏”扇区的利用

见到“坏扇区”标志,DOS系统就不再去读写。人为地把好的扇区,按需要设置上“坏扇区”的标志,这是很简易的。利用这些“坏扇区”,可把重要的信息,例如密钥、算法、重要参数等隐藏其中,这是因为:

①非法复制的信息没有包括“坏扇区”的内容,于是造成缺陷,难以使用;

②检验与写入的数据不匹配,标准的复制程序到此便会停止。

不少病毒,就是采用这种办法隐藏病毒程序。然而,也正因为比较简单,知道这种方法的人很多,所以其安全强度是比较低的。

(4)零星区域的利用

在这方面,各个文件的尾簇就是个典型的例子。因为文件存储空间的分配,是以“簇”为单位的。常见的一簇,为两个扇区。然而,文件的长度恰好是簇的整倍数情况是很少的。也就是说,每个文件的尾簇内,多少总有未用的空余,DOS系统也是视而不管的,这便成了某些病毒的隐身之地。自然,病毒能用,我们也能用。

2.改变格式及规定

如上所说,DOS系统是按自已的规范、格式动作的,只要改变其中的某些参数,基本上就难以按常规动作。这样便能在客观效果上,起到保护、“加密”的作用。

(1)改变扇区数。例如由9个增加10个。DOS系统则按常规办事,不会去光顾多余的扇区。若要进行复制,这些扇区的信息,则会丢掉。

(2)改变磁道密度,即不规则地改变磁道间的距离,使得在同一个盘上出现不同的密度,造成读写错误,命名拷贝不能进行。

(3)掉换磁道信息

DOS对文件的读写依据,是各文件存储控制块所构成的地址链表。若把已经存储在磁盘中的信息,人为地予以搬动,例如,把1磁道和8磁道的信息,全部对调,这种对调就是一种加密算法。当DOS按原有的链表读写时,其内容就会乱套,如果没有解密算法的辅助,必然就会出差错。

(4)改变磁道格式

众所周知,对磁盘读写的格式依据,是磁盘基表(DISK BASE)所提供的参数。磁盘基表由11个字节组成,标明马达的启动时间、磁头稳定时间、每扇段字节数、位间隙、磁道间隙等。磁盘基表的入口地址,是存放在中断向量表中IE中断的入口地址处。使用软件工具即可对上述参数进行选择性的修改。修改后的磁盘基表就是密钥,连同某些关键程序,可以随盘存放在异化了的磁道中,或存放于专门的磁盘里作为启动引导盘。这样一来,按常规格式运行的COPY命令,就无法读取这些信息,即防止了非法复制。

磁盘基表中,可以改变的参数不少,上面已经说了磁道密度和扇区数的改变。当然还可以改变磁盘转速、磁道宽度和形状等等。

第二节　发展访问控制技术

在计算机网络系统中,采取访问控制技术是维护整个系统的信息安全、保护系统资源的一个重要的技术措施。以此来确定在计算机网络系统中被允许进入的用户(即合法用户)对哪些系统资源享有哪些权限,可以进行何种存取操作,并防止非法用户进入计算机网络系统以及防止合法用户对系统资源的越权非法使用。在计算机网络系统中,采取访问控制的技术手段通常有三种:身份鉴别、存取权限控制和网络预警。

一、身份鉴别

身份鉴别是为保护计算机网络系统的安全,在允许用户进入网络之前所采取的重要措施之一,包括识别和验证。识别就是确认哪个用户要进入系统,而验证则是在该用户回答身份后,系统对其身份进行的真假鉴别。验证的方法通常有以下三种:

(一)口令鉴别

口令鉴别的通常做法是,将进入者输入的口令和存放在系统中的口令表进行对比,以此来鉴别用户的身份。这种方法最重要的环节是口令的生成与管理。口令生成的方法有两种:一是由用户自己选择,另一种是由机器自动生成。后一种方法,缺点是难以记忆,因为它没有规律性,但这种口令随机性好,难以猜测。口令管理包括这样一些内容:口令在系统中保存时,一定要以加密的形式存放;口令应正确传送到合法用户;通信双方在进行身份鉴别时,必须要有相应的口令信息。为了防止口令泄露,可采用可变口令等。

(二)磁卡鉴别

目前,磁卡鉴别也是验证用户身份的常用方法。国际标准化组织对磁卡的尺寸、磁条的大小、数据记录的格式等都有明确的标准。比较安全的磁卡是一种被称做“智能卡”的磁卡,它与普通磁卡的区别在于它带有智能化的微处理器和存储器,能够防止磁条上的数据非法重新生成。这样一来,就可以更好地对付诸如冒充、猜测、伪造或攻击。在以微机为主体的局域网应用中,一些专家提倡用通常我们使用的3英寸或5英寸软磁盘当作智能卡来使用,因为这样可以大大降低磁卡的成本。

(三)生物特征鉴别

生物特征鉴别是利用人本身所具有的一些特征(指纹、语音、笔迹等)来验证用户身份的一种方法。这种方法安全性最高,但同时成本也很高而且技术还不太成熟,并且还存在有些用户心理上不愿接受的问题。因此,这种方法目前只在一些特定的场合使用,供推广应用还需进一步的研究。

二、存取权限控制

所谓存取权限控制,就是对那些被允许进入计算机网络系统的用户的存取访问权限进行必要的控制,以保证在整个系统安全的前提下,最大限度地予以资源共享。计算机安全策略主要内容就是描述如何在系统中存取文件或访问别的信息,它由一整套严密的规则所组成。这些确定存取授权的规则,是决定存取控制的基础。授权的实施,要考虑到用户、信息、系统当前状态等安全属性,依从于整个系统的安全要求。存取控制机制的建立,应当遵循的原则不少,其中最重要的是取小特权的授予和对存取访问的检查监督。

(一)授予最小特权

系统中,用户或为其代表的用户程序或用户进程实施存取访问时,只能拥有最小的必需特权,以免出问题。

(二)对存取访问的检查监督

实施必要的严格的检查监督,是与特权授予配套的措施。检查监督的主要内容,应当是用户的身份、权限和访问方式,以及被访问目标的允许性。为了支持取小特权这一原则,一般是将用户分为系统管理员、系统安全管理员和最终用户三个不同类型。它们所拥有的权限是不一样的,系统安全管理员有最高级别的特权,可以对系统内任何软硬件资源进行所有类型的存取访问,并且有分配、收回用户访问的权力。对系统最终用户的权限要加以限制,以减少整个系统的不安全因素。

需要特别注意的是,最终用户的权限要有一定的时限性。也就是说,用户所拥有的权限应及时修改,不能永远不变。一般的做法是为用户权限设置最短的时限,过期则失效。所谓最短时限,是指在确保整个系统安全的前提下,给用户强制性规定的一个时间限。一旦该用户需要再次进入系统,则需再次进行授权。

三、网络预警

网络预警是一项新的系统管理和安全保护技术。 它集成了已有的工业标准如 DMI 和 Wake on LAN 技术,为客户提供了更高层次的系统管理和安全保护功能。网络预警技术集成了硬件和软件两方面的技术,当网络中的某台计算机出现故障,如断电、没有开机、系统配置发生了变化、操作系统及硬件出现了故障等情况时,网络预警系统都将发出预警,通报给系统管理员。这不仅对远程系统执行系统管理或监视某些担负关键技术任务的系统,如服务器、无人操作终端等非常适用,而且,对预防盗窃、未经许可拆卸计算机部件(如内存条、微处理器、其它芯片等)、计算机脱离网络或者电源被切断等也非常适用。因此,采用网络预警技术,对用于军事目的的计算机网络的物理安全具有十分重要的意义。

第三节 发展"防火墙"技术

计算机网络技术的迅速发展,尤其是 Internet 的广泛应用,不仅为人们开展全球性合作以及全球信息访问开启了方便之门,而且也为情报战、经济信息战、指挥控制战和计算机空间战等信息战的实施创造了前所未有的条件。近年来,"黑客"入侵案屡见不鲜。如何防止计算机"黑客"骚扰,杜绝"电脑间谍"的发生,是网络安全面临的一个十分重要的课题,网络防火墙(Firewall)技术在这种背景下也就应运而生了。

一、防火墙的概念(Firewall)

防火墙是一个专用的计算机系统,它联系着两个或多个计算机网络,是用户子网和外界网络(如 Internet)之间的一道屏障,以防止发生不可预料的、潜在的破坏性侵入被保护网络的危险。它可通过监测、限制、更改跨越防火墙的数据流,尽可能地对外部屏蔽被保护网络的信息、结构和运行情况等,来实现对网络的安全保护。因而它比较适用于相对独立,与外部网络互联途径有限,并且网络服务种类相对集中的网络系统。防火墙允许用户子网的用户访问外部公用网,而不受入侵者的攻击,以防止不可预料的、潜在的破坏侵入网络,从而保护了用户子网的安全。防火墙就象一个过滤器一样,过滤所有用户子网和 INTERNET 网络的信息交换,使得非法入侵和信息窃取都被过滤掉。

对于防火墙来说,用户子网中的所有节点都是一样的,它对所有的节点实施相同的约束机制和安全保障措施。因此,用户子网中的节点可以躲在防火墙的后面,享有防火墙带来的安全保护。当然,仅有防火墙还不能保证网络百分之百不受外界的非法入侵,但是适当的布置可使它们非常安全,并起到明显的隔离作用。

二、防火墙的分类

防火墙技术可根据防范的方式和侧重点的不同而分为很多种类型,但总体来讲可分为三大类:数据包过滤技术(Packet Filter)、应用网关(ApplicationGateway)和代理服务(Proxy Service)。

(一)数据包过滤(Packet Filter)技术

顾名思义,数据包过滤技术是指在网络中适当的位置对数据包实施有选择的通过,选择的依据是系统内设置的过滤逻辑(通常称为访问控制表 - - AccessControl List),通过检查数据流中的每个数据包后,根据数据包的源地址、目的地址、所用的 TCP 端口号、TCP 链路状态等因素或它们的组合来确定是否允许数据包通过。只有满足过滤逻辑的数据包才被转发到相应的目的地出口端,其余数据包则被从数据流中删除。

数据包过滤技术有许多优点,而其主要优点之一是仅用一个放置在战略要津上的包过滤路由器就可保护整个网络。如果站点与因特网间只有一台路由器,那么不管站点的规模有多大,只要在这台路由器上设定合适的包过滤,我们的站点就可以获得很好的网络安全保护。此外,包过滤不需要用户软件的支撑,也不要求对客户机做特别的设置,也没有必要对用户做任何培训。当包过滤器允许包通过时,它看起来与普通的路由器没有任何区别。此时,用户甚至感觉不到包过滤功能的存在,只有在有些包在禁入和禁出时,用户才认识到它与普通路由器的不同。包过滤工作对用户来讲是透明的。当然,包过滤技术也有其缺点和局限性:

1、在机器中配置包过滤规则比较困难;

2、对包过滤规则设置的测试也很麻烦;

3、许多产品的包过滤功能有这样或那样的局限性,要找一个比较完整的包过滤产品很难。

路由器是一个网络与 Internet 连接时必不可少的设备。目前,已安装防火墙网络中的 80%都是数据包过滤模式的,它们不过是在与外部网络连接的路由器上设置了一些过滤原则而已。商业的数据包过滤技术比起一般的路由器增加了可以进行外部注册的功能和某些安全特性。

(二)应用网关(Application Gateway)

应用网关是指建立在网络应用层上的协议的协议过滤和转发功能,它针对特别的网络应用服务协议使用指定的数据过滤逻辑,并在按应用协议指定的数据过滤逻辑进行过滤的同时,对数据包分析的结果及采取的措施作登录和统计,并形成报告。实际中的应用网关通常由专用工作站系统实现。

应用网关技术与数据包过滤技术的一个共有的特点是,它们仅依靠特定的逻辑检查决定是否允许特定的数据包通过,一旦特定的网络数据流满足逻辑,则防火墙内外的计算机系统产将建立直接联系,防火墙外部的用户便可直接了解防火墙的网络结构和运行状态。

代理服务(Proxy service)

代理服务是针对数据包过滤技术和应用网关技术存在的缺点而引入的防火墙技术,其特点是将所有跨越防火墙的网络通信链路分为二段,防火墙内外计算机系统间应用层的“链接”,可由两个终止代理服务器上的“链接”来实现,外部计算机的网络链路只能到达代理服务器,从而起到了防火墙内外计算机系统的隔离作用。

代理服务是防火墙技术中颇受推崇的一种,它的优点在于可以将保护网络的内部结构屏蔽起来,增加了网络的安全性能,同时还可以实现较强的数据流监控、过滤、记录、报告等功能。代理服务器(Proxy Server)通常由两个部分构成:服务器(Server)端程序和客户(Client)程序。使用代理服务器的缺点在于需要为每个网络服务专门设计、开发代理服务软件及相应的监控过滤功能,并且于代理服务具有相当大的工作量,通常需要专用的硬件(即工作站)来承担。

三、防火墙的局限性和负作用

防火墙的设置无疑是非常重要的,在内部网与外部网络世界的关键接触点设置的防火墙,可以挫败大部分企图非法入侵的行为。但从防火墙的工作原理不难发现,正如同门锁可能被偷配了钥匙或被某些“高明”的窃贼橇开一样,依赖于密码的防火墙不可能是一道不可逾越的屏障。何况即使是这样一种防火墙,也经常被用户自己捅出一些窟窿来。例如,随便扩展网络浏览器的功能,使其含诸如Java之类的applet工具,便有可能被黑客们钻了网络漏洞的空子,掌握Web服务器的控制权,从而绕过防火墙进入内部网之中。

在美国,通用的电器公司尽管安装了防火墙,可是它的系统在1995年中还是被人突破了,致使这家公司与Internet的联系中断长达72小时之久。防火墙只是一个“外部防御线”,对于怀有恶意的内部工作人员或本意良好、想绕过防火墙建立自己特有的与Interner联系的人员来说不产生防御作用。要把防火墙仅看成包括诸如加密、监控、保密等其它手段在内的综合性安全措施的一部分,不能完全依赖防火墙来保证系统的安全。

建立防火墙时,用户可能采取非常保守的策略,比如彻底禁止IP地址通过防火墙,致使外来的计算机犯罪分子无法知道他想要进攻机器的地址。这种严格规定的好处是,越是保守的策略,就越容易建立无错误的防火墙。确实,建立和维护防火墙很棘手,容易犯错误,有时会把进入自身网络的暗道给忘掉,就象美国马里兰大学的校园网,在1996年初就被一名12岁的男孩通过暗道击毁过,这是一个比较典型的事例。另外,目前对数据驱动的攻击还是没有好的解决办法,比如"病毒"攻击等。如果想用防火墙好好保护自己,就必须有一整套的技术措施,坚持做好逻辑分析和数据流监控等工作。

四、防火墙技术的发展趋势

从防火墙现有的技术模式中可以看出,它们都存在着一定的缺陷。由于对更高安全性的要求,人们正在寻找其它模式的防火墙,其发展趋势主要体现在以下几个方面,即:复合型模式、网络地址转换器模式、身份证模式、安全内核模式和最少特权模式等等。一个性能可靠的防火墙应该是具有高度安全性、高度透明性和高度网络化的,然而,这些特性又是相互制约和相互影响的。因此需要根据自己网络的访问原则来确定防火墙。

随着Internet网在我国的迅速发展,防火墙技术引起了各界的广泛关注。中科院信息安全研究中心、中科院研究生院信息安全国家重点实验室等部门已经对此开展研究。目前,我国防火墙技术的发展还存在着很多问题,国内现有的防火墙基本都是进口产品,这些产品生产国的有组织的侵害根本无法防范,而且还会起到反作用。开发我国自己的防火墙技术和网络关键技术,确保国防信息的安全,是摆在我们面前的无法回避的客观问题。由于我国在信息安全技术方面同发达国家相比还比较落后,一旦有相应的产品开发问市,谁来确认它确实安全可靠,谁来检测这类产品的安全程度,谁来给产品发放安全认证书,到目前为止,还没有哪个机构能承担这项工作。因此,应着手开发关键技术,同时还应做好组织协调安全认证的工作,并对国外技术的发展进行跟踪。

四节　发展计算机网络病毒防治技术

随着计算机应用的不断深入和网络技术的日益发展，计算机网络已经广泛地应用于社会生活的各个方面，人们在日常的工作、学习和生活中对计算机网络系统的依赖也日渐加深。特别是Internet成功的发展，使人们的日常工作及生活几乎到了离不开计算机的地步。但与此同时，计算机病毒也越来越频繁地出现在计算机网络上，并且其破坏性大大超过了在单独工作的计算机上的破坏性。早在1988年，美国年仅23岁的大学生莫利斯编制的“蠕虫”(Worm)计算机病毒，就侵入了美国国防系统的Internet网，使网上的6200多台主机瘫痪24小时，造成约9200万美元的重大经济损失，震惊了全美国。于是，人们这才意识到，计算机网络病毒的防治也是信息安全的一个重要组成部分。

一、什么是计算机网络病毒

计算机病毒是一种在计算机运行过程中，能实施传染和侵害功能的程序，计算机病毒具有潜伏性、传染性、破坏性和能够自我复制四大特点。一旦条件成熟，它就利用其他合法程序不断传播，进行破坏。计算机病毒只能是人为编制的，不可能随机自然产生，也不可能因编程失误而造成。而所谓的计算机网络病毒就是在计算机网络上传播、扩散，专门攻击网络薄弱环节、破坏网络资源的计算机病毒。

计算机病毒按其表现性质可分为良性病毒和恶性病毒，良性病毒不删除数据，但它会大量占用内存空间而使计算机运行速度降低，甚至造成死机，恶性病毒会毁坏数据文件或使计算机停止工作；按其寄生方式可分为操作系统病毒、源码病毒、外壳病毒和入侵病毒等；按其传染方式分为磁盘引导区传染病毒、操作系统传染病毒和一般应用程序传染病毒。使用计算机病毒攻击计算机网络系统，是信息攻击的行动方式之一，具有常规电子武器所无法相比的更直接、更危险的作用。

二、计算机网络病毒的特点及危害

计算机病毒攻击网络的途径主要是通过软盘拷贝、互联网上的文件传输、硬件设备中的固化病毒程序等等。病毒还可以利用网络的薄弱环节,攻击计算机网络。在现有的各种计算机系统中都存在着一定的缺陷,尤其是网络系统软件方面的漏洞,因此网络病毒就利用软件的破绽和研制时因疏忽而留下的“后门”,大肆发起攻击。网络病毒可以突破网络的安全防御,侵入到网络主机上,导致计算机工作效率下降,资源遭到严重的破坏,甚至造成网络系统的瘫痪。

计算机网络病毒破坏性极强,不仅攻击程序,而且能破坏网络的主机硬盘分区,造成主机无法启动,使整个网络无法工作。网络病毒有很强的繁殖或再生机制,一旦一个网络病毒深入到一个公共的实用软件中,便会很快传播扩散到整个网络上。在传播扩散的同时,它还能伪装隐蔽自己、不易被发现,其传播扩散的速度是单台计算机的几倍乃至几十倍,少则几个小时,多则一个星期,病毒就会充满整个网络。潜伏的网络病毒一旦等到触发条件成熟,便会立刻活跃起来,触发条件可以是用户名、内部时钟、网络的一次操作或是一次通讯对话等等。一种网络病毒并不针对也不可能针对所有的计算机及网络主机进行攻击,限于操作系统的不同,通常一种网络病毒只有一种破坏性,有的专门攻击微机 DOS 操作系统的计算机,有的专门攻击 Unix 操作系统或 Macintosh 的计算机。因此,计算机网络病毒有很大的危害和杀伤力,加强防治势在必行。

三、计算机网络病毒的防治方法

计算机网络无论采用什么样的拓朴结构,其工作方式都是“客户机－服务器”的形式,网络中最主要的软硬件实体就是服务器和工作站,因此从工作站和服务器来考虑网络病毒的防治应该是关键之所在,此外利用网络系统自身的保护保密功能以及加强综合治理也是极为重要的。

(一)工作站病毒防治

工作站是病毒进入网络的主要途径,它好比是通向网络的大门,把好这扇门就能有效防止病毒的侵入。工作站防治病毒主要有三种方法:一是在工作站上安装防病毒软件,二是在工作站上插防病毒卡,三是在网络接口卡上安装防病毒芯片。利用防病毒软件防治的做法是比较合理的。因为病毒扫描的任务是由网络上所有工作站共同承担的,这使得每台工作站承担的任务都很轻松,而无需增添新的设备。但这种方法需要人为地经常去启动软盘防毒软件,因而不仅给工作人员增加了负担,而且很有可能在病毒发作以后才能检测到。防毒卡可以达到实时监测的目的,但防毒卡的升级不方便,从实际应用效果来看,对工作站的运行速度有一定的影响。防病毒芯片是今后研究的一个方向,它将工作站存取控制与病毒防护合二为一,可以更加实时有效地保护工作站及通向服务器的桥梁,但这种方法同样也存在芯片上的软件版本升级不便的问题,而且对网络的传输速度也会产生一些影响。上述无论哪种方法,都是防病毒的有效手段,但需根据网络规模、数据传输负荷等具体情况而定。

(二)服务器病毒防治

网络服务器是整个网络的核心,它上面存放了大量的文件和数据,服务器一旦被击垮,造成的损失将是灾难性的、难以挽回的和无法估量的。因此,基于服务器的防病毒措施就显得十分重要。目前基于服务器的防治病毒方法大都采用防毒可装载模块(NLM),以提供实时扫描病毒的能力,有时也结合利用在服务器上插防病毒卡等技术,目的在于保护服务器不受病毒的攻击,从而切断进一步传播的途径。

(三)综合治理

计算机网络病毒的防治,单纯靠工作站和服务器防病毒的技术措施是不可能十分有效地杜绝和防止其蔓延的,只有把这些技术手段和相应的管理措施有机地结合起来,提高人们的防范意识,才有可能从根本上保护网络系统的安全运行。目前在网络病毒防护技术方面,基本处于被动防御的地位,若从管理角度来讲,应积极主动地采取措施。首先,从硬件设备及软件系统的使用、维护、管理、服务等各个环节制定严格的规章制度，对网络系统的管理人员及用户加强法制教育和职业道德教育，规范工作程序和操作规程，严惩任何从事非法或非授权活动的集体和个人。其次，从网络安全的角度考虑，应有专人负责具体事务，及时检查系统中病毒出现的症状，汇报出现的新问题、新情况。在网络工作站上经常性地做好病毒检测工作，把好网络的第一道大门。除在服务器主机上采取防病毒手段外，还要定期用查毒软件检查服务器的病毒情况。再次，应跟踪网络病毒防治技术的发展，尽可能采用行之有效的新技术、新手段，建立“防杀结合，以防为主，以杀为辅，软硬互补，标本兼治”的最佳网络防病毒安全模式。

第五节　计算机网络安全管理的基本措施

一、防“黑客”入侵措施

计算机“黑客”(Hacer)是一批掌握计算机知识和技能，　会对加密程序进行解密、窃取或直接破坏相关信息，以此作为业余爱好或半职业、职业手段的人。近几年来，“黑客”攻击在世界范围内已不是什么新的问题，许多国家曾屡遭此类攻击。尤其在美国，因其军事和民用网络互通，“黑客”企图渗透到军用计算机网络中的行为也逐年递增，现每年多达25万次之多，直接对军事指挥控制系统构成了极大的威胁。我军的网络系统虽自成体系，完全独立于民用网络系统，但也并非天衣无缝。而且在我国境内也早已出现了“黑客”的踪影。因此，严防“黑客”侵入网络已经成为计算机网络安全管理的最基本措施。对制止与预防“黑客”入侵必须引起高度重视。计算机管理人员和操作人员作为各级网络站点、网络终端的主要管理与操作者，是阻止“黑客”侵入的前沿哨兵。

（一）强化值勤，洞察秋毫

我军所有各类网络系统的值勤人员是网上防“黑客”的卫士。因此，不仅要把网络值勤当成技术操作任务来完成，而且更应把警惕与防止“黑客”入侵作为重要任务。各级操作系统是网络平台赖以存在的基础，要时刻监视网络的微妙变化，一旦发现入侵苗头应及时向上级报告。计算机管理人员和操作人员要通过严格的值勤，强化对网络系统的深入了解，细心观察网上的细微信息变化，以分析判断网上“黑客”的存在，为跟踪、寻找入侵者提供条件。

(二)审查把关，严防侵入

一般情况下，“黑客”必须通晓操作系统才能利用它，他们进入系统常用的方法就是盲目猜测他人的口令或在事先了解个人用户的情况后再猜测口令。因此，计算机管理人员和操作人员必须要熟知各级网络的所有终端和节点的使用权限，特别是对本级职权范围内的可登录用户要按制度规定严格审查把关。认真记录其输入口令的时间、方式，对其使用网络中的操作技巧、存取文件的手段乃至敲打键盘的节奏等，均要熟悉和掌握。当发现未经授权的外来者登录等异常的情况要及时核实验证，辨其真伪。对核心系统和重要超级用户口令应定期更换，严格控制知晓范围。

(三)研究规律，防患未然

“黑客”的出现往往是由于网络系统存在着鲜为人知的或先天性的漏洞。这个漏洞大部分是软件上的缺陷，如密码被解、口令可替换、超级用户或特权用户的代码遗漏等等。硬件上的漏洞就是网络链路存在着冗余缺口、节点，有的终端可被串接等。因此，计算机管理人员和操作人员要经常地担负起对漏洞检查的任务，严格做到“三查”：一查密码的使用频率，发现超数量运用要及时变更替换；二查入网口令的详细登录记载，如有重复、雷同时要限制口令权限；三查网络硬件或链路的完备性，防止被非法利用。只有及时查清并堵住这方面的漏洞，才会消除网络隐患，使网络安全可靠。

(四)灵活应变，果断处理

各级网上用户在工作期间无法看到对方的面目，各终端的计算机操作人员只能通过平时日积月累的联络方式来熟悉其习性。“黑客”的进入总是要冒充某个用户来实施的，一旦得逞就会对数据库进行窃取或破坏,直接影响网络系统的安全。因此,当发现网上工作状态异常时,计算机管理人员和操作人员不要因"黑客"上网而过于忧虑,仍要以较熟练的手法、沉稳的心态进行正常工作。要按规程封闭重要系统和数据库的出入口,备份重要资料,主动删除机密文件。要以灵活措施对"黑客"进行跟踪,以平衡心情和正常工作状态与之交流,稳住其手脚,秘密核查其网址和真实身份。在追踪时要以老练成熟的习惯动作配合上级或有关人员对其实施打击,不要轻易在网上流露出将对其报复的任何信号,以免其不留痕迹轻易下网,从而给寻踪带来困难。

二、防病毒感染措施

众所周知,计算机病毒(Computer Viruses)是一种依附在各种计算机程序中的具有破坏性、能通过自我复制繁衍来感染其它软件的有害程序。它可以通过软盘、终端或其它方式进入计算机及其网络,引起单机、整个系统或网络运行紊乱,甚至瘫痪。目前,我国发现的病毒已达万余种。我军各军兵种的各级指挥机关越来越多地使用个人计算机,而且计算机管理和操作人员自行装载各种软件的机会也越来越多,这些无疑都增大了病毒入侵的机会,也对各类计算机人员的防病毒技能提出了更高的要求。

(一)认真仔细,一丝不苟

面对铺天盖地的软件市场,如果没有严谨的作风,敏锐的洞察力和鉴别能力,就会使那些易感染扩散、对正常软件具有较大破坏力的病毒软件在我们的眼皮底下乘隙而入。因此,必须破除两个误区:一种是认为病毒感染未上网的单机不影响大局,另一种则认为有病毒的软件是极少数的。实际上,谁也无法保证单机感染病毒后不能染到别的计算机或网络,也不能因为只有极少数软件有病毒就放弃严格的过滤检查。要自觉培养严谨求实的作风,每个软件、甚至每张磁盘一旦动用就应引起警觉,对相邻计算机设备出现的病毒迹象要注意防杀,只有彻底消除侥幸想法,才会减少病毒侵入传染的机会。

(二)净化环境,严格渠道

实践证明,大量的病毒是通过软件安装时进入、潜伏下来的。因此,系统软件在购置时必须履行严格的筛选程序或制度,军队计算机网络应该尽快更换使用我国自行设计生产的软件,最大限度地减少进口软件在军用网络中的应用。对同一类型或系统的软件要权衡利弊,择优汰劣,筛选那些功能强劲、运行敏捷、界面友好的软件,避免粗制软件进入军用系统。绝不允许计算机管理和操作人员私自购置使用或引进一些与工作性质毫不相干的游戏软件,特别是我军高密级指挥系统中的计算机工作人员,对此应有明确要求与规定。

(三)突出重点,慎选软件

在安装软件中,计算机管理和操作人员不要贪图便宜走"拿来主义"式的捷径,去使用一些盗版的或赠送的软件进行升级。这样极易打乱计算机网络软件工程的正常建设规范,为日后发生病毒泛滥埋下祸根。因此,计算机管理和操作人员在软件安装升级中,要按照合法程序实施,严密地组织,使系统有序安装、合法升级,从而使系统和程序保持正常运转。要贯彻严谨细致的技术要求,确保各种军用系统在安装过程中不出任何纰漏,即使出现了故障也能有完善的技术保障措施。要对各种安装升级过程记录在案,以备复查。软件升级要通过符合规定的渠道,在合法的前提下严密组织实施。这样,软件安装升级就能做好有效防范病毒的工作。

(四)见微知著,及时消杀

网上反病毒斗争是长期任务,因此要在手头常备一些工具软件,特别是一些可查杀病毒的工具软件,如我国计算机界目前较为流行的 Kill、KV300、AV95 等杀毒软件。对于外来的文件软盘、软件等,经常主动予以检测查杀,防止扩大污染范围。要对本级所使用的各种系统文件、应用文件、临时文件都要经常查杀,尤其对那些在系统中储存或读取次数频繁的文件要加大查杀力度,控制其波及范围。要采用我国先进的 VRV 信源病毒防火墙和网络杀病毒系统,提高杀毒效率。还要及时注意有关媒体提示的反病毒公告,洞察病毒侵蚀新动向和掌握灭毒新技巧、新办法，把病毒的危害减少到最小程度。

三、防"蠕虫"作乱措施

"蠕虫"(Worms)程序是一段独立的程序，主要是通过爆炸性的自我复制方式从网络上的一台计算机扩散到另一台计算机，进行大面积穿梭繁殖。与计算机病毒的不同之处是，"蠕虫"程序不修改其它程序，但它可以有效地执行破坏系统数据的使命。现在，单纯地释放一些以破坏扩展名为 EXE、COM、BAT 等执行文件的病毒已经可以采取很多方式得以制止和查杀。但是，因"蠕虫"程序已有明显不同的破坏作用，使得身处信息化作战前沿的计算机管理和操作人员必须要独具不同凡响的内功，才能有针对性地制止其扩散蔓延。

(一)丰富知识，强化技术

我们强调技术精益求精的目的在于能灵活地运用一些工具式编程语言，这对破译"蠕虫"之类的破坏程序大有好处。因破坏程序本身也是立足于基础语言而建立起来的，并被计算机操作系统所识别和运行。因此，计算机管理和操作人员除了按训练大纲或等级考试要求去掌握实用语言外，还应加强自学活动， 提高实际工作中的语言运用技巧。 要学会最基础的 Basic 语言，从而进一步掌握 FoxBase、FoxPro、C 语言等实用语言。 利用较为流行的 PC - tools、debug 等工具软件就可以从编码结构上搜寻到或直接改变受损文件的位置或密码代码。要学会一些维修工具和诊断程序的机理，为破解破坏程序积累经验。

(二)积极预防，多法规避

"蠕虫"程序惯于借助网络自我复制、扩散，可以直接进入网络中的操作系统、服务器的数据库等重要部位，对任何系统数据的损伤都能使网络运行瘫痪。因此，要对授权的网点操作要领和规程了如指掌，探索每个程序所赋予的功能，并进行深入研究。要谙熟一些尚未公开的操作快捷用法和热键的组合效果。对所涉及的数据库尽可能做些开发性的研究和剖析，以进一步了解其内在结构。要做到最终能独立地分析判断各种系统非正常字节增减、断链、搬移的原因，有效地阻止“蠕虫”蔓延。

（三）及时发现，果断处理

各种计算机操作系统实际运用中，硬件设备随意替换，软件越装越多，对系统的正常运行形成了一定的阻碍。单纯凭借经验已不足以判明是否已经存在着“蠕虫”程序。因此，计算机管理和操作人员要在正常维护中善于灵活利用特殊检测软件工具和网络系统授权的检测工具，定期对单机操作系统或网络系统终端上的几个关键性结构文件实施检测，以确保其在链路开通中发挥正常作用。检测中，一是要有层次性，即先主后次，比如先检测服务器等重要设备、系统，尔后再涉及其它方面；二是要有针对性，重点检测关键性的操作系统、数据库等，因为它们往往是敌对我捣乱的主攻部位；三是要有强制性，发挥特权用户的作用，强行实施。最后将已发现的多余字节未名文件（包）做好清理。

四、防逻辑炸弹潜入措施

逻辑炸弹（Logic Bombs ）是由计算机系统开发者或程序员按一系列特定的条件设计、蓄意埋置在系统内部的一段特定程序。它在一定条件（如特定指令或特定时间）的触发下，可以释放病毒、“蠕虫”或者其他程序化、逻辑化的攻击型“炸弹”，对系统实施“软”攻击，发挥破坏作用。尽管有些逻辑炸弹的植入属于无意破坏性的，如某些正版软件中的逻辑锁等，但也应引起所有计算机管理和操作人员的认真关注。

（一）多留备份，预防不测

各种操作系统一旦启用，难免要受到来自不同层次、不同目的、不同形式软件的非正常冲击，没有完整的操作系统备份资料，出现问题就会束手无策。因此，计算机管理和操作人员要有先见之明，利用高质量的软盘、可写光盘、磁带或压缩盘对操作系统进行详尽备份。其好处是有利于计算机管理和操作人员对现有操作系统大胆使用，免除后顾之忧。当系统文件有自损或被破坏时，尤其是逻辑炸弹发作产生了负效应之后，因有完整齐备的备份，利于被毁文件的快速恢复。还可打乱敌方把逻辑炸弹潜入我方系统的时间表,使其无法按时、按指令激活,有利于维护我方计算机网络系统的安全。

(二)分类归档,减少麻烦

应用文件的内容直接关系到指挥决策的核心秘密,计算机管理和操作人员在进行分类存放归档时,要严格按信息存储要求实施。因此,可在配置的双硬盘、磁带机、光盘刻录机上分类录入储存,也可以形成机密磁芯片保存。以书面文字形式出现的文件要严格管理和保密,并按信息资料储存与提取的规定要求分类登记、加密、归档。出现废弃文件立即采取空白覆盖、删减、销毁等办法,彻底予以清除。这样,既可以避免逻辑炸弹随文件转移,也可以减少因其发生作用而使文件丢失。

(三)严格筛选,经常清理

计算机网络系统随着信息量的猛增,需要处理的数据繁多,自身需储存的信息也越来越庞大。因此,计算机管理和操作人员要定期对系统磁盘进行检索、整理,可以按照信息出入量的情况每天或每周进行一次,也可以根据信息的秘密等级区分层次实施,还可以按计算机保障的专业任务需要区别对待。总之,要形成模块化的文件管理形式,使得磁盘管理更趋于有序化,既便于管理和应用,也利于防逻辑炸弹。

五、防"陷阱门"载入措施

"陷阱门"(Trap Doors)又称后门(Back Doors),是计算机系统设计者预先在系统中构造的一种机构,是一种能使设计者轻易越过正常的系统安全保护装置,顺利潜入系统的方法。比方说,美国的制造商在加密芯片上设置的"后门",就可以让联邦调查局很容易地解密这种芯片所加密的内容。我们的许多操作系统和网络软件就是在很大的程度上依赖于国外的产品,如 Windows、UNIX、Norell 网等。如果这些产品为其国家利益服务或被军方所利用,在出口时就设置一些"陷阱门",其后果将很难预料。

(一)强调规范,克服随意

我军各级指挥自动化系统所运用的操作系统、应用软件都是在周密充分、严格细致论证的基础上出台的,它们在全军推广使用前,本身已具备了很强的独立性和可操作性。因此,全军各级指挥机关的计算机管理和操作人员都要积极支持这些军标系统的推广使用,自觉维护其规范性和权威性。计算机管理和操作人员必须以高度的责任感,主动排斥非军用系统进入。要对系统在实际运用中存在的优缺点,适时提出合理化的技术、战术建议,使全军指挥自动化系统日臻完善。

(二)保持一致,讲求统一

我军的各级各类网络与各种系统是在国家战略指导下统筹开发研制并普及的,其使用标准符合国家、军队的要求。因此,随着信息产业的发展和国防建设的需要,军队内部网络、系统、软件等均要统一实施升级、替换。计算机管理和操作人员要从大局出发,积极配合其升级改造工作,并快速适应新软件的操作应用,更替下来的旧版本按要求做好清理删除工作。要严禁未经上级许可擅自升级或系统内部改造。要保持我军单线式的升级制度,才能有效地打乱敌方利用系统装载途径输入"陷阱门"的图谋。

(三)严格操作,正确使用

如果把自成体系的军队计算机网络系统与社会完全隔离开来,是完全有可能防止"陷阱门"载入的。但事实上军队内部人为地造成失误而使系统出现缺陷已不是危言耸听了。因此,军队内部各级对系统的操作和维护中,要讲究操作使用流程,尽量减少误操作或强制性进出对系统模块造成的损坏和影响,避免使系统文件丢失或产生断链。对系统全面维护时特别是涉及软件程序方面的变动,必须要注意严格登记造册,对故障的排除也应作内容详尽的记录,以备核查,彻底把"陷阱门"拒之门外。

六、防"芯片捣鬼"措施

"芯片捣鬼"(Chipping)是指蓄意修改、更动、设计或者使用集成电路芯片的活动。在当今包括多达数以百万个晶体管的集成电路芯片上,芯片制造者可以按某些要求,轻易地加入一些使正常使用料想不到的易损功能或某些特殊作用的功能,使之成为毒码芯片,在需要时即可激活。比如,在使用一段时间后使芯片失效,或者在接收到特定频率的信号后自毁,或者运行发送可识别其准确位置的无线电信号等。对付“芯片捣鬼”必须在添加硬件设备时加以高度防范,否则,一个关键芯片的小故障足以引起整个系统停止运转。

(一)立足实用,勿求时尚

计算机硬件设备的更新速度明显加快,各种名目繁多的部件使人眼花缭乱,有的商家还以不同的手段加以宣传促销,CPU 价格一降再降,而主频时钟速率一级级猛增,无时不感到发展速度之快,似使自己的计算机很快面临淘汰的险境。而且,为机型更新升级、添加多功能的硬件板卡等已成为使老式计算机“旧貌换新颜”的流行手段。因此,计算机管理和操作人员在思想上要有正确的认识,未来战争可能是“人才 + 芯片”的战争,对芯片切不可掉以轻心。更换硬件要考虑工作的需要,也要注意隐藏着的弊端。如有的终端要求设立无盘工作站,而我们非要强制将其装配成多媒体,这就打乱了系统的整体功能。增加硬件与系统软件的升级要同步进行,以提高工作效率。所以,硬件更新换代,要立足实用,不要过于追求时尚。

(二)加强管理,防止替换

军内各个主管单位自行开发或授权研制的硬件设备数量在逐渐增多,而且直接装备、下发到各级机关的硬件设备也相应增多。因此,我们在配件库的保管上必须严密谨慎。待用硬件一定要秘密封存,谨防被他人用外表相似的改动件顶替。添加后剩余的旧硬件也要入库保存,防止流失后被敌方所利用。对硬件应严格保密规定,防止他人把外带芯片硬件与我硬件库存品进行交换。

(三)充分论证,严格渠道

处于计算机或网络核心部位的硬件只有在不得已或特殊的情况下才能更换、升级、添加。因此,当发现需要更换设备时,要按技术工作程序提出建议要求，并对此给予充分的论证，如更换新硬件的性能、质量、可靠性、品牌、产地、出厂日期、进货渠道、售后服务等。军内要害部门的关键设备要尽可能实现国产化，或用我军科研机构为主的产品，以阻止不放心芯片渗入网上。

七、防微波炸弹措施

目前，尚处于研制中的电磁脉冲炸弹（又称微波炸弹）所使用的能源是炸药的爆炸能，由爆炸能驱动高能磁通量压缩发生器，将爆炸能转换为高压脉冲电磁能。另一种研制中的电磁脉冲武器称作强力干扰机（或超级干扰机），其有效辐射功率可比现有的电子干扰机高3-6个数量级，作用距离达数公里到数百公里。产生强大的感应电流，轻者使系统过载停机，重者使系统硬件烧坏。所攻击目标可以是建筑物内的大型计算机、整个计算机网络、或武器系统的电子部件。敌使用微波炸弹的前提是利用我计算机等发出的电磁辐射准确定位，尔后实施打击。采取微波炸弹进行破坏已成为威胁计算机信息安全的主要手段。

（一）巧用原理，实施欺骗

计算机管理和操作人员要深入剖析电磁辐射的机理，探究应当采取的方法措施。因此，各级网站要注重技术与战术的有机结合，以灵活的战术弥补技术的落后。为减少敌对我实施的电磁侦察，可减少电子设备开机的数量、次数、时间。要实施有意欺骗，或在低功率状态下工作，控制辐射方向，实施快速跳频，多站交替工作等。使计算机设备所产生的电磁波无规律可循，使对方无法侦测，影响对方准确判断，使其系统难以为微波炸弹定位，致使对方无法发射。

（二）特制器材，进行屏蔽

我们已经具有多种适用于不同机型和网络终端的保密机、电磁信号干扰机等设备，这些设备可以用于主动式的屏蔽措施。计算机管理人员和操作人员要灵活地使用干扰机，在多点、站使用，间隙开关机，使对方无法侦测我计算机设备辐射的电磁信号。运用保密机和密码机对我计算机传输的信息实施多层、多级加密，阻止对方破译。用大功率的干扰机释放假信号,制造假工作站,干扰对方微波炸弹探测,保护系统的正常工作,诱敌上当,以达到屏蔽我信息源的目的。

(三)分散机动,加强防护

在信息战争夺激烈的条件下,我各种计算机设备应力求短小、精干,体积小、重量轻,以便于携带和随时实施分散机动。这样就不易被敌利用我发射的电磁辐射准确侦测到。在自动化指挥车或其它“信息方舱”内工作时,要对易散热的设备适当加装隔热层,在保证设备有足够散热能力的情况下,防止热源成为敌红外探测器跟踪的目标。要对网络服务器、各计算机主机等设备加盖有防电磁辐射的合金夹层材料。将其产生的电磁场限制在一个很小的范围内,以减小电磁辐射强度和电磁波传送的距离。从而,使敌微波炸弹难觅我指挥控制的核心位置。

八、防电磁泄漏措施

计算机电磁泄漏是因计算机等电子设备工作时在周围空间激起变化的磁场,辐射出一系列电磁信息,因其随设备工作强度的变化而相应地发生频谱上的波动,形成的电磁能量被重新获取还原后,就可以找到辐射源,判断出设备的性质、信息的内容等。所以,计算机电磁泄漏是计算机信息安全防护需要落实的最经常的工作。对于计算机系统的使用者来说,它既是一个必须解决的技术课题,更是一个人为因素。计算机系统管理人员和操作人员首先要树立一个保密观念,必须把防止电磁泄漏作为常备不懈的工作来抓。同时还要具有对工作高度负责的精神,积极配合本级领导把计算机领域需要保护的各种电磁信息的管理与保密工作做好,杜绝因人为造成的计算机电磁泄漏。

(一)提高认识,培养能力

信息战中的电子防御是整体要求,作战双方的任何人、任何装备都是信息携带者。因此,各级主管部门要提高计算机应用人员的防御意识,重点抓好骨干队伍的信息防御观念教育,以带动全体人员巩固防范意识。要搞好岗位练兵，针对工作位置分散独立、工作量大的现实采取分组实施、小型练兵的方法提高防御技能。在战役战术合练中，要有意识地增强电子攻防内容的训练，使技术战术有机结合，提高信息防御的本领。

（二）严格制度，加强保密

信息战的最大特点是没有明显的开战时间，使得平时与战时失去了严格意义上的界线。因此，计算机管理和操作人员平时所涉及的琐碎工作无不与首长机关的核心秘密有着千丝万缕的联系。要时刻注意落实保密工作要求，提高信息保密意识。各级指挥自动化系统运行过程中产生的作废软盘、磁带、网络与各种系统的操作使用手册等都应严密保管。对提取、复印的文件资料出入要严格登记，作废资料随时销毁，以防止任何带有密码的信息失控。对各级网站应视之为机要单位，应定期或不定期地认真组织保密检查，发现问题及时教育与纠正。

（三）严格检查，阻断泄漏

无意损耗式泄漏是由于在设备的安装、线路连接过程中，个别环节出现技术误差而导致的电磁信息向外辐射。因此，计算机管理和操作人员要在每次检修系统时对所辖范围的网络线、各种连接口、电话与传真用线路等进行全方位的电磁辐射度的检测。辐射量过高的要立即建议更换或实施屏蔽。对电磁辐射量较大的各种计算机设备应经常进行检测，力争使其符合正常使用的标准。军内各级指挥机关应对全体干部进行电磁无意泄漏教育，并经常在机关工作场所组织测量检查。只有做到人人防、时时防，才能把电磁的无意损耗泄漏降至最低限度。

第十三章　积极行动，力争未来战争中的制信息权

未来的战争将是核威慑条件下的信息化战争，“制信息权”是未来战争的核心内容。我国要想在未来的战争中立于不败之地，除要搞好国防信息防护之外，还应坚持毛泽东积极防御的战略方针，尽快加强信息战系统和数字化部队建设，并以积极的攻势行动力争未来战争中的“制信息权”。

第一节　以高性能的信息战系统适应未来的信息化战争

随着微电子技术、新材料技术、新能源技术、航空航天技术和自动控制技术的发展和在军事领域的广泛应用，人类战争在经过冷兵器时代、热兵器时代之后，现在以进入由机械化战争向信息化战争阶段过渡的新时期。从以色列对叙利亚贝卡谷地导弹阵地攻击的得手，到美国空袭利比亚“黄金峡谷”行动的成功，再到以美国为首的多国部队在海湾战争中基本目标的实现，都充分证明了一个道理，那就是——胜利者都高度利用了信息，失败者均没有制信息权。如今，外军作战兵器上大量而先进的信息设备和在情报、通信、指挥控制等方面的高度自动化，都向我们提出了一个严峻的问题——信息化战争正向我们走近。近年来，通过对外军作战思想、武器装备和世界范围内几场局部战争的潜心研究，军事界基本达成一个共识：未来的战争将是核威慑条件下的信息化战争。然而，要想打赢未来条件下的信息化战争，把“制信息权”控制在已方手中，就我军目前传统的武器装备而言，显然是力不从心的，必须根据客观需要和自身的特点，下大

力研究和发展高性能的信息战系统。

一、信息战系统的基本构成及功能

信息战系统的构成十分复杂,既包括信息获取、信息传输和信息处理各个分系统,又包括战略的、战役的和战术的各个层次;既包括军队各军种及各兵种多个系统单位,又包括地方电信、公安、铁路、民航、金融、海关等多种信息网络设施;既包括硬件设备,又包括软件系统;既包括指挥控制和决策处理的单元,又包括武器打击和设施防护分支,等等。下面着重分析信息战系统中几个主要分系统的基本构成及功能。

(一)信息监视——预警探测系统

该系统的主要作用是长时间、全天侯、连续不断地监视敌人的活动动向,为我军作出有效反应提供足够的预警时间。

1、空间预警探测

空间预警探测是航天技术与信息技术相结合的产物,目前主要是利用在地球“静止”轨道上运行的卫星进行探测和监视。由于地球“静止”卫星所处的位置较高(约35800公里),所以监视的范围较大(一颗地球“静止”卫星就能连续监视地球表面积42%的区域),且受地理和气候条件的影响较小。空间预警探测的内容和范围都十分广泛,目前应用最多的是导弹预警卫星和海洋监视卫星。

导弹预警卫星的主要任务是监视地面导弹的发射情况。只要导弹一发射,它所携带的红外探测器就能在90秒钟的时间内,测出导弹尾焰产生的红外辐射信号,加上中间传递过程,共需要几分钟时间,就可将预警信息传递到有关指挥中心。这样,对洲际弹道导弹可取得25分钟左右的预警时间,对潜射导弹可取得15分钟左右的预警时间。如果在预警卫星上加装电视摄像机,当红外探测器提供初始警报后,地面观测人员再通过电视图像进行判断和确认,则可提高预警的准确性,减小因预警不准造成的“虚惊”。

海洋监视卫星主要用来对海上舰船和潜艇进行探测、跟踪、定位和识别,并通过监视其行动获取军事情报。监视的方法有电子监视和雷达监视两种。前一种是利用探测舰船上的电子信号进行监视的，后一种则不依赖舰船上的电子信号，而是利用卫星上的大孔径雷达主动搜索，其精度比电子监视还要好。

2、空中预警探测

空中预警探测就是使用预警飞机(固定翼飞机或直升机)对敌人进行探测和监视。其特点是监视范围大，探测低空目标好，能集监视、预警和指挥、控制、通信于一体，起到活动雷达站和空中指挥中心的作用。

目前，美国的E-3A“哨兵”是最具代表性的预警飞机，它装备有监视雷达、数据处理、数据显示与控制、敌我识别、通信、导航和无源探测等电子系统，具有全天候的指挥、控制、通信与情报处理功能，其机载雷达能探测高空、低空、地面、海上各种活动目标。当飞机高度为9000米时，能探测到500——650公里远的高空目标、300——400公里远的低空目标、270公里远的巡航导弹。在无明显背景杂波条件下，可以分辨出时速为1.8公里的海上目标。自动化程度较高，能同时跟踪600个目标，同时识别200个目标，同时处理300——400个目标，同时引导数百架飞机进行空战。在该机的配合下，防空系统的效能可以提高15——35倍，拦截与截击敌机的数量增加35——150%，后方遭敌机袭击的概率减小15——50%。这在中东战争、海湾战争和科索沃战争中都得到了证明。

3、地面预警探测

地面预警探测就是使用各种陆基设备探测、监视敌人的活动。其手段和方式很多，下面仅就弹道导弹预警雷达、弹道导弹跟踪雷达和自动地面传感器作一介绍。

弹道导弹预警雷达是远距离的搜索雷达，主要用于发现洲际中程和潜地弹道导弹，测定其瞬时位置、速度及发射地点，从而为国家高层军事机关或拦截分队提供预警。目前世界上较好的陆基弹道导弹预警雷达方位覆盖约40度，作用距离约5000公里，能同时跟踪100-200个目标。在我国的周边地区设置若干个弹道导弹预警雷达，并分别与国内指挥中心连接成网，则可完成国土全方位预警，能提供的预警时间约为几分钟至十几分钟。

弹道导弹跟踪雷达主要用于搜索跟踪真假来袭弹道导弹目标，测定其速度和瞬时位置，识别真假弹头，制导反弹道导弹等。根据用途的不同，又分为用于搜索、跟踪和识别的导弹截获雷达，用于制导反弹道导弹的导弹阵地雷达，用于记录目标轨迹和回波的导弹目标特性测定雷达和用于外弹道测量的精密跟踪测量雷达等。

自动地面传感器是通过空投、火炮发射、火箭发射或人工埋设到敌人活动区域附近，用来执行预警、目标搜索或监视任务的器材，它能将探测到的信号用无线电波传送给已方的监视站。由监视站通过记录和分析，判明目标的性质、类别和规模。根据传输方式的不同，有音响传感器、震动传感器、磁性传感器、红外传感器、压力传感器、扰动传感器等。

另外，预警探测系统还包括舰载探测、岸基探测、系留气球探测、光电警戒、水下警戒等。

4、预警探测系统发展的重要设备

当前，在空间预警方面，主要是发展高质量的预警探测卫星，利用高性能的红外探测设备和多波段、多极化、相干合成孔经雷达进行探测和监视；在空中预警方面，应着重发展固定翼和直升机空中预警系统、海军舰载飞机空中预警系统等；在陆基预警方面，应主要发展宽波段、超视距的警戒雷达。同时，还应发展利用红外成像搜索和光电跟踪技术的光电警戒系统，保证对低空、超低空、快速小目标的探测和跟踪；发展潜艇舷侧阵声纳、潜艇拖线阵声纳、舰载拖线阵声纳、被动估距声纳、海底监视声纳等，解决对水下远程被动探测、定位和识别，以及对浅海安静型潜艇的远程探测和水面舰艇编队作战的警戒探测。

(二)信息获取——情报侦察系统

该系统的主要作用是搜索大量、及时、准确、完整的敌情信息，为实施正确的决策提供帮助。

1、航天侦察

航天侦察就是使用侦察卫星、航天飞机、宇宙飞船等航天器进行的天基侦察。主要特点是侦察范围广,发现目标快,获取情报时效高,且不受国界和地理条件的限制,可长期、定期或连续对某一地区(目标)进行侦察。目前,应用最多的是照相侦察卫星和电子侦察卫星。

照相侦察卫星的侦察设备包括可见光相机、红外相机、多光普相机、微波相机、电视摄像机等,且各有其特点,比如:可见光照相机能够获得最佳的地面分辨率,照片直观,易于判读;红外照相可以揭露一部分伪装;多光谱照相便于识别更多的目标,微波照片受天侯影响较小,并且有一定的穿透能力。目前,照相侦察卫星较好的当属美国,据称他们的高分辨率收回型卫星的地面分辨率可达到 0.15 米,大面积侦察的胶卷回收型“大鸟”卫星的地面分辨率为 0.3 米,KH——12 照相侦察卫星已经发展到了数字传输方式。这些照相侦察卫星在近年来的局部战争中发挥了重要作用。

电子侦察卫星上装有侦察接收机磁带记录器,当卫星飞经敌方上空时,接收和记录其无线电波信号,尔后以快速通信的方式将信息传回。它的主要任务一是侦察敌方雷达的位置和效率,为实施飞机轰炸、导弹袭击或电子干扰提供帮助。二是探测敌方电台的位置和频率,为窃听和破坏服务。电子侦察卫星一般运行在距地球 300 - 1000 公里高的轨道上,绕地球飞行一周的时间约为 90——105 分钟。

2、航空侦察

航空侦察就是使用各种侦察飞机对敌人进行侦察活动,包括有人驾驶侦察机、侦察直升机、无人驾驶侦察机等。

有人驾驶侦察机是航空侦察的主力,它可以携带可见光航空相机、红外航空相机、侧视成像雷达、电视摄影机、电子侦察设备等遂行任务,具有侦察容量大、生存能力强、机动灵活等特点,既能为各级指挥员提供大面积的、质量较高的情报信息,又可直接引导突击兵力摧毁目标;既能执行空中照相任务,又能实施电子侦察。有人驾驶侦察机有的时速很快，一般飞机难以追上它，如美国 SR－71 型侦察机的时速可达 3700 公里；有的飞得很高，就连一般的地空导弹也够不着，如俄罗斯米格—25 侦察机的实用升限可达 30000 米；有的十分灵活，可以进行超低空和钻山沟飞行；也有的采用了隐形技术，隐蔽性很强。

侦察直升机具有机动灵活、起落方便、不受地理条件限制的特点，有利于对地面进行更细致、更准确的观察，并能以空中悬停的方式对敌方区域进行监视和跟踪，特别适应搜索战场情报和敌人战术纵深内的电子或实体情报。

无人驾驶飞机具有成本低、体积小、机动灵活、敢于冒险等特点，且能够完成空中照相、电子侦察等多种任务，是空中侦察的重要方式，对平时和战时都有重要的使用价值。

3、地面（水面、岸基）侦察

地面（水面、岸基）侦察，就是使用地面、水面或岸基的各种侦察设备，对敌人实施侦察的活动。如地面电子侦察站、电子侦察船、投掷式电子侦察设备等。从侦察的对象上又可分为通信侦察和雷达侦察。

地面无线电通信侦察是利用无线电通信侦察设备，对敌方各种无线电通信进行侦听、测向和定位，从而获取其无线电通信设备的各种参数，为实施通信干扰、冒充和摧毁提供依据。无线电通信侦察又可分为以侦察发现敌方无线电台、无线电话系统数量、配置、网络关系等情况，以求获得其作战编成、兵力部署、武器配置等军事情报的无线电情报侦察；和以查明无线电技术参数为主，为无线电测向、定位、干扰、摧毁提供服务的无线电技术侦察。

地面无线电雷达侦察是利用地面雷达侦察设备来截获、分析敌方各种雷达信号，以获取各种战术技术情报。根据作用的不同，分为雷达情报侦察和雷达技术侦察。雷达情报侦察是通过查明敌人各种雷达的类别、数量、配置等情况来获取军事情报的；雷达技术侦察则是通过查明敌人各种雷达的技术性能，继而为干扰或摧毁敌人的雷达设施服务的。

投掷或电子侦察设备则是利用空投、火炮发射或人工预先设置的各种传感器材进行的电子侦察，其方式有音响传感、震动传感、红外传感、磁传感、压力传感等。

4、情报侦察系统发展的重要设备

未来的情报侦察系统，在侦察范围上应向空间、空中、地面、水面、水下等全方位、立体化发展，在侦察时效上应向快速、高效和自动处理方面发展，在侦察手段上应向红外、激光、微波遥感等多种手段综合化发展，在功能上应向侦察、监视与打击系统一体化方向发展，并注重提高自身的防护能力。具体地讲，就是要发展高性能的空间侦察卫星及其合成孔经雷达、红外成像等星载侦察设备，发展高性能的有人和无人、战略和战术多种侦察飞机及机载照相、电子设备，发展低空侦察、地面侦察、水面侦察、岸基侦察、两栖侦察等多种侦察设备和情报综合处理系统，全面提高情报侦察能力。

(三)信息分发——综合通信系统

通信系统是信息传输的钮带，是信息战系统的重要支撑，它所担负的任务在整个信息战系统中举足轻重。因此，我们应将通信系统作为信息战系统的一个重要分支优先发展，尽早建成以大容量光缆为骨干，以宽带数字化电台、数字微波、程控交换、抗干扰卫星通信为支撑，以宽带综合业务数字网、自动保密电话网和全球卫星通信为主，以战役战术级野战地域通信系统、双工移动通信系统、应急机动通信系统为辅，大容量、高速率、全方位、立体化、多功能、智能化、安全保密和抗毁抗扰的综合通信系统。

1、光缆通信网

光缆通信网是信息战系统的基础性工程，是实现大容量、高速率宽带传输的重要手段，也是整个国防通信网的支撑。其发展一是按照信息战系统的要求，进一步增加“栅格”，缩小“网孔”，扩大覆盖范围。二是按照统一制式的接口，加强与无线电系统、数字微波接力系统、数字移动通信系统、应急机动通信系统、卫星地面接收系统等系统和设备的互连互通，提高整体保障能力。三是加速重要方向、重要地区的通信专线建设，尽快改善“热点”、“敏感”地区的通信现状，适应打赢高技术局部战争的需要。

2、卫星通信网

卫星通信具有信道质量高、传输容量大、通信距离远、覆盖面积广等优点，是信息战系统的重要组成部分。目前，我国的卫星通信已崭露头角，今后一是要通过改进技术，扩展频段，增加通信信道。二是要通过改进技术和运行轨道，提高抗毁抗扰能力。三是要通过对地面应用系统的改造，提高互连互通和保密能力。四是向低轨道、小型化的“依星”系统发展，实现机动灵活和全球个人通信。

3、无线电通信网

无线电通信是军队的主要通信手段，是信息战系统建设的重要内容。今后一是要全面采用自适应通信体制，开发跳频、扩频短波电台和多功能通信终端、软件无线电、宽带数字化电台等新技术、新产品，使其具有报、话、数据、图像等多种通信能力。二是要大力发展移动通信中的加密技术和数字技术，研制微、小型化设备，装备空间、空中无人飞行器载设备，建成战场多媒体通信系统。三是要加紧研制高性能的无线电台与卫星、微波、有线等通信系统的接口设备，保证互连互通。四是努力提高自适应零位、全向、宽带天线的研制水平，提高工作性能和生存能力。

4、宽带综合业务数字网

宽带综合业务数字网能够实现声、文、图、像等多种信息媒体的同时传输，能够较好地实现战略、战役、战术的一体化指挥和诸军兵种的联合作战，它是未来信息战系统中的“高速公路”，是国防通信的重要发展方向。一是要大力建设以 SDH 传输技术、WDM 技术为基础的大容量光通信网络，为实现宽带传输提供足够的信道。二是要加快研制大吞吐量的光通信交换机，为最终实现宽带综合业务传输创造条件。另外，也有研究表明，可以通过密集波分复用技术和线速路由交换机和 IP 交换技术结合产生的 IP 优化光学网络来实现宽带综合业务传输的，需要我们加以关注。

5、安全保密系统

通信的安全保密是当今世界通信领域中的一个重点和难点问题，做好这项工作对整个信息战系统建设有着重要的意义。主要内容包括：在数字技术的基础上，采取端到端加密与干线加密相结合的加密体制和密钥自动分发与管理体制；开发多功能终端保密机，发展具有标准接口的系列化数字群路保密机；研制多级安全密钥管理系统，实现对密钥安全的全程管理。当前，尤其要在短波声码话音加密、卫星群路加密、移动通信数字加密和研制加密网关方面下功夫，实现不同网系间保密通信的互通。

（四）信息利用——决策处理系统

决策处理系统是信息战系统中的核心，它将对预警探测系统和情报侦察系统获取的原始信息进行“去粗取精、去伪存真”的处理，通过筛选、分类、比较、综合等程序，消除冗余，确立置信度，从而为指挥员的决策提供依据。

决策处理系统由高素质的指挥员（指挥机关）和高性能的计算机系统（硬件、软件、数据库）共同组成，其决策过程是人的大脑在计算机的辅助下进行，主要包括：

1、融合信息

将探测、侦察到的原始信息进行综合、分类、存储、更新、检索、比较、复制、计算和输出，从而找出对作战行动产生影响的有效信息，作为决策或仿真的依据。

2、态势显示

利用大屏幕显示设备，显示处理过的静态或动态情报，包括文字、符号、表格、图形、图像等，为指挥员提供形象直观、清晰逼真的敌、我态势和战场环境。

3、方案运筹

依据敌情、我情、友邻和战场上的客观环境，利用计算机高速逻辑运算功能并结合指挥员的经验和智慧拟定作战方案，用仿真系统模拟后优选出最佳方案,作出决策。

4、监控评估

将决策出的方案通过信息分发系统传送到软、硬件攻防系统,并进一步跟踪监控方案的执行情况,利用反馈回来的信息方案进行评估,为下一步的行动计划奠定基础。

决策处理系统建设,除了要有高素质的指挥员和精通计算机技术的专业人才外,还包括理顺指挥控制关系,优化体系结构和指挥层次;采用标准化的计算机网络,提高互通性和工作效率;采用多级保密技术,防止信息泄露和失窃;设置网关和防火墙,抵制非法侵扰;加强系统的集成和软件工程,不断提高处理信息和决策的效能。

(五)信息对抗——电子战系统

电子战系统是信息战系统中的重要组成部分,是为削弱、破坏敌方电子设备使用效能和保障己方电子设备正常工作的武器系统。面对未来条件下纷繁复杂的电磁环境,加强电子战系统建设的意义十分重大。

电子战系统既包括电子侦察、电子进攻和电子防御三个大的方面和很多技术分支,又渗透在预警探测、情报侦察、国防通信、指挥控制等各个系统之中,这里仅就电子战系统的几个主要方面作一简要介绍。

1、综合电子战系统

综合电子战系统是把不同种类、不同型号、不同频段和不同用途的电子对抗设备和电子对抗系统进行综合设计、综合研制、综合使用、综合控制、综合管理,构成一个综合性、一体化、自动程度较高的电子战系统。该系统应把探测预警、情报侦察、指挥控制及通信、雷达、敌我识别、精确制导、计算机等作战要素联系起来,形成网络体系。建立综合电子战系统,实现整体对抗,一是便于发挥电子战的整体优势,提高作战能力。二是便于运用和管理,便于与信息战中的主战系统相配合,协同完成作战任务。三是可以减少混乱,节省经费开支。

未来的综合电子战系统包括：单平台电子战手段的综合，如多种接收机体制综合化的侦察告警系统，微波、毫米波、红外等宽带传感器综合告警系统，电子侦察与各种形式电子干扰的综合设计，电子侦察、干扰与反辐射武器的一体化等。单平台上的电子战装备与雷达、通信、导航、计算机系统的综合，如预警机、雷达、无源探测、通信、电子战自卫系统的综合，机载、舰载、车载电子设备的一体化设计，有源干扰与无源干扰、电磁压制与电磁欺骗、软杀伤与硬摧毁的有机结合等。多平台电子战设备的综合，如不同层次、不同级别、不同军兵种电子战系统的综合，多种情报传感器的综合等。

2、电子侦察系统

电子侦察系统由星载电子侦察设备、机载电子侦察设备、舰载电子侦察设备和陆基电子侦察、测向、定位、干扰设备以及相应的人员组成，又与其它系统密切相连，它是了解敌方电磁威胁、监视敌方各种电磁活动以便有效控制和利用电磁频谱，取得战场主动权的关键系统之一。在未来的建设中，一方面是要进一步发展高性能的电子战平台，如电子战卫星和各种飞机、舰船、车辆等，为电子侦察的实施奠定基础。另一方面则是要进一步改善电子侦察设备的性能，如扩大侦察范围，提高测向、定位的准确性，增加电子侦察的有效距离，提高防护能力等，为电子战的胜利提供保证。

3、电子进攻系统

电子进攻系统包括电子干扰和电子摧毁。电子干扰又分为使用专门发射机发射电磁信号的有源电子干扰和利用材料、器材反射或吸收电磁波的无源电子干扰；电子摧毁又包括使用常规武器摧毁和使用电磁摧毁。在电子干扰方面的发展主要包括：探索新的电子干扰技术，研制新的电子干扰器材，改进现有电子干扰设备的性能，增大电子干扰设备的功率，扩展电子干扰的频谱范围，提高施放干扰的自动化程度，增加电子干扰设备的防护性能和对战场环境的适应能力等。在电子摧毁方面的发展主要包括：提高微波电磁脉冲武器的性能，扩大杀伤范围；发展激光武器，提高杀伤效果；完善自动寻的技术，增强反辐射导弹的杀伤作用。

4、电子防御系统

电子防卫系统是削弱敌方电子战武器的作用，保护己方电子设施的一个分系统，它贯穿于通信、雷达、制导、光电、导航、声纳、计算机等一切电子设备之中，前面章节中所提到的反侦察、抗干扰、防摧毁等内容均属于电子防护的范畴。就电子战系统本身的防卫而言，主要包括：改善电子战系统作战平台的性能，防止敌人常规武器打击；采用光电探测手段或远置发射天线、施放诱饵信号等，防止敌人反辐射导弹的袭击；对系统进行整体加固，增加抗毁能力。

（六）信息控制——武器打击系统

信息战系统不仅包括信息探测、获取、分发、利用、对抗等分系统，而且还包括利用信息设备控制的武器打击系统。这是因为信息设备本身是无法作为武器去取得战争的最后胜利的，而只有与武器系统（火力系统）结合起来，才能发挥出更大的作用。在现代化的战场上，精确制导武器之所以能以超出普通武器数十倍的作战效能而倍受青睐，也正是因为与之结合的信息设备发挥了作用。另外，从21世纪世界军事及所追求的激光武器、微波武器、粒子束武器、动能武器等新概念武器来看，也都离不开信息设备的辅助。因此，我们不能只关注信息设备本身的发展和利用，而必须要十分注重信息设备与火力系统的有机结合，全方位提高信息战系统的作战能力。

武器打击系统上的信息设备涵盖面很广，包括各种作战飞机、坦克、舰艇、导弹上的信息设备等。就飞机、坦克、舰艇上的信息系统建设而言，主要是增大探测距离，完善告警装置、采用先进的识别系统、提高设备的抗干扰性能等。精确制导武器系统上的电子设备除应达到上述要求外，还包括采用先进的探测设备和计算机设备组成引导系统，通过测量和计算找出飞行偏差；采用敏感设备、综合设备、放大变换设备和伺服机构组成控制系统，调整导弹飞行姿态直至命中目标。采用卫星全球定位系统为导弹修正飞行路线，进一步提高命中精度。

二、信息战系统建设中需要处理好的几个关系

信息战系统建设十分复杂，而我国又有自身的特点和矛盾，因此，必须从我国的国情、军情实际出发，制定周密的发展规划，采取正确的发展途径，从长计议，慎重对待，科学论证，稳步发展。具体应处理好以下几个关系。

（一）信息战系统建设与国家经济建设的关系

在当前乃至今后一个相当长的时期内，信息战系统建设将是国防建设的中心内容，而国防建设的规模、发展途径和实施步骤又都与国民经济的发展密切相关。以美国为首的北约悍然对主权国家南斯拉夫发动的战争表明，落后就要挨打，发展国民经济与建设强大国防是相辅相成的。经济发展可以为国防建设提供雄厚的物质基础，反过来国防建设又可以推动经济的发展。因此，正确地把握和处理好信息战系统建设与国家经济建设的关系十分重要。在指导思想上，要在坚定不定移地坚持以经济建设为中心的前提下加大信息战系统的投资力度。在建设目标上，既要树立高标准，力求一步到位，又要面对现实，挖潜改造、优劣互补、力争少花钱多办事。在发展途径上，要与我国国民经济跨世纪发展的宏伟目标相适应，采取有先有后、有急有缓的发展步骤，优先发展那些急需的、空缺的、战略地位明显的信息战设备或系统，使之既适应国际战略的发展变化和现代战争的特点，又符合国情、军情和军事战略方针的要求，做到科学、合理、切实可行。

（二）信息战系统建设与军队调整改革的关系

信息战系统建设是一个综合性的系统工程，他的发展必然会影响到军队的全面建设。恩格斯曾经指出“一旦技术上的进步可以用于军事目的并且已经用于军事目的，它们便立刻几乎强制地，而且往往是违反指挥官意志而引起作战方式的改革甚至变革。”从当今世界军事的发展情况看，武器装备的高速发展已经引起了军队战略思想、编制体制、作战方法等方面的重大变革，这一点从近期的海湾战争、科索沃战争中可窥其一斑。如果我军的全面建设不能顺应信息战系

统的建设而发展,那就将犯违背客观规律的错误。因此,随着我军信息战系统的遂步建立和完善,军队必须以科学的调整改革措施与之相适应。一是适时调整编制体制。该压人的地方要压,该撤消的机构要撤,该合并的单位要合。逐步减少非技术人员,压缩指挥机构,增添信息要素,理顺指挥协同关系,适应信息战系统高度综合、高度联合、高度自动化的特点。二是适时变革训练和作战的方式、方法。信息化战争已由传统的阵地攻防战发展成为以信息技术为支撑的空袭战、导弹战、电子战、情报战和计算机网络战,攻击的兵器和战场的环境较过去都发生了很大的变化,而信息战系统则是适应这一变化的产物。因此,部队训练的方式和作战的方法都应与信息战系统相适应。三是加快培养高素质的军事人才。高技术装备需要有高素质的军事人才来掌握,而我军目前的人才素质与信息战系统的要求还有较大的差距,应通过深入的学习和煅练尽快弥补不足。主要包括:加强高新科技知识学习,提高军事人才的基础素质;开展科技大练兵活动,提高军事人才对信息战系统的适应能力;加强贴近实战的演习和仿真训练,提高军事人才的战役战术水平等。特别是要在侦察与反侦察、干扰与反干扰、摧毁与反摧毁、冒充与反冒充等方面下功夫,提高战场适应能力。

(三)发展信息进攻系统与发展信息防御系统的关系

信息战就象传统的战争一样,也有信息进攻与信息防御之分,象电子侦察、电子干扰、电子欺骗和电磁摧毁等,都属于信息进攻的范畴,而电子反侦察、电子反干扰、电子反冒充和防摧毁等,则属于信息防御的范畴。在信息战系统的建设中,信息进攻系统与信息防御系统既是不同性质的两个方面,又是相互联系的统一体,正确处理二者的关系很有必要。从信息战本身来讲,它是围绕制信息权而展开的斗争,只有发动全方位、高强度的信息进攻,破坏敌方的信息系统,使其信息进攻指挥控制系统陷于混乱,通信中断,雷达迷盲,武器失控,才能减轻己方信息防御的压力,争取到“制信息权”和作战的主动权。但从目前我军与世界西方发达国家的信息战装备实力上看,敌强我弱的状况在一个相当长的时期内难以改变。作为在信息技术上和信息装备上不占优势的一方,又理应把信息防御系统的建设摆到重要位置。因此,不能片面地强调某一方面的重要而忽视另一方面的建设,而应是统一规划,统筹兼顾,攻防结合。做到既能大量和准确地获取敌人的军事情报,又能严密而有效地保护己方的作战信息;既能快捷地探测敌方活动的信息并准确告警,又能隐蔽己方的电子信号和设施不被发现;既能对敌方的通信、雷达和武器控制系统实施强有力的干扰,又能灵活地规避敌方的电子干扰和电磁摧毁;既能以多种手段扰乱敌方的计算机网络,又能以有效的技术措施保证己方指挥控制系统的安全。

(四)立足当前与着眼未来的关系

我国的信息战系统建设,既要立足当前,又要着眼未来。立足当前就是要从我国当前的基础工业、信息技术、综合国力等实际情况出发,确立科学的发展目标和途径;着眼未来就是要面向21世纪的科学技术发展,面向新时期我国军事战略的发展变化,面向未来高技术战争的作战特点和战场环境,使信息战系统具有超前性和可使用性。既不能不顾我国的客观实际一味去同西方发达国家的军事装备搞攀比,也不能因为暂时的财力不足就消极等待,或发展那些便宜的、落后的、过时的信息战装备。正确的发展途径应该是长远规划,分阶段发展。即:综合考虑未来需要和当前财力两个方面的因素,分技术准备与重点发展、规模生产与普遍应用、调整完善与巩固提高三个步骤完成系统建设。在技术准备与重点发展阶段,主要是大量培养军事科研人才,调整科研机构的设置,重点发展那些对整个信息战系统起骨干和支撑作用的技术设备。或本着多研制储备、少生产列装的原则,全面展开对信息战系统的各个分系统(设备)的研制工作,为第二阶段的顺利实施奠定基础。在规模生产与普遍应用阶段,应根据我国国民经济的发展和对军费投入的加大,全面展开信息战系统的研制、生产和装备工作,使我军的作战装备发生一个质的飞跃。在调整完善与巩固提高阶段,主要是拾漏补缺,固强补弱,通过发展系统与系统之间的接口和末梢设备,完善信息战系统的整体功能。

(五)自力更生与引进国外先进技术的关系

坚持自力更生,在自力更生的基础上适当引进国外的先进军事技术,这是信息战系统建设的一条重要方针和原则。一方面,军事装备的特殊作用要求进行独立的开发和研制。从伊拉克在海湾战争中失利的教训中我们可以得到三点重要的启示:第一,完全依赖进口设备,关键时刻将受制于人。由于伊拉克较为先进的武器装备大都是从美、英、法、意、德和前苏联等国进口的,随着以美国为首的西方国家的宣战和联合国"制裁"决定的出台,伊拉克便马上遭受到了"中止合同、撤走专家、停供配件、封锁对外贸易"之苦,使战争潜力受到了极大的影响。第二,完全依赖进口设备,危机时刻将受害于人。由于买来的武器的战术技术性能都掌握别国手中,这对武器作战性能的发挥和自己的防护是非常不利的。如果出口国在出售武器时就在其中安插"电子间谍"或预先置入"病毒",那后果就更是不堪设想。第三,完全依赖进口设备,将时时刻刻落后于人。这是因为武器出口国对进口国不可能没有戒心,绝对不会把最领先的技术和装备轻易出售,必然要采取保存技术实力的控制、限制措施,所以,买来的武器绝对不会是最现代化的。再说,信息战系统十分庞大,几乎牵涉到了我军所有的武器装备,靠花钱也是买不起的。另一方面,我国经过几十年的发展,已经基本具备了独立开发研制信息战系统的能力,只要我们善于学习,坚定信心,走以自力更生为主、适当引进国外先进技术的发展道路,发扬当年研制"两弹一星"的精神,统一组织领导,统一协调科研力量,统一经费的使用管理,就一定能不断攻克技术难关,逐步建成具有我军特色、科技含量高、作战性能好、安全保密的信息战系统。

第二节　以积极的攻势行动与敌人开展信息斗争

积极防御是我军一贯的战略方针,而积极的攻势行动又是积极防御战略方针中的重要内容。因为只防不攻的防御是被动的防御，被动的防御最终也是防不住的。所以，在未来的信息化战争中，我军必须坚持以积极防御的战略方针为指导，一方面要采取欺骗、迷惑、规避、隐藏、警戒、加固等多种战术、技术措施保护己方信息系统（设备），同时还要坚持攻防兼顾、以攻助防的原则，以积极有效的攻势行动与敌人进行信息斗争。

一、情报战攻势行动

情报战攻势行动，就是利用一切可以利用的手段，探测、侦察、获取敌方的情报信息，保障指挥员的正确决策，同时阻止和破坏敌人对我方情报信息的获取，最大限度地争夺“制情报权”。情报战攻势行动主要包括情报侦察行动、情报欺骗行动和情报破坏行动。

（一）情报侦察行动

情报侦察行动就是利用一切手段侦察敌方的情报信息。一是公开的情报侦察活动。就是利用报纸、杂志、书籍、图片、广播、电视、因特网等公开的媒体，通过整理加工和分析，从中获取有价值的情报。这种方式既不违背国际法准则，又能够获取大量的、有价值的情报，是一种最实用、最有效的侦察方式，历史上很多有价值的情报都是通过公开的媒体获得的，现实中各国70%以上的国防情报也都来自公开的侦察。二是半公开的情报侦察活动。就是利用外交官、记者、经商、旅游、探亲、访友等合法的身份作掩护，侦察敌方的情报信息，这种方式在和平时期应用较为广泛。我国自改革开放以来，就曾多次发现敌特分子在合法身份掩护下对我的情报活动，我国对外的情报侦察也应借鉴这种方式。三是秘密的情报侦察活动。就是向敌方派遣情报人员，或打入其内部，或窃听其秘密，或策反其人员，从而搜集有价值的国防情报。战争年代我党很多“地下工作者”都出色地完成了这方面的任务。四是使用高科技手段进行侦察。现在，国防科学技术和军事侦察手段有了很大的发展，充分利用航空航天、远红外、热成像、激光、人工智能等先进的技术和手段，进行照相、监视和监听，是现代条件下军事侦察的主要方式，具有风险小、效果好、及时准确等特点，应广泛为我军所采用。

（二）情报欺骗行动

情报欺骗行动就是有意识地利用假情报去蒙蔽、迷惑、诱骗和误导敌人。一是蒙蔽式欺骗。就是故意向敌人透露“能而示之不能”的军事信息，使敌人对我放松警惕，以达成行动的突然性。二是迷惑式欺骗。就是通过发出大量的、真假难辨的信息，增加敌人认识和处理情报的难度，使其犹豫不决，无所适从，举棋难定。三是威慑式欺骗。就是以各种假情报吓唬和威胁敌人，虚张声势、先声夺人，使其军心动摇，行动紊乱。四是诱导式欺骗。就是通过假情报故意暴露己方的某些弱点，引诱敌人采取错误的决策和行动，上当受骗，误入歧途。

（三）情报破坏行动

情报破坏行动就是利用各种手段和措施，破坏敌人的情报机构、组织和设施，掩护己方的信息安全。一是通过反间谍专家破获情报案件，瓦解其针对我国的情报机构和人员，或渗透其内部监视间谍活动，伺机一网打尽。二是采取干扰或压制措施，阻割敌人情报获取和传递的正常流程，给其增加负担，制造麻烦，迟滞其情报行动。三是利用各种力量和手段，攻击敌人的情报分队和信息设施，通过断电路、毁设备、分裂瓦解情报组织和抓捕情报分子等手段，最大限度地破坏敌人的情报活动，为确保我方的信息安全奠定基础。

二、电子战攻势行动

电子战攻势行动，就是使用电磁能和定向能控制电磁频谱，或运用电磁频谱削弱和破坏敌方电子系统（设备）的效能，保障己方电子系统（设备）正常发挥效能，最大限度地争夺制电磁权。

（一）电子侦察行动

电子侦察行动，是利用多种电子战设备搜索分析敌方电子设备和电磁辐射信号，从而获取其技术参数、位置、类型、用途等情况的行动。它是电子进攻和电子摧毁行动的基础和前提。电子侦察行动与人工侦察行动相比，具有侦察距离远、范围广、获取信息多、及时、准确、保密、不间断和风险小等特点。使用的工具主要有：电子侦察卫星、电子侦察飞机、电子侦察船、地面电子侦察设备、投掷式电子侦察器材等。电子侦察的内容包括：监听其电子信号，破译信号内容，为己方的行动争取主动；对敌方的电磁频谱、联络规律和设备性能进行分析研究，掌握其频率范围、功率大小、使用特点、作用效果等技术参数和主要作用，为发展己方的通信和电子战设备提供依据；测定敌人通信、雷达和电子设备的位置，引导己方的电子干扰、电磁摧毁和火力打击行动。

(二)电子干扰行动

电子干扰行动，就是使用多种电子战设备和器材，对敌人的电子系统（设备）所采取的电磁扰乱措施。其目的是削弱敌方的雷达、通信、指挥控制和电子侦察、干扰设备的效能，掩护己方信息系统的正常工作和安全。电子干扰从产生的方法上讲，可分为使用专门干扰发射机来发射或转发电磁能量的有源干扰和使用本身不发射电磁波的箔条、反射器等物体的无源干扰；从作用的性质上讲，有使敌人电子接收设备饱和、过载的压制性干扰和使敌人真假难辨的欺骗性干扰；从干扰的频谱宽度上讲，可分为点式的瞄准式干扰和面式的阻塞式干扰；从干扰的对象上讲，有无线电通信干扰、无线电导航干扰、雷达干扰、无线电遥测干扰、红外干扰、激光干扰等。运用的具体方式：一是远距离支援电子干扰，即将电子干扰设备配置在敌人的当面及防空武器的有效射程之外遂行电子干扰任务；二是近距离支援电子干扰，即将电子干扰设备紧随作战攻击部（分）队其后，近距离遂行电子干扰任务；三是随行电子干扰，即将电子干扰设备与作战攻击部（分）队配置在一起，伴随作战部（分）队的行动；四是自卫电子干扰，即将电子干扰器材配置在作战飞机、舰船、战斗车辆等主战武器上，在执行任务中施放干扰信号，保护自身的安全。

(三)电子破坏行动

电子破坏行动，就是运用“软、硬”杀伤手段，破坏或摧毁敌人的电子系统（设备）。一是电磁遮断。就是以电子进攻行动，在敌人主要的通信方向或对孤立被围之敌建立电磁屏障，干扰其通信，迷盲其侦察，遮断其电子支援，使其信息不通、指挥不灵、后援不济、不战自乱。二是电子“点穴”。即集中电子进攻兵力、兵器的精锐，对敌人的信息系统实施“点穴”式的攻击，以破坏敌信息系统的中枢，使其指挥瘫痪、协同失调、兵器失控，达到瓦解敌整个电子战系统的目的。三是信息阻塞。即有意向敌方信息系统倾泻大量的伪信息或废信息，制造“信息洪流”，阻塞、挤占甚至撑坏敌人的信息通道和网络服务器，从而把敌人淹没在大量无用和虚假情报的“汪洋大海”之中。在最近发生的科索沃战争中，南斯拉夫的电脑“黑客”就曾连续不断地向北约总部的信息系统发出电子邮件，每天都在2000封以上，常常使北约布鲁塞尔总部的网络服务器暴满、阻塞、过载以致崩溃，对北约的空袭行动起到了一定的迟滞作用。

三、计算机战攻势行动

计算机战攻势行动，就是以各种手段侦察敌方的计算机信息，扰乱敌方的计算机网络，破坏、摧毁或瘫痪敌方的计算机网络系统，阻止敌人的指挥决策和信息流程，最大限度地争夺“制网络权”。

（一）计算机信息侦察行动

计算机信息侦察行动，就是使用专门的人员和设备，侦察敌方计算机网络内的信息和工作特性，掌握敌方计算机信息的内容和计算机网络的组成、分布、联网协议、入网密码等情况，为己方的决策和实施网络攻击行动提供依据。其方法：一是借助计算机信息系统的互连性进行侦察。计算机网络如同通信网络一样，有地区局域网（系统局域网）和公众网（广域网）之分，且为了实现资料共享，各网之间又都有一定的链路相连接，通过设置“网关”的方法加以控制和区别。由此可见，由计算机专家和军事专家、情报专家共同组成侦察小组，设法成为某一公众网（如因特网）的合法用户，或利用非法手段神不知鬼不觉地打开敌方重要局域网的网关，就能方便地浏览到敌方计算机网络上的各种信息。近年来所发生的国外某些电脑“黑客”侵入美国国防部或某些军事网络的诸多案例，都充分证明了这种侦察方法的可行性。二是利用计算机信息的电磁泄漏进行侦察。计算机信息和其它电磁信息一样,机器本身和传输线路上都或多或少地产生一定的电磁泄漏,在一定的距离范围内,使用专门的侦测器材就能实现对敌方计算机信息的侦察。只要我们注意研究敌方计算机电磁辐射的标准,引进和制造性能优越的计算机拾漏系统,培养人才,特别是培养能够独立渗透到敌战区活动的计算机人才,就一定能较好地完成计算机侦察任务。当然,平时注重搜集敌方计算机系统的各种资料,掌握其设备的工作性能、运行机制及修改规程,加强训练和实验,也都是非常必要的。

(二)计算机"病毒攻击"行动

计算机"病毒攻击"行动,就是利用计算机病毒繁殖力强、传播快和具有隐蔽性、潜伏性的特点,通过向敌方计算机系统注入病毒的方法去干扰和破坏其计算机系统。由台湾人陈盈豪制作的 CIH 病毒(26 号病毒)发作致使数十万台计算机损坏的事件,充分证明了计算机病毒的破坏作用。向敌方计算机系统注入"病毒"的方式主要有:一是直接注入式,即通过派遣间谍或买通敌方人员,直接把"病毒"传染给敌方的计算机,继而扩散到整个网络。二是无线电注入式,即通过无线电波把"病毒码"发射到敌方的电子接收系统上。比如,可以直接对敌人的无线电接收系统发射"病毒码",使其在对电码的处理过程中感染上病毒;可以在已掌握的敌方通信和计算机网络上,冒充合法用户,用标准的传输协议和数据格式发射"病毒码",使其中毒;寻找敌人信息系统保护的薄弱环节施放"病毒",通过对一点的感染逐渐传播到整个信息系统上。三是预先埋伏式,即把"病毒"事先存放在计算机硬件或软件中,然后再将带有"病毒"的硬件和软件设备直接或间接地卖给敌方或送给敌方,待机以某种形式将"病毒"激活,毁坏敌人的计算机系统。海湾战争期间,美国得知伊拉克向法国订购用于防空的计算机系统后,便悄悄地将病毒装入其中,造成了伊拉克防空系统的损坏。目前我国的很多计算机硬(软)件来自国外,应高度警惕这种预先埋伏的病毒。另外,还可以采取通过秘密人员赠送带病毒的游戏盘、寻找计算机安全系统的"后门"等多种方式,使敌人上当受骗。

(三)计算机"黑客袭扰"行动

计算机"黑客袭扰"行动,就是利用计算机"黑客"设法进入敌方的计算机网络,扰乱和破坏其信息系统。近年来大量的、活生生的事实充分证明,利用计算机"黑客"扰乱和破坏敌方的信息系统是完全可行的,甚至就连信息技术最为发达的美国军队也防不胜防。海湾战争期间,荷兰一名10岁的少年,利用商用计算机网络进入美国国防部某研究所的计算机网络,导致美国部分机密情报"曝光";在1995年9月美军的"联合勇士"演习中,一名年轻的空军中尉通过计算机网络,成功地"篡夺"了美海军大西洋舰队的指挥权。为此,美国专门在因特网上做过一次侵袭性实验,结果表明,在1万次的侵袭事件中,仅有440次被探测出来,只有22次引起了反侵袭抵抗,可见这一问题的严重性。电脑"黑客"对于平时而言是犯罪行为,但战争是不择手段的。因此,我军应成立网络攻击分队,培训"黑客"人才,并加强训练和演习,适应未来信息化战争的需要。

(四)计算机"芯片捣鬼"行动

计算机"芯片捣鬼"行动,就是通过各种手段,蓄意修改、破坏敌人计算机中的核心部件——芯片,使之失效或损坏,从而达到瘫痪敌人整个信息系统的目的。破坏敌人计算机的芯片,一方面可事先在敌人计算机芯片上附加一些易损功能,伺机发作而导致其失效或损坏,或受我方人员的指令控制而发作损坏。另一方面,将"芯片细菌"设法注入敌方的计算机系统,大量繁殖并吞噬其计算机芯片,达到破坏计算机系统的目的。

四、心理战攻势行动

心理战攻势行动,就是依据心理学原理,运用多种手段,通过对敌人的心理施加影响,达到攻其心、乱其谋、扰其志、泄其气的效果,夺取和保持作战中的心理优势。它是信息战的重要内容。

(一)媒体揭露行动

媒体揭露行动,就是抓住敌人发动侵略战争非正义性的特点,充分利用广播、电视、报纸、杂志、传单、布告、计算机网络、新闻发布会、答记者问等多种媒体形式，适时揭露敌人的本质，戳穿其发动侵略的借口和谎言，使对方和本国人民避免上当受骗，使敌军官兵因为战争的非正义性和世界上广大爱好和平人民的反对而产生心理影响，在政治上和战略上制敌于被动地位。媒体揭露行动应以现代侦察、监视、传感、通信、计算机等信息技术为基础，力求大量和准确地获取敌人的各种情报，做到论据充分，事实准确，恰如其分，一语破的，不给敌人留有反击的机会。

（二）宣传威慑行动

宣传威慑行动，就是运用各种信息技术和宣传媒体造势夺声，给敌人造成心理上的震慑，使其在恐慌中作出错误的决策或自动放弃某些有利的行动，从而收到小战大胜或不战自胜的作战效果。宣传威慑的方法主要有三种：一是炫耀式宣传威慑，即通过宣传己方作战力量的强大和敢打必胜的信心威慑敌人；二是夸张式宣传威慑，即通过宣传己方武器装备的先进性或战法的优越性，给敌人增加心理负担。三是揭短式宣传威慑，即通过直接揭露敌人自以为最核心的秘密或最为要害的“短处”，减其志气，灭其威风，动摇其作战决心。在海湾战争中，美国有意将自己“爱国者”导弹对伊拉克“飞毛腿”导弹只有百分之四十（在以色列）至百分之七十（在沙特）的拦截成功率，夸张地宣传为百分之九十以上，就曾有效地遏制了伊军对“飞毛腿”导弹的使用；而伊拉克则抓住美军官兵害怕化学武器的特点，大肆渲染其化学武器的杀伤性能和必要时动用化学武器的决心，也给美国政府和参战官兵造成了极大的心理恐慌，以至于闹出了不少因官兵精神紧张而错拉化学警报的笑话，有的士兵甚至连睡觉也不敢摘除防毒面具。可见，宣传威慑行动在作战中的重要效果。

（三）欺骗蒙蔽行动

欺骗蒙蔽行动，就是有意将虚假、错误的信息“暴露”给敌人，制造错觉，迷其心智，达到声东击西、隐真示假的作战目的。比如：可以运用音像合成技术和电子仿真器材，模拟我军的电子战行动，建立信息化的仿真阵地，吸引敌人的侦察、干扰力量，掩护己方信息网络的安全；可以利用图文合成、语言模拟、口型配制等技术，冒充敌人的首脑发表讲话，或冒充敌人的指挥员下达作战命令，或捏造他们所熟悉的新闻播音员发布骇人听闻的消息，舆论惑众，动摇其军心；也可以在被人监听、监视的信息网络上，有意暴露己方的"秘密"，布设陷阱，诱敌误入歧图；还可以通过发射大量虚实混杂、真假难辨的信息来迟滞敌人的行动，或以适时的信息佯动巧设障眼法，迷惑敌人。在具体运用时，应与信息遮断、信息阻塞、电子摧毁、"病毒"攻击、火力"点穴"等作战行动相结合，力求最佳的欺骗蒙蔽效果。在1989年的罗马尼亚政治危机中，西方某些国家将利用图像合成技术制造的"罗马尼亚国家安全部队屠杀人民群众"的场面通过卫星电视转播到罗马尼亚境内，对进一步激化罗政府与国民之间的矛盾，推翻齐奥赛斯库政府统治，起到了推波助澜、火上浇油的作用。

(四)意志干扰行动

意志干扰行动，就是选择适当的时机，以信息干扰或信息污染的方式对敌人施加心理影响，使其在心烦意乱或情绪低落的状态下出现错误的选择、决策或技术失误，配合硬杀伤武器打击敌人，为己方的作战行动创造有利条件。具体行动包括：一是信息干扰方式，即利用信息系统向敌人播发其最反感的信息(最不喜欢听到的语言或最不喜欢看到的画面)，刺激敌军官兵的厌战情绪和对死亡的恐惧；二是信号扰乱方式，即向敌人的信息系统注入连续的、全波段阻塞式的干扰信号(刺耳的啸叫声或耀眼的闪光等)，以刺激敌人信息系统机上工作人员的心灵和视线，使其心情烦燥、意志衰退、失误频繁；三是"病毒"袭击方式，即利用敌人难以杀死的"病毒"、微生物去袭击其信息设备，使其在"束手无策"中丧失战斗意志。在八十年代末的美、巴冲突中，美军通过连续播放摇滚乐曲迫使巴拿马总统诺列加自行从梵蒂冈大使馆走出束手就擒；在海湾战争中，美国空军利用飞机尾烟先在空中"画"伊拉克国旗、而后在"国旗"上打"叉"的做法，使伊军官兵士气大减，这些都是意志干扰行动的具体运用。

在心理战攻势行动中，既要讲求多种战法的有机结合，也要注重因时、因地、因人而用。比如，对于勇多谋少，骄横轻敌、容易轻举妄动之敌，则可以强示弱，能而示之不能，诱其自落陷阱；对于好大喜功、刚愎自用、喜欢贪图小利之敌，则可布设“饵兵”，骗其因小失大；对于情绪暴躁、一触即跳、容易失去理智之敌，则可以信息实施“佯攻”，诳其盲目用兵；而对于头脑复杂，凡事多虑、忧柔寡断之敌，则可以“虚实混杂”的信息进行迷惑，使其举棋难定。力求做到对症下药，有的放矢。

五、实体摧毁战攻势行动

实体摧毁战攻势行动，就是综合运用物理摧毁手段，破坏敌人的指挥、控制、通信、情报等信息系统及信息战武器和平台，阻止敌人的信息获取、分发和利用，保护已方的信息系统和信息安全。

（一）电磁摧毁行动

电磁摧毁行动就是使用专用的电磁武器打击、破坏敌人的信息战系统（设备）。专用的电磁摧毁武器主要有反辐射导弹、激光武器、电磁脉冲炸弹等。反辐射导弹主要用于摧毁敌防空体系中的各种雷达和大型无线电通信设备，具有速度快、引爆距离近、抗干扰能力强等特点。如美军在海湾战争和科索沃战争中都广泛采用了“哈姆”系列反辐射导弹，俄罗斯击毙前车臣游击队领导人杜达耶夫，也是使用的反辐射导弹。激光武器是利用激光能量摧毁（烧毁）电子目标，他除了具有烧蚀效应外，还有激波效应和辐射效应。激波效应是利用目标材料汽化向外喷射时的反冲作用使目标内部发生断裂；辐射效应则是通过目标材料汽化时所产生的等离子云体中的 X 射线破坏内部的电子元件。电磁脉冲炸弹（也叫微波炸弹），是利用高能电磁脉冲感应出的瞬时电动势将电子设备摧毁，它不但可以摧毁工作中的电子设备，而且通过天线馈线、信号线、电源线等渠道，对闲置的电子设备也有杀伤和破坏作用，甚至可以毁掉存放在仓库中的设备和元、器件。在科索沃战争中，美军试用了电磁脉冲炸弹，造成了爆心周围方圆数十公里范围的通信、雷达、计算机等信息设备的大面积毁伤。

(二)火力打击行动

火力打击行动,就是利用各种火力摧毁敌人的信息系统、电子战武器和高技术平台。高技术条件下的火力打击已经淘汰了传统的"地毯式"轰炸方式,向着智能化、精确化、非接触化的方向发展。一是前面讲过的"点穴式"瘫痪性打击,即以瓦解敌人整个信息战系统为着眼点,利用精确制导武器打击其中的要害部位和关节点,如指挥中心、网络中心、通信枢纽等,起到牵一发而动全身的作用。二是"防御圈外"远距离打击,即利用现代火力系统射程远、威力大的特点,把打击兵器配置在敌方的防御火力圈之外,达到既打击敌人又保存自己的目的。如美军目前由 B－52 战略轰炸机发射的 AGM－86 空射巡航导弹和海基 BGM－100 战斧巡航导弹的射程都在 1000 公里以上,这对保证发射平台的安全是非常有利的。三是"定点式"精确打击,即利用微波、红外、电视、毫米波等寻的制导技术和遥控制导技术、地图匹配制导技术等,对敌人的重要信息设施和电子战系统实施精确打击。这种"定点式"精确打击方式在科索沃战争中得到了广泛运用,它将成为未来高技术局部战争的主要交战方式。四是多手段综合打击,即使用多种火力从陆地、海上、水下、空中、空间等多种作战平台上实施综合打击,力求一举摧毁敌人的信息战系统。

(三)人力破坏行动

人力破坏行动,就是利用敌后工作人员或派遣袭击分队,深入敌后打击和破坏敌人的信息战系统。信息战系统点多线长,分布范围十分广泛,且自身防护能力较弱。组织信息攻击分队,通过机降、伞降或化装潜入、平时渗透等方式,深入到敌纵深地域,采取断电路、毁电源、破雷达、炸台站、注"病毒"、袭击指挥控制中心等手段,大力破坏敌人的信息战系统,配合己方的作战行动。另外,由于侵略者的战争是非正义性的,必将受到世界上一切爱好和平的人们的强烈谴责,充分利用敌对国家人民群众对本国政府发动侵略战争的不满情绪,采取精神分化、组织瓦解、文化渗透、宣传教育等方式,启发敌国人民、敌军官兵的思想觉悟和反抗精神,争取一切可以争取的力量,参与声讨和破坏活动,最大可能地削弱敌人的战争潜力,也是十分重要的。